社 会 学 丛 书

小组工作在行动：“我”与“小组”的第一次亲密接触

艾晶 著

中国社会科学出版社

图书在版编目(CIP)数据

小组工作在行动:"我"与"小组"的第一次亲密接触/艾晶著.
—北京:中国社会科学出版社,2016.6
ISBN 978-7-5161-8107-2

Ⅰ.①小… Ⅱ.①艾… Ⅲ.①社会工作 Ⅳ.①C916

中国版本图书馆CIP数据核字(2016)第099803号

出 版 人 赵剑英
责任编辑 冯春凤
责任校对 张爱华
责任印制 张雪娇

出 版 中国社会科学出版社
社 址 北京鼓楼西大街甲158号
邮 编 100720
网 址 http://www.csspw.cn
发 行 部 010-84083685
门 市 部 010-84029450
经 销 新华书店及其他书店

印 刷 北京君升印刷有限公司
装 订 廊坊市广阳区广增装订厂
版 次 2016年6月第1版
印 次 2016年6月第1次印刷

开 本 710×1000 1/16
印 张 17.25
插 页 2
字 数 281千字
定 价 65.00元

凡购买中国社会科学出版社图书,如有质量问题请与本社营销中心联系调换
电话:010-84083683

目　录

序

当2007年阴差阳错来到沈阳师范大学社会学学院的时候，我曾一度因为自己的专业不适应而愁白了头，每当午夜辗转无眠时，心里总是充满无限伤感。于是在2008年我转向了社会工作的教学，之所以做出如此选择，除了领导的授意外，也是因为自身对社会学一无所知，只好从事理论要求不太高的社工专业。在课程选择上自然也是出于无奈之举，当时的感觉就是走一步看一步，基本上没有太多的激情和震撼。虽然如此，在教授《小组工作》及其他它业课程时，我仍然是尽心尽力的，就这样一直维系了将近三年。

直到有一次观看2010级新生入学的视频，一向冷静的我却突然间被那一张张稚嫩、青春的面庞所感动，我的心开始波动，就好像突然间顿悟了一样。回到家，我将所教社工专业课的教材重新看了一遍，感觉应该为我这些可爱的学生做点什么。在这种动机的驱动下，我向学院申请成立了小组工作室和女性工作室，在课程教学中积极探索新的思路和方法，以让我的学生能对专业更加充满热情和干劲，于是乎就出现了小组工作的随堂教学、小组工作的社区实务、女性工作坊等一系列教学改革成果。

由于初次尝试及实验条件所限，学生未能完全体会社工专业方法的技巧和魅力。鉴于此，我在网上查阅相关教学实践模式，向多家教学单位请教学习，在逐步补充现有教学资源的条件下，进行了一系列的打破常规的教学实践改革措施。例如，改变期末考评方式，力求让每个学生都要来带领小组，以实际行动和成效评价学生的专业成绩，让学生在快乐中学习成长。

也许从专业的视角来说，他们的小组带领还有很多问题，也许从职业伦理建设来讲，我们的有些举措有失冷静，但不可否认的是，他们是认真地、执着地践行着中国社工的精神和理念，这无疑是最宝贵的，也是我们为人师者所感到欣慰的。

这几届的小组带领，无论从选题到形式，还是工作者自身的能力和个性，都给我和督导们带来了挑战。可以说，它们是缤纷多彩的，但它们也是别出心裁的，有些甚至对专业模式进行了全新的诠释和冲击，但我们都尽量尊重工作者的选择，就是希望他们能不受拘束，在治疗帮助组员的同时，也为自身提供一个展示风采的平台。可以说，每个工作者通过带领小组，都会让自己重新认识人生的价值和意义，对自我和他人都会有一个全新的认知，在感受生命精彩的同时，也完成了灵魂的一次真正洗礼。

仅以此文献给多年来支持小组工作开展的各位同学们，你们辛苦了！

艾晶

2014. 2. 12 于沈阳正良寓所

前　言

小组工作作为社会工作的一种专业方法，它以个体在群体中的互动为基础，利用群体的力量来增强个人信心，激发个人潜能，从而达到改善现状的目的。小组成员间的互动关系为个人提供了一定的支持和帮助，小组活动不仅可以帮助成员在情绪、行为、态度等方面发生改变或恢复到原来的状态，还可以帮助成员提升自信心、增强能力建设，认识并矫正自身的越轨或不恰当的行为。在实践中我们也发现通过小组的互动，组员会从彼此的经验分享中找到应对自身不足的方法，并学会如何解决正在面临的或可能面临的类似问题。海伦·诺森（Helen Northern）认为在社会工作实践中小组活动既是过程也是手段，它通过小组成员的支持，改善他们的态度、人际关系和他们应付实践生存环境的能力。①

现实生活中，由于人都有群体归属的本性，因此，每个人基本上都有在小组中生活、成长的经历。小组工作方法是以团体为对象，通过团体动力过程以及工作者的协助使个人获得行为的改变、社会功能的恢复和发展并达成团体目标及社区发展，进而促进整个社会的效能提升。运用小组工作方法，可将特征相近、问题相同的个体聚集起来形成小组，通过小组活动，让他们分享经验，提高解决问题的能力，学习如何改变环境，增强适应能力，恢复和提高自信，协助个人增强社会功能。在特定的情境中重新发现自己，学习欣赏自己以做出正面的评价，培养其责任感和自律精神。通过一系列训练，使其掌握社会所需要的技能，减轻其无能、无助感，产生自我控制的能力，增加自我调制的感觉。小组活动还能有效地帮助个体修正和澄清各种错误认识，调节不良情绪情感，形成正确的道德感、理智

① 刘梦：《小组工作》，北京：高等教育出版社 2003 年版，第 3 页。

感，养成良好的行为习惯，从而获得做人和生活的信心，获得重新投入生活、追求成功的勇气和对社会的再认识，同时也帮助组员发掘自我潜能，建立社会支持网络，重塑自我形象等提供广阔的空间。

但在目前的社工实务领域，学者们多从单一的人群对象案例入手（如妇女、儿童、老年等，参见黄家瑶：《社会工作实务案例》，2012 年；卞国凤、陈宇鹏、蔡丽娜：《老年社会工作方法与实务》，2011 年）或倾向于说教式的讲授来进行社工实务的经验传授和研究（参见刘梦：《小组工作案例教程》，2007 年；刘梦、陈丽云：《小组工作手册》，2004 年），很少有人关注作为社工第一次从事实务的感受和心得的分享。特别是第一次带领小组活动的社工们，他们到目前为止还没有任何有效的经验可供借鉴和参考，基于此，为了更好地指导社工实务中的小组带领，帮助社工专业的学生及社工实务的初学人员更好地开展小组活动，本研究从小组实务流程入手，对小组带领的技巧及经验进行学理性的阐释和分析，以加强社工的实务能力建设，为社工专业的教学提供参考，同时也为社工理念和方法的普及提供了便利条件。

小组的类型有很多种，本书中总结的小组活动主要是基于《小组工作》的实务课程建设，基本属于正式的、封闭性小组，这些小组的目的性较强，针对的群体主要是沈阳师范大学大一至研二的学生和学龄前儿童，主题大多是关于某种兴趣的激发、解决某种常见问题或个体的一些潜能开发等。另外要说明的就是本书中所列小组严格来说不算正式的小组带领，只是根据教学实务的需要所确定的小组实验模式，一些方式和方法仅供借鉴和参考，具体的实效还有待进一步的检验。同时，也是借此求教于各方的专家、学者，为更好地开展小组提供一种便利和可能。

第一章　小组的筹备[①]

小组的筹备是小组活动开展前非常重要的环节，类似于撰写论文中的提纲，需要工作者全方位地考察问题，确定主题，寻求相关理论支撑和小组工作案例，在此基础上撰写详细的小组计划书，同时还要做好组员招募、筹集各方资源等工作。中国人经常说“万事开头难”，作为一个小组的创始者和发起人，工作者在这个阶段可谓要煞费苦心，下足功夫，要起到完全的主导作用；同时也扮演着引导者、协调者、支持者、意见提供者等角色。在这一阶段，工作者首先要做的主要有如下两项：一是进行问题调研，搜集各方资料，并进行需求评估，从而确立小组活动的主题；二是确定小组活动的目标，即开展此项小组活动要达到怎样的效果。

第一节　问题调研及主题确定

在实务中，小组主题或者说是目标主要来源于三个方面：一是服务机构的需要，如一个以儿童服务为主的机构，相关的主题一定要围绕儿童来进行，尽量不要偏题或离题太远，这样才能从机构那里获得更多的支持和帮助；二是工作者自己来确定，如工作者可以根据个人的生活经历、个人喜好等方面来设计一些主题；三是组员的需求。如关于睡眠小组，一般情况下都是组员有睡眠方面的障碍，本身希望改善而成立的。一般情况下，小组主题的确立最好能结合这三方的要求，达成共识。

---

① 本章部分内容由沈阳师范大学2013级研究生翁嘉慧收集、整理，本书中所举案例除非特殊说明外，其他均来自沈阳师范大学社会工作系的本科生、研究生所带领的小组实务，不赘述。考虑到个人隐私问题，有些用了化名。

一　问题调研和需求评估

在开小组之前，工作者首先要有问题的意识和敏感性，小组应该是根据某些需求、现象或问题而建立的，工作者可以对所感兴趣的问题和现象进行调研和评估以确定小组的主题。调查的方式有普遍调查和抽样调查两种，在本研究中，因为工作者都是第一次带领小组，出于鼓励的需要，我们一般都提倡他们根据自己的兴趣来选择问题进行调查和评估，如可以通过问卷发放、个别访谈、第三方间接介绍、参与观察等方式来进行。作为社会工作专业的学生或者说作为这个时代的年轻人，他们的问题意识有可能不太强，对问题难易程度的把握也不是很准确，但通过督导和指导教师的引领，基本上在问题的调研上还是可以达到小组的要求的。

发现问题后，工作者要做的就是要确定所发现的问题是否是真正的问题核心，潜在组员是否对其感兴趣等，如有工作者在调研中发现现在的大学生动手能力差，于是便将其列为自己小组要解决的问题。但通过调研发现，很多大学生对此并不感兴趣，认为自己辛苦了十几年，在大学阶段好好享受一下是应该的。而且所谓的动手能力差也不是他们自己造成的，单方面认为这是大学生的问题是不全面的，这便使得这样的一个问题发现引发了很多关于中国教育、个人修养等等的一系列反思。所以作为工作者，我们在完成了问题的调研之后，还要做小组的需求评估，通常由收集资料、分析资料和制定干预方案等三个环节组成：收集资料这个过程主要是通过文献回顾和资料查阅等方法，收集各种有关小组的资料、案例等，看看有没有人对这个问题进行关注和分析，如有关于小组带领的实际案例，一定要潜心研究，总结经验和教训。同时通过访谈、问卷等方法收集潜在组员的相关资料，如他们对某一问题的看法及对问题的关注度等等；分析资料这个过程主要需要工作者对收集到的资料通过定量和定性的方法进行解读、归类和整理，以便为制定小组计划方案提供依据；接下来就是制定初步的小组方案，工作者需要基于资料分析而确定切实可行的介入策略。如通过调研我们发现大学生对传统文化比较淡漠，于是我们的工作者便想开设一个四大名著导读小组，但却发现学生对此兴趣不大，相反却热衷于《甄嬛传》《步步惊心》等电视剧，于是工作者因势利导，开设了相关的小组，结果大受欢迎。

二　确定小组主题

其实，发现问题只是小组活动的一个方面，工作者还要能从中提炼出一个好的主题来，这样才能引起小组成员的共鸣。一个好的主题会让你的小组更加有吸引力，成为小组的灵魂和动力，因此主题的确定也是相当关键的。如学生们在学校的日常生活中总会遇到各种各样的问题，有情感上的、生活上的，有学习上的、工作上的等等；涉及的主体可能是个人，也可能是群体，无论是家人之间、师生之间、同学之间、室友之间甚至于寝室和寝室之间、班级和班级之间、学院和学院之间等等，都或多或少会有一些摩擦和困惑。当然，这其中的大部分问题都是可以解决或减缓危害程度的，那么什么样的问题比较适合用小组工作的方法来帮助缓解或解决呢？请看下面两个案例：

案例1[①]：社工系的AQ和WJH两位同学通过观察发现自己和室友都有晚睡的习惯，睡眠质量较差，经常多梦不说，夜里还时常会无故惊醒，白天也无精打采，她们猜想这种现象可能在大学生群体中普遍存在，于是她们首先在09级同学间开展了问卷调查。通过调研她们发现全年级70多名同学几乎都存在睡眠质量不高的问题，有一些是经常多梦，有一些是晚上失眠睡不着，也有一些是早上会醒得很早。各种各样的睡眠习惯和问题引起了两位同学的极大兴趣，她们决定在学院范围内成立“早睡早起小组”，以探究导致大学生睡眠质量下降的原因并希望可以帮助改善同学们的睡眠情况。

案例2[②]：PHQ同学发现自己有时会因为无意的一句话而得罪别人，于是便会因此而面红耳赤，甚至在和他人进行交流时存在信息理解错误的情况，造成了人际关系的紧张和尴尬，通过观察他发现身边的一些同学也普遍存在这种现象。PHQ同学认为，当今社会形形色色的人都有，大家都生活在这个大群体中，社交便成了一项最基本的

---

① 整理自09级本科生AQ和WJH同学的“早睡早起”小组计划书。

② 整理自11级本科生PHQ同学的“人际交往第一课：锻炼你的嘴——社交技巧培养”小组计划书。

生存技巧。而现在的大学生因为长时间以来一直忙于学业并没有注意到应如何有效地和他人进行沟通和交流，为自身建立一个良好的社会关系网络，基于此，该同学在大一和大二年级中成立了“人际交往第一课：锻炼你的嘴——社交技巧培养小组”，希望通过这类小组活动的开展，让同学们意识到交流的重要性，同时教给组员一些基本的、常见的但又容易被人们忽视的说话技巧，使在这方面有欠缺的同学，在小组中能够充分地得到言语表达的锻炼，从而成为一名“交际达人”。

因为工作者本身都是在校的大学生，对同龄的问题更容易感同身受，由此，以上两个案例的工作者都是从自身存在的一些问题和困惑出发，从而发现身边同学普遍存在的困境，进而成立相关小组以期进行改善。但就学理上而言，小组工作在很大程度上应该是要解决小组成员的问题，而不是单纯回答工作者自身的困惑，因此从大众化问题入手的小组活动更容易被人所接受。如关于大学新生的入学适应问题，已经在很长时间内影响了大学生们的生活和学习，成为他们人生旅途中很关键的一环。以前我认识一个学生会主席，各个方面都很优秀，但就是对学校和班级没有归属感，毕业时说什么也不留校。后来一问才知道，她刚入学时因为适应不良哭泣了半个多月，学校老师们居然无人问津，这让她很是失望，觉得学校压根就没把新生当回事。

这件事曾经让我反思了很久，各个大学费了很大的劲将学生招进来，培养了若干年后人家不认可你，你说作为大学教师的我们该有多悲哀。所以从某种程度上来说，大学生本身就是我们的一个活广告，学校一定要从各个方面为他们提供一种人性化的关怀和建设，以强化他们的归属感。好在此类现象已经被社工的同学注意到，并将它纳入到小组的工作内容中，成为小组工作实务中一项很重要的任务。

案例3[①]：XJR同学是社会学学院的学生会主席，通过与大一新生的长期接触他发现刚刚迈入大学校门的学弟学妹们并不能很好

① 整理自11级本科生XJR同学的“大学新生适应”小组计划书。

地适应大学生活的节奏，XJR认为从高中到大学，是人生角色扮演的一个重要转变时期，而高中和大学在教育及生活方式上的脱节使得大学生进入大学后，在人际交往、自我认知等方面产生许多问题。当大学生产生这样的困惑或者问题时，一般表现为人际交往弱化，对自我的认识产生疑惑，甚至对新环境产生失望、迷惑等不良情绪，如果不加以正确地引领和疏导，必然影响到大学生的成长和发展。于是他在大一同学中发起了“大学新生适应小组”，以期提高他们的生活适应能力和人际交往技巧，使他们能够尽快地融入大学的生活。

以上三个案例中所涉及的小组活动都在大学生中起到了积极的推动作用，有效地帮助了小组成员，完善了他们的生活方式和理念，成为大学生校园小组实务成功的典型代表。

在实务中，工作者除了可以根据自身和周边群体的境遇进行主题的确定外，作为初次带领小组的工作者，有时还可以根据所服务对象的需求及特定时间和事件的主题来确定。如果你是在一家养老院工作，便可根据老人或是院方的需要开一个老年人的养生小组；如果你是在校园里，便可以针对最近一段时间的女大学生失联事件开设一些女性的安全认知小组等。但不管你开设的是什么小组，在确定主题时要多咨询你的潜在组员和一些有经验的督导，切记不可自己想当然而为之。

三　小组目标的制定

在工作者找到了小组成员的真实需要后，就要制定小组的目标了，在这个阶段工作者需要思考开展小组活动要帮助组员做什么，也就是说要将小组目的具体化为目标。作为初次带领小组的工作者，除了要明确小组的目标外，还要关注与小组有关的其他内容，这样才能保证小组目标的顺利达成。大致可以分为：工作者的目标、组员的目标、小组的中期和长期目标、小组的人数、小组活动的次数和时间、借助什么方式达到目标等等。

工作者在组织小组时有自己的期望，每个组员选择参加小组也有自己的需求，小组本身也会有中期和长期目标，有时这些可能并不完全统一。基于此，依勤（Egan）将小组目标分为协议目标、沟通目标、过程目标、实质目标和需求目标。[①] 具体阐述如下：

协议目标是小组的总目标，是组员希望加入小组后能够达到个人目标的基本要求，比较宽泛。如新生适应小组主要是帮助大学生尽快适应大学生活，建立起自己的人际关系网络；而针对异地恋同学所成立的“将爱情进行到底”小组则主要是希望此类群体能克服异地所带来的困难，很好地维系这份感情。

沟通目标是一个分目标，强调通过组员间的互相沟通来进行自我剖析和彼此分享，从而相互支持，为总目标服务。几乎所有的小组都有这样一个目标，在小组中，沟通是组员之间互动的主要手段，占据着很大的比例。例如，大学新生适应小组的沟通目标就是一方面帮助新生完善与他人沟通和交往的方式方法，学习如何与他人建立良好的互动关系；另一方面也是想通过小组成员的经验之谈，帮助新生更好地进行大学规划。

过程目标是小组不同阶段的分目标，如小组的初期或者第一次聚会，我们一般关注的是组员之间的熟悉度及小组的氛围，而在小组的中期我们考察的是组员之间的互动模式和资源的分享、问题的解决策略等。另在小组工作实践中每一次小组活动过后都可能会出现新的问题，这些动态的需求便也成为了小组的过程目标，从这点来看显然过程目标也是动态的，很难预测的。比如，在“自我保护小组”中，在第一次小组活动开展时工作者发现小组成员均为女生，所以她决定修改小组计划，为小组成员设置一期女同学如何保护自己的专场活动。而在考研小组中，开展到第三次小组活动时，有组员对考研的必要性提出了质疑，一下子将小组的前期成果全部推翻，好在工作者及时补救，稳定了组员的情绪。这就引出了小组的实质目标，它是小组的目标范围和内容，限制着小组的功能。作为初次带领小组的工作者，一定要小心翼翼地将小组活动限制在小组设定的目标范围内，这样才能保证小组的顺畅进行。

而需求目标一般来说是个别组员的特殊要求，也就是他们希望在小组中达到的个人目的。一般来说个人目标与整体目标是基本一致的，但由于个体的差异，每个人都有自己的特殊需求，有时便会形成冲突，由此，工

---

① 刘梦：《小组工作》，第141—142页。

作者要注意把握组员的特殊性，并尽量使得个人目标与整体目标保持一致。比如，在“告别单身，寻找幸福”小组中，在谈到如何确定对方的爱意时，有一位组员认为自己很难快速而准确地领悟对方的表白，不知道如何判断，这时就需要工作者设立一次专场活动，通过模拟表白来帮助该名组员确认自身的情感归属。

在小组实践的过程中，很多时候工作者制定的小组目标与小组成员的需求有一定的差距。比如，在“为美健身”小组中，小组目标是为了帮助组员更好地锻炼身体，没想到后来演变成一场关于减肥的讨论会；而在“告别单身，寻找爱情”小组中，工作者成立小组的初衷是帮助小组成员明确自己对恋爱的认知并确定自身的择偶标准，通过彼此的分享和交流学习如何处理感情方面的问题，但参加小组活动的组员中有一半同学却是希望自己可以在小组中找到合适的伴侣，很显然工作者设定的目标与小组成员的需求有很大的差别，这种情况下如果工作者没能及时进行调整和解释，小组可能就要夭折了。

总之，目标的确定也是小组活动筹备中一个重要的环节，只有小组目标清晰完整，小组活动才能顺利有效地开展。当然小组目标也不是绝对地不能改变的，而是可以在小组活动过程中根据组员的反应和需求在一定范围内做出调整和修订的，毕竟小组活动的根本目的是最大程度地帮助小组成员。

第二节　小组成员的招募

小组成员是小组活动的主体，参与小组的目的要与小组目标一致，组员与组员之间要有需求或问题的相似性，这样才有利于组员间的分享和互动，也有利于小组目标的达成。因此，工作者在招募的过程中，就要和组员讲清楚小组的目标及活动要求，至于参加与否，由组员自己决定，工作者不应勉强组员。让那些不愿意或不适合参加小组的人进入小组，不但他自己得不到什么收获，还可能阻碍或破坏小组的进程。特别是工作者在与组员接触时要细心观察，看看他们是否是自愿参加，否则有些人由于不敢坦白表达自己的意向，口头答应，而内心却抗拒，结果即使他参加了小组，也会表现得格格不入，无法正常融入进来。

一　小组成员的来源

组员的来源一般来说主要有以下几个途径：一是组员自身有需求，主动寻求并加入小组；二是通过工作者的宣传，组员觉得有参加的必要；三是他人的介绍或机构的转介。在笔者所在的学校，有一些特殊的组员是值得我们在这里进行说明的。因为考虑到课时的紧张和实践条件的欠缺，经常要求社会工作的学生在带领小组前至少要参加 2 个小组，类型不限，以完成整个小组的观摩和参与过程。于是有些人加入小组并不是自愿的，而是存在被强迫的成分，但因有社工理念的约束，这部分组员虽没有足够的自我决定权，但并未出现不遵守小组规范的情况。小组工作是在本科三年级上半学期和研究生一年级上半学期开设的一门课程，作为这个年级的大学生在学院中处于中坚力量，对于大四年级的同学们来说是听话的学弟、学妹，对于大二年级的同学们来说是带领他们成长的、可以信赖的学姐、学长，而对于大一年级的新同学来说更是值得景仰的、经验丰富的前辈，可以说是“神”一样的人物。而研究生更是在本科生中成为典范，虽然有一半以上的人不是社工专业出身，但却并未影响他们在学位上的优越感。因此，同学们在带领和组织小组的过程中有很大一部分是凭借着工作者本身的个人魅力，或者自己在学院中广泛的人际关系来吸引小组成员的参与。

从近几年的小组实践中可以看出，小组成员多以本学院的学生为主，多数是本学院本年级的同学，也有一部分是以大一和大二低年级同学为主；还有一些小组，其成员跨大一至研二六个年级。仅有极个别的小组由于工作者人际关系比较宽泛，其小组成员中有来自其他学院的同学，大部分的小组成员还是本学院的“自家兄弟姐妹”。这可能与社会学学院在全校的影响面不是很大，学生参与校内活动较少，多数时间都与本年级甚至本班的同学进行交往有一定的关系。如“异地恋成长”小组面向的是本学院大一和大二年级中正处于异地恋状态的同学，“新生适应”小组面向的是本学院大一年级的全体同学，“友谊地久天长”小组则面向的是大二或大三年级的每一对好朋友，而 Lady Class 小组针对的是学校全体女生。

有时候对于一些较为优秀的学生，我们也会征求本人意见，将其推荐到校外的一些机构里去开小组，以扩大小组的影响面。如我们先后将学生派到社区开展了诸如“老年养生”“大手牵小手”等帮助社区居民解决养生、亲子教育问题等的小组活动；同时，也结合学生的特长，将其送到幼儿园开展一些技能提升小组，如“绘画见真知”“色彩小管家”等一系列小组，在帮助儿童提升绘画技巧的同时，也帮助他们完善了认知能力，以更好地表达自身的想法，丰富了他们的想象力和逻辑思维能力。

二 小组的宣传和组员的招募

组员是否愿意参加小组，往往看他是否认同小组的目的，乐意参与和投入。因此，在开组前，工作者可以通过海报、小册子、宣传单或口头宣传的方式，让来参加的人知道所要开办的小组是做什么的。一般来说，工作者或相关工作人员在组前会谈时，就要通过宣传板、宣传手册、视频或其他途径告诉组员小组是什么，然后在面谈时告诉他们小组的期待是什么。在小组中可能要有个人生活经历的分享，还要对自己的一些言行进行反思和批判，真实地表达情感并虚心接受他人，要学会倾听别人、尊重他人的感受和选择，在适当的时候要提供相应的支持和帮助等。但是如何才能招募到真正有需求的组员呢？怎样的宣传和招募方法才能最有效地吸引组员呢？一般来说我们对工作者并没有明确的限定，可以八仙过海，各显神通，只要你能招募到人就行。传统的宣传和招募手段是在人流多的地方张贴海报或放置宣传单，如食堂、教室、图书馆等；还有的利用一些特殊的时机，如新生军训、特殊的节日等，进行相应的小组宣传；还有的工作者亲自到同学们的宿舍或教室等去公开宣讲，并请熟人或已报名的组员邀请身边的同学、朋友来参加等等。现阶段新兴媒体也成为了小组宣传的手段，一些工作者会通过微博、微信、论坛等网络平台发布小组招募的信息，也有人通过 QQ 群或群发邮件来发布消息，为了吸引组员来参与小组活动，为了给自己的小组增添人气，工作者们可谓是想尽了办法。以下是在众多的小组中选出的比较有新意的宣传和招募方式：

案例 4[①]：

社会互动小组的宣传和招募方式：

---

① 整理自 10 级本科生 ZWS 同学的“社会互动”小组计划书。

1. 于社会学院社会工作系内进行小组宣传。

2. 在各个班级内发放资料及报名表，让他们自愿参加。

3. 若人数不足，会亲自到各个年级的班级进行招募并邀请参加。

案例5①：

“屌丝的逆袭”小组的宣传和招募方式：

1. 于学校各生活区寝室楼门口、主教学楼内张贴宣传海报。

2. 于各主要生活区内发放宣传单。

3. 对部分学生进行专题讲座。

4. 工作人员可通过熟人群体，邀请招募对象参加；如若人数不够，亦可招募熟人群体。

案例6②：

婚姻保卫小组的宣传和招募方式：

1. 在同学们中做宣传，说明共同的目标：为保卫我们未来的婚姻而奋斗！

2. 张贴海报贴，内容为拟开展小组的情景剧和游戏等照片，引起大家的兴趣。

3. 发挥小组负责人的号召力，利用专业知识进行精彩的演讲以感染潜在组员。

我们可以看到案例4中小组宣传和招募方式的创新点在于采用了在班级内发放报名表的方式，更好地抓住了身边的同学资源，并且从同班同学中招募组员还可以起到增加同学之间良性互动的小组目的；案例5的创新点在于除了发放传单、张贴海报外，还对部分学生进行专题讲座，更全面、细致地介绍了小组的主题和目的，达到了很好的宣传和招募效果；案例6的创新点在于通过贴有情景剧和游戏的照片来调动和吸引同学们的兴趣，同时能够充分利用专业知识的力量和小组工作者自身魅力相结合来招募组员，宣传和招募的形式更加多样化。

其他一些小组也各有自身的特点，如“省钱才是王道”小组中有一

---

① 整理自12级研究生WYN同学的“屌丝的逆袭”小组计划书。

② 整理自12级研究生XLN同学的“婚姻保卫”小组计划书。

种招募方式就是与之前参加过本系其他小组活动的同学联系，邀请其中有意继续参加小组活动的同学参加此次的小组活动；“一起去旅行分享”小组和“我为家乡代言”小组都采取了在班级内部通过专题演讲来进行宣传和招募；“情感维系”小组通过放电影等方式，增加小组的知名度，以吸引人员参加小组。由于“大学新生适应”小组的工作者是学院学生会主席，因此该小组的招募方式之一便是借助学院团委学生会的力量来进行；“友谊地久天长”小组的工作者除亲自邀请符合条件的对象参加外，还亲自现身说法以强化小组的功效。

在进行小组宣传和组员招募时，我们一般要求工作者要高度重视，除给组员留下好印象，吸引他们参加外，还可以更好地进行小组效用的宣传。社会工作作为一种新生事物，还没有得到普通民众的认可，因此，这样的宣传还可以让更多的人知道社工。在这个阶段，工作者要尽其所能地向组员展示你要开办小组的目的、活动的时间和次数、小组活动的要求等，同时尽量拉近和组员的距离，以强化他们的参与欲望。

图 1—1 小组工作宣传板

三 组员的筛选

作为工作者，为保证小组的有效性，在招募组员时，要有自己明确的筛选标准，什么样的人适合参加，什么样的人不适合参加要做到心中有数。因此在招募工作结束后，工作者要对组员进行筛选。在组员的选择方面，除了根据已设定的日标来定外，还要考虑组员的人格特质、主要需求、加入小组的动机等，如有些人的需求在小组中很难得到满足或是自身存在的问题会影响到其他组员等，都将成为被淘汰的对象。总之，工作者在开始小组之前，就应对自己及其在小组中的角色，所要带领的小组性质及组员特征有一个清楚的了解。

所以当组员招募结束后，工作者要对自愿报名参加小组的人员亲自进行面试，即对所有报名参加的人员进行评估，了解每个成员的性格、兴趣、特长、年龄、年级、专业以及所面临的问题和参加小组的原因、期望等，并将这些信息与小组目标相对照，以便确定此人是否适合参加该小组。若是出现大部分组员的需求都与目标相冲突的情况，工作者可以适当修改小组目标，毕竟小组是以满足组员的需要、解决组员的困难为目的的。有时候，由于工作者个人的魅力太强，或者因为小组主题的趣味性和普遍性，小组会吸引大量的组员来报名，这时候需要工作者对前来报名的人员进行筛选，也就是要留下那些条件最适合的组员。工作者与组员进行面谈的过程中要注意尊重每一位报名的组员，允许其表达自己的真实想法，委婉地告之其不适合参加小组的原因，做好安抚工作，做到不打消其积极性。例如，在“人际交往第一课：锻炼你的嘴——社交技巧培养”小组招募组员时，原计划招募12人，但实际报名却达到了22人，主要涉及研一2人、大一20人，工作者与每一位组员都进行了详细的交谈，根据每位报名人员的性格是否开朗、思维逻辑是否清晰、口语表达是否流利以及来自省份等条件进行筛选，最终留下了研一1人，大一11人。

同时，其他一些因素如组员的年龄、小组的类型、工作者的经验、是否有协同领导等，都成为工作者确定小组人选的关键所在。作为小组的人数，并没有严格的限定，一般来说6—12个人为最佳。同时，依据实务的需要，也可以根据不同类型的小组进行一些人数上的参照，如人数超过25人的适合休闲娱乐；4—5人小组最适合讨论和分享；8—9人的小组最容易完成任务；治疗小组一般在5—7人左右；[①] 儿童小组规模小一些5—9人。

但在实务中，作为初次带领者，我们要求他的组员至少要超过3个人，人数过少，会没有小组氛围。但如果人数过多，工作者容易掌控不了，组员之间的交流效果也会受到影响。所以在带领小组的过程中，如果

① 刘梦：《小组工作》，第134页。

人数过多，我们一般建议工作者分批进行或是在同一小组内进行分组，这样可以缓解一下人数过多的尴尬。但因为本校初学者多数在校内带领，组员可能会有很多其他活动，因此为防止组员中途退组影响小组的人员构成，一般建议多招1—2人。

在本校，小组活动中的小组成员人数基本在8到12人左右，这么多的组员全部依靠工作者的个人魅力来吸引几乎是不可能完成的，因此需要工作者有聪明的头脑、独特的宣传手段来吸引小组成员。近几年的实践也出现了一个有趣的现象，因为课程设置的紧凑，大三年级社会工作班的全体学生几乎同时开办小组，也就是说约有30个左右的小组同时开展活动，这就导致了工作者抢组员、抢活动地点、抢时间等的不和谐现象，同时也会有小组成员因为参加多个小组而造成时间冲突的情况，但这也反映了同学们对于组织和参与小组活动的积极性。

一般工作者招募小组成员的时候会根据小组目标的设定来限定人数，有时也取决于小组是开放型的小组还是封闭型的小组。开放小组是在小组进行中的任何时间都允许组员加入和离开，小组的人数和规模并不固定，而封闭小组则相反。近年来，同学们开展的小组中大多数为封闭型小组，但是在小组活动进行中往往因为一些其他的突发原因（如参加其他社团活动，参加英语四级培训班等）而不能保证每次小组活动的出席率，有时需要根据实际情况而允许个别组员中断小组活动的参与，有时候也会通过小组成员的宣传而吸引新的成员加入，工作者也可以在不影响小组目标和其他小组成员的情况下允许新成员的加盟。

虽然小组自身的开放性较强，但是在有了具体的主题和目标后，小组就是针对某类特定人群了，比如异地恋成长小组就要求有异地恋经历的组员报名参加；大学新生适应小组则要求组员必须是大一新生；而“爱情你我他”小组更是在招募时对组员进行了性别比例限定（各占一半），包括正在热恋的、没有恋爱过的、曾经失恋过的等等。相似的需求和经历会增加小组的团结和亲密度，有利于成员之间的沟通，同时，组员和组员之间具有的不同性格和能力，则有利于小组成员之间的交流学习和互相帮助。

在学校里，有时候可能因为宣传力度不够或小组主题吸引力和热度不高，小组招募不到理想人数；有时候，在对报名的组员进行筛选后，小组成员的组成并不能达到最理想的结构，这就需要工作者寻找符合条件的潜在组员来加入小组——他们可能是工作的好朋友，也可能是与小组主题相关方面经验丰富的学姐学长等等，对于那些非自愿参加小组的人员，工作者也要做好动员，增加其对小组目标的认同感，增强其参加小组的动机，并允许其讲出内心的真实感受，多鼓励、不强迫，以免因为其积极性不高而影响小组。

确定好组员后，工作者也要就小组的一些情况和组员进行沟通，强化小组成员的参与性。一般采用与组员单独会面或集体座谈，个别情况下工作者还需要一些书面材料的备案，除了详细记录组员的一些基本个人资料外，还要涉及组员参加小组的动机、对小组的期待及对小组本身的看法等。在小组中，一般提倡组员的多样化，这样可以增强小组的资源建设，因为年龄、身份与经历的不同，会为大家提供不同角度和立场的看法和体验。如告别单身小组中，组员有的是没有对象，甚至一次恋爱都没谈过，有的却已经结婚，但他们的讨论却相当热烈，形成了多元化的问题意识。特别是已婚群体的交流，给没谈过恋爱的人提供了很好的范例。

第三节　资源链接

我经常和学生讲小组活动的开展不是个人单打独斗的过程，而是需要你去尽可能地链接资源，这样你的小组开展起来才会如鱼得水。同时，丰富的资源也能帮助你更好地吸引组员，协助你解决一些问题，“三个臭皮匠，顶个诸葛亮”，就是小组资源重要性的最好写照。

一　理论支撑

理论简单来说就是一系列的知识体系，是对经验的较高层次上的抽象概括，因此对后来的服务及研究有很高的指导性。小组工作的理论涉及心理学、社会学、人类学、教育学、政治学等，工作者可根据小组主题查阅和引用相关理论。在着手撰写小组计划书的理论部分时，工作者要对小组活动所涉及的某种现象进行简单的描述和分析，也可以阐明自己的观点和解决方案。

学生工作者开展的小组中，所涉及的理论主要有马斯洛需要层次理论、班杜拉的学习理论、库利的镜中自我理论、米德的符号互动理论等等，他们往往会在小组开展前仔细地查阅这些理论，挑选一两个适当的观点运用到自己的小组活动中，以指导小组活动地顺利展开。

在这里引用“大学新生适应”小组计划书中的理论部分来做一示范说明：

表 1—1　　大学新生适应小组的理论框架

活动背景
从高中到大学，是人生角色扮演的一个重要转变时期。由于中国教育阶段的连接性脱节，使得大学生在进入大学后，在人际交往、自我认知等方面产生许多问题。一般表现为人际交往范围缩小、程度浅，对自我的认识产生疑惑，对新环境产生失望、迷惑等。如果不加以正确地引导和支持，必然影响大学生的成长和发展。 本次小组的设计目的就是为了提高大学生的适应能力，提高他们的人际交往能力以增进同学之间的相互了解，使其能够很好地适应大学的生活，熟悉周围的同学并且产生信任。同时，尽快适应大学的专业学习，进入严谨的学习状态。
理论框架
马斯洛的需求层次理论认为，人的需要是由 5 个等级构成的，它们按照从低级到高级的排列分别是：生理需要、安全需要、归属和爱的需要、尊重需要、自我实现的需要。归属和爱的需要是指一个人要求与其他人建立感情的联系或关系，如结交朋友，本小组将从这点出发帮助组员学习与人交往的技巧。另外，通过培养组员学习的积极性，满足他们自我实现的需要。 本成长小组的服务对象是刚入学的大一新生，这些学生都是远离家乡和父母只身来到异地求学的，面对陌生的环境他们难免会感到不适，这种不适在人际关系方面表现得尤为突出。他们非常渴望在陌生的环境里能够结交到知心的朋友，克服对新环境的不适感。鉴于此，我们还需要运用舒茨的人际需求理论来解决这些问题。舒茨的人际需求理论指出人际关系中不仅要注意结交朋友的技巧，还要注意同他人调整好关系，比如宿舍关系、师生关系、同学关系等，这些都有利于我们小组工作的开展。另外，为更好地服务同学，本小组还以下列理论作为参照，以更好地帮助小组成员。 1. 学习理论。该理论认为人的行为是可以通过学习和再学习进行改变和增强的，如可以通过正强化使个人学习到新的行为。人际交往是一项复杂的活动，影响

续表

理论框架
和制约这一活动的因素也很庞杂，大一新生由于知识和经验的不足以及能力和技巧的欠缺，会使他们在社会活动中遇到困难和挫折，因此，在小组中，通过学习和交流，他们可以强化自己的交往意识和能力。 2. 库利的镜中自我理论。库利认为在与他人的互动过程中，我们通过感知他人对我们的反映和评价，从而建立起较为明确的自我意识、自我形象和自我评价。他人犹如一面镜子，我们正是从他人这面镜子里发现了一个真实的自我。由此，通过小组活动，让组员们通过密切的互动和真实的反馈建立起正确的自我意识、自我形象和自我评价是十分必要的。组员的这种自我知觉不仅可以提高他们的自信心而且可以帮助他们认识到自己的优势和不足，从而对症下药，获得更好的发展。 3. 人本主义理论。该理论强调以人为本，重视人的内在价值，相信人发展的潜能，自我实现是人类的重要需求之一。基于这个理论，我们相信每一位组员的潜能都能得到激发，这也是本小组努力的方向之一。 4. 社会互动理论。社会互动也称为社会相互作用或社会交往，是人们对他人采取社会行动和对方做出反应性社会行动的过程，是发生于个人之间、群体之间、个人与群体之间的相互社会行动的过程。在本小组中，通过组员之间的分享和互动，完善他们的交往机制，帮助他们结交更多的朋友。

近几年来，经常有学生和我抱怨说理论太难了，在实务中很难有效运用。甚而至于像这种在一个小组中虽然列举了很多理论，但在实务中也很难全部有效运用。因此，我们在授课时只是让学生就每个理论弄明白它的基本内涵即可，并不要求全部有效运用。而且一个成功的小组，也不是全靠理论来衡量的，主要是看它的实际成效。

二　时间安排

之所以将时间放在资源链接这里，主要是因为在小组中，对于工作者来说，时间是非常重要的。你对时间把握得好，能在有限的时间内将小组的魅力充分展示出来，你就等于成功了一大半。作为小组活动的时间主要包括小组工作的持续时间、小组聚会的频率、每次活动时间的长度、小组开始和结束的时间等，工作者要根据小组活动的程序、阶段目标、小组成员的空余时间等实践因素安排好小组聚会的具体时间。

所以工作者在开组前，要尽量将每次开小组的时间和次数告诉组员，以方便组员做出安排及决定能否按时参加小组，但个别小组，如治疗小组、支持小组等，也可以在小组聚会一段时间后由组员自己来决定或工作者根据小组进度，在征得组员同意后重新调整。而对于一些活动环节的设置时间，则要做弹性处理，不要墨守成规，有些环节如游戏，组员玩得比较高兴，突然被工作者因为时间问题而打断，所产生的效果是不太好的；或是在讨论环节，组员特别投入，工作者突然喊停，这都不利于小组的发展。

一般情况下，小组活动聚会的次数以四到六次为宜，聚会的频次，最开始可以每周一次，到小组中后期也可以根据需要变为两周一次，如遇特殊情况可以提前或延后 1—2 天。但工作者一定要有很严谨的时间观念，切不可随意变动。但作为大学生群体，他们一周内面临的事情会很多，因此针对大学生群体的小组一般选择 1 周 1 次，每个小组的持续时间最好控制在一个半月之内，时间过长会使得小组成员感到厌烦和疲倦，在小组中所取得的成果容易淡化，也不利于工作者对于离别情绪的处理；时间过短会使得小组从初期到高潮再到结束的节奏过快，不利于小组成员的成长，小组目标往往不能顺利达成。小组每次活动的时长也应尽量固定，一般每次 45 分钟到两小时为宜，过长会使得小组成员感到疲乏，过短会显得小组活动的环节和内容不够丰富。工作者可以根据工作对象的不同进行调整，但要尽量保证每个人有足够的时间进行分享。有时候工作者在撰写小组计划书时，为了丰富小组的内容，会把每次聚会的时间延长，如此设置虽然内容丰富了，但却可能会给即将参加小组的组员带来一些小小的担心甚至是恐惧感。而有些特殊群体，则要根据他们自身的生理特点及其他因素适当缩短活动的时长，如对于学龄前儿童小组，聚会的时间为 30—60 分钟，其他人群可以适当在 60—120 分钟。

此外，在学校开小组，还要注意聚会的时间不能与上课的时间冲突，最好安排在课后，且尽量不要与其他校园活动发生冲突；在社区内为老年和儿童安排的小组，则要在白天进行，因为晚上出行不方便。对于其他群体，则要根据小组成员的便利而灵活安排。

在小组进行一段时间后，工作者要尽量对小组活动的进展情况进行简单总结，对小组成员的表现、反应和期望进行梳理和分析，从而确定是否需要对小组计划书进行相应修订；小组成员也可以在这段时间里对自身在小组中的收获进行梳理，从而清晰地认识和了解自己，明确自身的困惑的症结所在，以重新看待自己所面临的问题，逐渐在小组中找到明确的定位。这里举一个反例：

案例7[①]："自我保护"小组原计划小组活动共进行4次，原则上每周进行一次小组活动。但在实际中，由于工作者自己的时间较为紧张，导致小组活动未能收到如期的效果。如该小组的第一次活动开始时间是12月1日，按照计划小组第二次聚会的时间应该安排在一周后，由于此时其他工作者也在开展小组活动，因此小组实验室的使用较为紧张，要想借到合适的场地也比较困难，于是第二次小组聚会安排在了12月6日。但第二次活动结束后，工作者便感到时间的仓促了，因当时临近期末，而老师要求在12月16日前上交小组总结和评估报告，于是她不得不将小组聚会的频率缩短为2天一次，第三次和第四次小组活动的时间分别为12月8日和12月10日。这样频繁的聚会使得小组成员非常不高兴，基本上都是在应付局面，导致每次聚会的气氛很是沉闷，组员的参与度不高，小组目标的完成情况也不是很好。

基于这种情况，在开组前，指导教师和督导一般都会提示每一位小组工作者在安排小组活动时间时一定要综合考虑各方面因素，聚会时间不要过于频繁，给小组成员留出成长的时间，也给自己留出足够的准备和应变时间。

工作者除了要安排好小组活动的时间，还要将小组的工作日程进行详尽的自我规划，以方便自身掌控小组的整个流程。小组的工作日程一般包括小组准备的时间、小组宣传的时间、小组开始接受报名和组员招募的时间、小组活动开展的时间、小组结束的时间等。当然，当小组第一次聚会的时间确定好以后，小组结束的时间也就基本固定了，工作者一定要告知

---

① 整理自11级本科生ZJH同学的"自我保护"小组活动总结和评估报告。

每一位组员小组活动的程序和时间安排，以便于组员的选择和参与。示例如下：

表1—2　　“离婚女性支持”小组的工作日程安排表

日期	任务
9月1日至9月15日	小组前期准备阶段：相关理论资料搜集、宣传准备等
9月16日至10月10日	小组宣传阶段：通过多种方式和渠道宣传小组
10月11日至10月20日	小组招募与报名阶段：接受组员报名
10月21日至10月31日	约见报名的组员，对其进行筛选，同时筹备开组前的工作
11月1日至11月29日	小组开展阶段：按计划开展五次小组活动
11月30日至12月20日	小组总结和评估阶段：对小组活动过程进行总结和评估，撰写评估报告

三　物质资源

小组活动的物质资源是在小组活动的过程中可以看得见的那部分资源，比如小组活动所需的场地、资金等，这部分资源需要工作者与指导老师或负责小组活动场地的相关人员做好沟通协调，工作者争取到的资源越多，越有助于小组目标的达成。

（一）活动场地

小组活动场地的选择涉及活动场地的地点、室内物品的摆放、每次小组活动的座位安排等，安全、舒适、安静的环境有助于促进组员对小组的认同感，消除戒备心理，更好地融入小组。工作者需根据小组的实际情况进行合适的环境设置，比如小组活动是否需要多媒体设备、小组成员的规模、小组活动需要的道具等。如你想开乒乓球爱好小组，那就至少有一次小组活动要选择在乒乓球室，以强化组员的知觉感受。同时，如果没有专门的活动场地，还要考虑到租借房间的费用，尽量在预算的允许范围之内。在确定好地点后，工作者还要关注下开小组的这个时间段里该场地是否有其他活动，会不会有冲突，一旦所需房间临时有活动安排，有没有其他场地可以临时代替。另外，工作者也要根据小组成员居住的位置和小组活动的时间安排小组活动的地点。在“自我保护”小组的最后一次聚会时，正赶上下大雪，而小组聚会的时间是晚上 19：30，当时参加小组的 10 名组员全部为住在距离活动地点很远的地方，于是很多人便没有参加此次小组活动。[①]其实遇到这种情况，工作者可以临时变更地点，将活动场地选在宿舍，既体现了社工人的人文关怀，又让小组活动能顺畅进行。

（二）资金预算

资金预算也是准备小组资源的重要一环，俗话说“钱不是万能的，但没有钱却是万万不行的”，足够的资金可以起到“稳定军心”的作用，帮助小组顺利地完成计划。小组活动的资金预算包括器材和道具费用，所购买的纸、笔、文件夹所产生的费用，游戏中需要的小礼品的费用，餐饮费以及租借活动室的费用等等，工作者都要做好细致的规划。

当然，在做好资金预算后，资金的来源也要考虑，一般情况下同学们组织的小组活动费用都是由工作者自己想办法筹集的，本着节省的原则，同学们都是利用自己手头的材料作为小组活动的辅助器材，所设置的小组游戏也尽量简单。只有很少一部分在社区内开展的小组，是由社区自己提供的，尽量或者不要从组员那里收取费用，除非一些必要的器材，需要组员单独购买，那就另当别论了。

（三）器材、设备及道具

作为社会工作的三大方法之一，小组工作需要群体性的集体参与，为保证小组的效度，往往需要设置一定的情境和环节来帮助组员更好地理解主题。一次小组活动的设计有时会涉及影像欣赏、小组游戏、情景模拟等一系列环节，仅有组员和座椅有时是不够的。

一般情况下，在小组活动开展的过程中，为扩大宣传的效用，工作者需要将小组名称和当次活动的分主题写在黑板上或通过多媒体进行展示，这样不仅有利于小组的规范服务，更能够增加小组成员的归属感。在本校，2011 年也就是 09 级本科同学开展小组活动时，他们的活动地点多数为没有多媒体的汇文楼教室，因此大家都是将小组名称直接写在黑板上；但在 2012 年和 2013 年开展的小组中，由于社会学学院小组实验室的建成，活动地点便大多选在了小组活动室，于是同学们便将小组名称和当次小组活动的流程做成了 PPT 的形式，在活动开始之前进行播放，以方便

---

① 整理自 11 级本科生 ZJH 同学的“自我保护”小组活动督导记录。

组员了解小组的流程。其实，也不是所有的小组都需要多媒体，如果你的小组只是带领大家讨论一些专题，或是做一些拓展性的训练，那就完全不需要多媒体。在实务中，工作者可以根据需要自主进行选择，没有什么硬性的规定，有些小组，用了多媒体效果反而不好，因为组员的注意力基本都集中在屏幕上，对小组的主动投入就不是很多了，因此多媒体的使用适量即可。

而有些小组游戏或情景剧需要配合音乐，这就需要准备相关音响设备；还有的小组游戏需要用到报纸、绳子，有时需要纸笔、图片等，这些都需要工作者在小组筹备的过程中做好准备。示例如下：

> 案例8①：在“友谊地久天长”小组的第三次活动中，其中一个环节为“制作爱的礼物”，即需要组员先观看一段视频，再根据视频学习制作手工小发卡，这个过程需要有工作者和两位志愿者的讲解和指导，还需要剪刀五把、彩带若干条、胶水三个、绳子若干条等。

组员们通过自己的努力为自己的朋友做一份表达浓浓爱意的小礼物，这个过程本身就十分有“爱”，工作者选择的道具更是让小组成员感到意外和欣喜，这些道具就是工作者在进行小组活动筹备的过程中精心准备好的，这个过程也使得小组活动达到了一个高潮。

四　人力资源

小组的顺利开展需要工作者与组员、工作者与志愿者、组员与组员之间的相互配合，需要志愿者的辅助、督导的监督和指导，有时也需要嘉宾来救场，这些都是小组工作中的人力资源。

（一）工作者的个人魅力和带领能力

小组工作者也可以称为小组领导者或小组带领者，是在小组活动过程中带领和引导组员实现小组目标的负责人，合格的小组工作者不仅需要掌握扎实的专业知识和技巧，还需要具有领导者的一些特质。

小组工作者首先应该具有社会工作者的素质和能力，专业的社会工作

① 整理自11级本科生DYQ同学的“友谊地久天长”小组活动总结和评估报告。

者具备社会学、心理学等方面的知识，也要掌握相关社会政策，了解怎样展开社会调查，有一定的文字和口语表达能力，有很强的再学习和持续学习的能力等。他们往往具有很好的心理素质，遇到问题沉着、冷静，对突发事件反应迅速，牢记社会工作专业价值观，富有同情心又不会情绪化。小组工作是以人与人之间的互动为基础的，这需要工作者有很强的协调和沟通能力，带领小组的工作者应该拥有明朗、活泼的性格，能够在较短的时间内打破尴尬的气氛，使得组员愿意自我表达。

作为小组的领导者还需要具有一些独特的能力：第一，作为领导者应该有认识自己、觉察自己的能力，随时掌握自己的生理、心理、情绪状况，明确自己的过往经验和目前表现状况对周围人的影响；第二，小组的领导者要有充分的自信心，完全接纳自己，并能够与小组的成员互相信任和接纳、彼此爱护和帮助；第三，小组的领导者对小组成员的认知和情绪要有及时察觉和反应的能力，并能够迅速给予回应和处理这些问题；第四，小组的领导者是具有博爱精神的人，具有真诚的关怀并温暖他人的能力，坦率地指出小组成员的错误并告之正确的方法；第五，小组的领导者对小组的发展过程要有一定的掌控能力，能够把握小组的发展方向，并坚信小组一定能够为组员传递正能量。

此外，如果小组工作者觉得自己不能单独胜任，也可以采用协同领导的方式，也就是说可以再寻一位小组工作者，两人共同带领小组。所谓协同领导，可以是一个有经验的老人带领一个新人，也可以是资历相似的两个人共同分担或是交替带领。例如，在“早睡早起”小组成立初期，工作者 WJH 发现 AQ、LH 和 DY 三位同学的小组也都与睡眠相关，于是四个人商量着将各自的小组合并组成新的小组，由四个人共同担当小组工作者。最终确定小组共五次活动，其中第一次和最后一次由 LH 同学主持，第二次由 AQ 同学主持，第三次由 DY 同学主持，第四次由 WJH 同学主持。虽然四个人主持风格略有不同，但因中间三次分别以三个不同的分主题来为总体目标服务，第一次和最后一次又由同一个人带领使得整个小组首尾呼应，她们的合作给小组增添了活力。

在实务中，小组工作者不是人人都能胜任的，课程实践之所以要求每个同学都带领一次小组，也是想让每一位同学都有一次带领小组的经验，这样也可以更好地完善工作者的个人能力和素养。

（二）志愿者与嘉宾的辅助

由于小组中的人数较多，活动又比较复杂，工作者有时会兼顾不过来，通常情况下需要选择 1—2 名志愿者辅助工作者的工作。志愿者的选择也要经过严格的筛选，如他是否愿意协助他人，具有助人的精神；所要做的工作是否是其长项；能否保证按时到场等，都将成为考察的重点。在本校开展小组时，工作者一般邀请自己的同学或朋友担当小组志愿者，并将小组的主题和活动的流程告之志愿者，以便在小组活动进行的过程中能有效配合并协助工作者。作为初次带领者，我们一般要求至少有两名志愿者，一名负责多媒体的播放、拍照及摄像，一名坐在工作者身旁或小组之外帮忙观察和记录组员的反应。作为志愿者，除了起到帮助的作用外，还可以在人数不足时充当组员参与小组活动。但有时工作者选择的志愿者并不能够进行有效帮助，例如，美妆小组的两名志愿者均为男生，在小组进行过程中，两位志愿者主要负责拍照、摄像和 PPT 放映，当工作者需要有人帮忙拿道具的时候都是自己来完成，志愿者没能充分利用；而在“告别单身、寻找爱情”小组中，志愿者对小组流程非常熟悉，性格也比工作者活泼，更爱说话，常常会代替工作者做出决定，当工作者由于紧张而说话吞吞吐吐时志愿者会主动行使工作者职能，这使得工作者和组员都很尴尬，对小组的发展是很不利的。

有时候为了达到效果，也可以适当地在某一次活动中邀请嘉宾现身说法。嘉宾往往是在某方面有着丰富经历和经验的前辈，组员与嘉宾的交流更有助于他们的学习。特别是借用有小组经验的人进行感同身受式的分享，可以强化小组的魅力，形成广告效应。

案例 9①：在大学新生适应小组的第二次活动中，小组的目标是希望同学们能够认识自己的专业，增加专业认同感。所以工作者请到了研一社会工作专业的一位学姐，这位学姐刚好本科也就读于本学院社会工作专业，嘉宾不仅专业知识掌握情况较好，而且专业认同度很高。她为学弟学妹们介绍了自己学习社会工作专业的一些经历和该专业对自己的影响，并现场和新生互动，解答他们的一些疑虑。组员通

---

① 整理自 11 级本科生 XJR 同学的“大学新生适应”小组计划书和总结评估报告。

过与嘉宾的交流对本专业有了基本认识，并且对该专业的学习方法也有了一定的了解，嘉宾的到来帮助了组员的成长、推动了小组的发展。

（三）小组督导的把关

社会工作实务中的督导是由经验丰富的资深工作者对新工作者或实习工作者一段时间内定期的指导、监督、传授经验的过程。小组工作者要在小组开始前与督导取得联系，第一时间将小组计划书交给督导，与其沟通自己对小组的计划和想法，并在督导给出意见后及时修订计划书。

在本学院开展的小组中，我们选择了社会工作专业的研究生来为大三的本科生担任督导的做法，① 平均每个研究生督导一到两个小组，从小组计划书的撰写是否规范、小组时间安排是否合理、小组活动内容是否完整等方面给予指导。督导们从每个小组的筹备阶段就已经进入到小组中，并在小组开始后全程观察小组活动的进展情况，他们一方面在每次小组活动过后帮助工作者一起完善小组计划书，探讨小组活动内容的有效性；另一方面也会对小组工作者临场指导，当场点评，告之工作者的优点和不足，并提出修改意见和建议。

实践证明，同学们与督导学姐学长的相处都很融洽，督导们能够诚恳地给出自己的建议，同学们也能够虚心地向督导学习经验，督导和工作者在小组中获得了共同成长。

（四）小组成员的借力

参与小组活动的主体是小组成员，工作者要善于发现组员的特点和优势，适当利用组员的资源来辅助自己的工作。比如，在“人际交往第一课：锻炼你的嘴——社交技巧培养”小组的第三次活动中，工作者就让两位在这方面有所长的组员分别带领小组游戏和社交技巧的讲解，充分发挥了“锻炼你的嘴”的作用，在实践中促进了组员的成长。

万事俱备，方可整装出发。在小组的筹备阶段，工作者应当尽可能地把小组所需的各方面资源协调好，这样可以帮助工作者在小组中消除紧张感，更加从容地面对挑战。

① 严格意义上只能算是实习督导，本书为行文方便，统一称为督导。

第四节　“您准备好了吗”

作为小组的筹备阶段，需要多方积极配合，才能如期开展小组活动。所以在开组前，工作者、组员、志愿者和督导都要做好各自的准备工作，在条件成熟时将小组的活动开展起来。

一个小组的成功与否，工作者个人素质是非常重要的，特别是组前的准备，作为初次带领者，如能有周密的思考和计划，对小组的成功还是很有帮助的。因此，在开组前，往往要求工作者先要做问题及主题调研，然后撰写相应的计划书，经过督导审核并帮助修订才可以开展小组活动。

一　工作者的准备

（一）关于小组活动的时间、地点和人员确定

在小组活动正式开始前，工作者需要再次向组员询问大家的空闲时间，以保证时间和地点安排的合理性，确保小组的顺利开展。一般来说，作为小组的发起人，工作者可以先对时间做一个安排，如一般可以安排在周末，针对一些儿童类的小组可以安排在他们放学之后，或是为保证出席率直接利用一些第二课堂的时间都可以。另外要考虑一些特殊群体的时间安排，如单亲妈妈们，由于平时上班，周末的白天可能要花时间陪陪孩子，这种情况下尽量选择在周末的晚上；大学生们平时的课业压力很大，周末又想要出去逛逛，这种情况下小组的时间也可以选在晚上，顺便帮助大家放松一下紧张的心态。当然任何小组都是有特例的，所以工作者可以根据组员的不同情况，在征询大家意见后再统一时间，以保证小组时间安排的合情合理。

关于地点，一般来说也要考虑小组成员的生活、学习和工作地点，尽量不要让组员赶太多的路，如果组员对开组地点不熟悉，工作者有责任将交通路线提前详尽地告知他们，必要时还要在第一次开组前做好路线的导引工作。

小组活动开始前，工作者需要与小组的志愿者、督导以及嘉宾等做好沟通，务必使得每个人明确自己的身份和角色。同时，工作者需要亲自与参加小组的组员、志愿者、督导、指导老师等取得联系，告知其小组活动

的确切时间和地点，并确定每个人是否能按时参加小组活动。

（二）完整的计划方案及其他

在人员和时间都确定以后，工作者要再次确定小组计划的完整性，尽量做到对小组计划书了然于胸。小组计划书是工作者依据小组的实际情况而制定的小组工作实施方案，它可以帮助小组工作者对小组理念、理论框架、目的等有清晰的认识，能够帮助工作者切实地掌握好小组活动的程序和每一个工作阶段的活动节目安排。一个完善的计划书便于工作者对小组的绩效随时进行评估，并以此为基础及时地调整和完善小组的工作计划。工作者应该把完整的小组计划书发给小组的督导、指导老师、志愿者以及每一位小组成员。此外，工作者还应有备选方案，根据小组的进程和发展随时调整计划。计划书内容如下：

表 1—3　　小组计划书的内容

1. 小组名称	
2. 背景与理论依据	（1）背景 （2）开办小组的原因（理念） （3）小组工作的理论架构
3. 目的及目标	（1）小组的目的 （2）小组目标（将目的进行细化和拆分）
4. 服务对象	（1）资格：即组员的年龄、性别和教育背景等特征 （2）个性需求：即组员的问题和需要
5. 小组特征	（1）小组的性质 （2）小组的持续期（小组活动的次数） （3）日期（开始时间到结束时间） （4）聚会时间：（每次活动的具体时间） 小组的聚会（活动）频率 （5）地点 （6）小组的规模与结构
6. 招募方法	（1）小组成员的来源 （2）宣传措施与组员招募方法 （3）招募的时限

续表

7. 小组的日程安排（每节活动计划）	(1) 每次聚会的计划（可以依据组员的需要进行修改） (2) 活动大纲（活动节目、活动主题和活动方式等） (3) 日程安排（聚会的频率和聚会的时间长短）与活动地点 (4) 活动节目的具体目的 (5) 社会工作者的职责与任务 (6) 活动的准备（场地布置） (7) 所需器材与设备 (8) 每次聚会所需的资金
8. 所需资源	(1) 人力资源：工作者、志愿者等 (2) 财政收入与支出预算 (3) 地点与设备、器材 (4) 其他
9. 工作日程	从小组筹备到结束的具体的日期与任务安排
10. 预计困难与应变计划	(1) 小组成员的问题 (2) 工作者的问题 (3) 其他问题
11. 评估方法	(1) 评估的范围 (2) 评估的方法
12. 参考资料	

在这里有很多的因素是需要工作者注意的，如在制订计划时，工作者要明确小组的性质，要不断地反思：我的小组到底要做什么，是什么类型的小组，案主即服务对象是同质性的还是异质性的；同时，即便你开办的小组是针对问题人群的，也尽量不要在小组名称中体现出来，如针对交往障碍人群所开办的小组，一般不要用“如何克服交往障碍“等消极的字眼，而是选择“交往新攻略”“交往技巧提升”等；另如针对女犯的小组，更不要叫什么“女犯改过自新”小组，而是可以说“雨后阳光”小组等，以消除参加者的心理顾虑，避免标签化的影响。

细心的工作者还会在小组开始前准备好小组活动签到簿，以便于清晰地记录小组成员的出席状况，同时也能够在签到的过程中提示小组成员参与小组的状况，有利于小组评估。

表 1—4 本校小组活动签到簿

姓名	专业	年级	联系方式	小组活动出席情况					
				第一次	第二次	第三次	第四次	第五次	……
				日期：	日期：	日期：	日期：	日期：	
组员一									
组员二									
组员三									
……									

此外，小组开始前工作者要根据小组的主题来决定着装，作为初次带领小组的工作者还要与督导沟通，确定好小组的开场白、串词等等，也可以自己对着镜子进行模拟演练。经过筛选确定下来小组成员，在参与小组活动时要确保他们的需求能在小组中得到满足。工作者真诚地接纳组员的优缺点，根据组员个人的实际情况，决定他们的参与程度和改变的程度；尽量保护组员不受到伤害，总之不要让他们有压力，以便在小组中保持一种健康、轻松而又愉悦的状态。

二 其他人员的准备

无论是自愿报名还是被邀请参加到小组中的成员，在参加小组前在工作者的协助下都要对自己有一定的评估，尽量全面了解自己面临的困惑和问题。组员需仔细阅读工作者发来的小组计划书，熟悉小组活动的目标和目的，寻找自己和小组目标一致的点，在脑海中给自己一个初步的定位，明确自己的期望和在小组中可能得到的改善途径。

有些组员是被迫参加，但有时也会产生良好的效应，从专业的角度来说，虽然我们并没能尊重他们参与小组的自愿性选择，但却帮助他们完善了自身建设。如有些组员的问题意识不是很强，特别是好多人还没意识到自己的问题，这种情况下适当的强迫可能会强化他们解决问题的理念和方法。

而关于志愿者，在小组活动的过程中要全程陪伴和辅助，他们应该无条件地服从工作者的安排，因此志愿者要对小组的主题、目的以及计划方案十分了解，以便于当工作者由于紧张或现场突发状态导致场面混乱的时候可以给以适当的帮助。除此之外，志愿者还应对小组活动所需的道具、器材、视频、音乐、场地等十分熟悉，尽量避免因志愿者的配合失误而导致小组活动的缺憾。

在实务中，经常会出现工作者和志愿者配合不来的情况。其他方面还好说，主要是在设备使用上，往往会出现工作者在需要音乐背景和 PPT 播放时，志愿者没能按要求及时播放，出现脱节的状况，这种情况下，工作者如有必要，需要对志愿者进行培训，以强化他们的配合度。

另作为小组的督导，在进入小组前要对工作者有一定的了解，比如：工作者的性格在小组中有哪些优势和劣势？工作者的能力是否可以胜任小组带领者的工作？小组活动的计划中，时间与活动的设置是否合理？小组的游戏、情景剧等是否与小组主题相吻合？这些问题都是需要督导在小组开始前帮助工作者完善的部分。

在本校的小组实务中，我会经常安排一些有实务经验的研究生来担任督导，这些督导或许并不十分专业，但他们都能够认真、细心、耐心地为学弟学妹们进行指导，这也是他们成长和积累经验的过程。督导们在进入小组前一定要有心理准备和相应的知识、经验储备，必要时还要帮助工作者进行临场督导，以帮助其顺利地度过因为初次带领所引发的心理焦虑期。

总之，小组筹备阶段的主导角色是小组工作者，在本校的小组工作实践中工作者多为大二或研一的学生，这些工作者虽然掌握了一定的社会工作知识，但毕竟是第一次独立地带领小组，他们面临的不仅仅是经验不足的问题，更多的是信心的欠缺和主动性的缺失，而筹备阶段的准备充分与否将持续影响小组活动的开展直至小组结束，因而这一阶段的工作显得尤为重要。

第二章　小组初期

中国人常说“万事开头难”，但也会说“好的开始是成功的一半”，因此作为小组工作来说，第一次小组活动非常关键，可以说会关系到整个小组活动的成效，甚至会对工作者工作的热情和组员的参与性造成致命的影响。因此在实务中，我经常强调第一次小组活动准备的重要性，甚至要求工作者在必要的时候进行组前模拟，以强化工作者的重视程度。

可以说，我们今天真正意义上的小组初期，虽然指的是组员之间的初步熟识，但在现实中往往指的就是第一次小组活动了，因此，所有小组初期的期待和问题，可能都会在这次小组活动中出现。因此，在实务中，我往往交代工作者主要的任务为帮助组员熟悉彼此，知晓小组的程序安排及目的，制定小组的规范等。

第一节　第一次亲密接触

其实，在生活中，无论你第一次用心做什么都会充满了好奇和期待，特别是在小组带领中，除非是熟人群体，否则你多多少少还是会紧张和兴奋的；[①] 如果有熟人出现，有时你还会担心面子的问题，因此，第一次小组带领下来之后，工作者就像打完了一场硬仗一样，经常有工作者会对我讲述他们第一次带领小组的艰辛以及用心良苦。但并不是你付出了就会有收获，特别是对于组员来说，人家是没有责任和义务一直捧场的，于是有些人如果第一次感觉不好的话，以后就不来了。基于此，在实务中，我更

① 即使小组成员是熟人群体，但因为你们此时在小组中的处遇不同，有时也会有这种感觉。

加强调工作者自身的临场魅力和组员的归属感建设，为今后的小组带领打下良好的基础。

虽然对第一次的小组活动，不同的人会采取不同的方式，但都会为以后的小组活动定下基调和风格，这有点像第一印象似的。所以工作者要在最短的时间内，创设出让组员感觉安全而自由的气氛，传达一种关爱的态度，使得组员能尽快投入小组中。

一　工作者自身

就今天的小组工作而言，好像组员更加关注的是工作者的魅力，这种品牌效应往往影响小组的成效。于是在开组之前，工作者除了要大肆宣传自己的主题外，还要将自己的优势强化一下，特别是在校园内开展小组，这种明星效应更甚。因为很多工作者都是第一次带领小组，没有更多的小组带领经验，于是有人便会更多地引用自己的光环，如什么学生会干部、办公室主任、三好学生、优秀团员什么的；或是对小组的主题关注了较长时间，于问题的解决有较为丰富的经验等；还有就是以前参与并观摩了类似小组等。总之，你在小组成员面前要显得对这个小组比他们要熟悉得多，而且给他们一种感觉就是你已经做好充分的准备才行。除了这些，在第一次带领小组时，工作者自身也要做好万全的准备工作，这样才能保证小组带领有一个好的开始。

（一）外表

作为第一次小组活动的主持者，工作者的精神状态一定要饱满，着装一定要干净、整洁、舒适、大方，除了证明工作者对小组的重视外，这实际上是通过一个强化性的暗示，给工作者自身和组员以一定的信心。试想一个精神萎靡不振、着装邋遢的工作者，如何在第一次小组中赢得组员的信赖和归属呢，当然也会有例外，但作为多数的组员来说，我想还是有一定难度的。

经常有学生问我在第一次小组活动中到底要穿什么才好，如何修饰自己？其实在我个人看来，并没有什么太多严格的要求，作为小组工作者来说，只要你自己觉得达到了最佳的状态就可以了，我想这应该就是标准吧。但也有个别的例外，因为个人的审美观不一样，所以产生的视觉效应也会有所不同，但我们还是以多数人的看法为准则吧。

（二）精彩而简短的开场白

开场白非常重要，时间一般要控制在5—10分钟左右，因为在招募活动及适当的组前会谈中，你和你的组员实际上已经建立了相应的熟悉关系，在这里就不需要浪费太多时间了。在这段时间里，工作者要做自我介绍，向组员致欢迎辞，说明小组活动的目的及本次小组活动的情况（如主题、活动目的、程序、要求等）。如：大家好，我是王某某，欢迎大家来到某某小组，本次小组活动的主题是……活动主要分四个环节，分别是……首先，让我们先彼此熟悉一下。在这个过程中，工作者可以站起来也可以坐着来进行，这就看个人的习惯了。示例如下：

例1①各位同学：大家好，很高兴大家能来参加我组织的小组活动。首先做一下自我介绍，我是来自10级社会工作专业的MZH，今天在这儿的还有我们小组活动的督导：研一的ZHSH学姐；以及志愿者：10级的人类学专业YSH同学，她主要负责的是小组活动记录和照相。咱们的小组活动总共分为五次，主要是围绕大学新生适应展开的，大多数的同学在入学之后会有许多的不适应，可能是因为同学之间还不是很熟。咱们这个小组主要建立大家的团体意识，增强自我认识，使大家尽快找到对大学的归属感。下面废话不多说，直接进入我们今天的主题。

这次是第一次活动，咱们这次活动的目的主要是帮助大家相互了解，建立信任关系。那么首先进行活动的第一项，这项活动主要是让大家先认识一下，接下来两个人一个小组互相之间进行交流，然后向大家介绍与你交流的人的姓名、家乡、最喜欢和最不喜欢的事或物。三分钟的交流时间，三分钟之后每一位同学为大家介绍和你一组的人，大家注意在介绍的过程中，一定要认真听，争取记住所有的信息。

例2②大家好，欢迎来到我的小组活动现场，我是工作者PXY。这是一个魅力展现、开放高调的时代，更是一个竞争激烈的时代。俗

---

① 整理自10级本科生的MZH的“健康快乐你值得拥有”小组。

② 整理自10级本科生的PXY的“你演讲了没”小组。

话说得好“一人之辩重于九鼎之宝，三寸之舌强于百万之师”。英国首相也曾说“一个人可以面对多少人，就代表这个人的人生成就有多大”。再看古今中外99%具有影响力的成功人士，大部分都是公众演讲方面的超级说服力大师！拥有一定的公众演说能力，在最短的时间内影响最多的人，已成为一个人立足现代社会的必备技能。

小到自我推介、问题解释、情况说明、问题回答，再到求职面试、主持会议、汇报工作、加薪晋职，大到国家领导人竞选等等都离不开演讲。因此表达和沟通的能力是非常重要的，不论你做出了怎样优秀的工作，不会表达，无法让更多的人去理解和分享，那就几乎等于白做。下面我想问大家几个问题：

您是否曾因不善当众讲话，而在公众场合脸红心跳，形象顿失？

您是否因为讲话词不达意，思路不清，主题不明，条理不分而缺乏说服力？

您是否曾因沟通不到位而错过机会，损失金钱，人际关系紧张？

我想每个组员都遭遇过因自己语言表达不顺而陷入尴尬的局面。因此，希望通过“你演讲了没”能力提升小组的5次活动，为大家提供一个平台来锻炼自己的语言表达能力即公众演讲能力。让我们从与身边的人开始练习语言表达，练习适应时代生存的谋生技能，为今后的就业面试和发展抢占机会。

今天第一次小组活动包括三个环节：自我称赞、患难与共与倾听分享。第一个环节“自我称赞”作为小组活动的破冰之旅，希望大家通过这个游戏能加强对彼此间的了解与熟悉，强化自信心和表达能力的提升……

（三）对相关小组程序和内容的熟悉

因为是第一次带领小组，工作者多多少少都会有紧张感的，所以有时难免会忘记一些程序的具体规定和详细的流程，这就要求工作者一定要对小组的环节相当熟悉才行，必要时还可以准备一些手卡。2009 年曾经有一位学生在第一次带领小组的时候由于紧张，忘记了一个环节，然后就中途终止小组，说要重新来。这是不允许的，也是最忌讳的，容易造成组员的反感情绪，虽然在小组中，组员是工作者计划的参与者和实践者，但也没有责任和义务为你的错误埋单。一般遇到这种情况，在不影响小组主题表达的情况下，我一般让工作者直接略过去，或是适当地补充到下一次小组活动中。但绝对不能说“对不起，我忘了”，因为这句话的潜台词就是你不够认真和负责，这将大大影响你在组员心中的形象和地位。

（四）危机的处理能力

实际上这是每一次小组带领时，工作者都要掌握的技巧。但因为第一次带领小组，往往出现突发状况的几率要大些，所以作为工作者来说，你的随机应变能力和处理问题的机动性都非常重要。比如，你的组员有可能在第一次聚会时就缺席，而你准备的游戏或是情景剧却是按原来固定人数规定好了的；在开展活动时，突然有组员不配合，不愿意参与；游戏、讨论、情景剧的时间过长，影响了整个小组的进度等。

因为有些问题常常发生在你的预料之外，所以这种情况下，我们一般在第一次小组活动时都要配备相应的督导，进行及时的跟踪指导，但更多的还是需要工作者自身的临场应变能力。这里仅是适当提供一些解决方案，以供参考，因为不同情境下，工作者的危机处理机制是不同的。比如你的第一次小组活动，组员就无故缺席，你的心情多多少少还是会受到打击的，而这种不良情绪在工作者初次带领小组时更是致命，它可能会严重地影响到工作者自身对小组的信心。所以一般在开组前一两天，就要通过各种方式对组员能否到来进行确认，开组前 10 分钟左右，如还有组员没有到达，一定要及时与其进行沟通，确保其按时到场。如组员实在来不了，影响了你的方案实行，那你一定要临时改动或请志愿者参加。在开展活动时，组员也可能对有些环节不感兴趣，确实不愿意参与的，除了鼓励外，尽量尊重他们的选择。即便出现部分环节时间过长的情况，也要根据实际情境做适当调整，如压缩其他环节时间，或是将未竟的内容放到下一次活动均可。

二　开组前的组员通知和确认

作为第一次带领小组的工作者，往往希望能在第一次小组活动中充分展现自己的魅力，得到组员的认同，因此，几乎每个小组带领者都对组员的出席情况非常看重。因此，作为工作者，一定要想方设法保证组员的积极参与性，除了做好前期的宣传和动员工作外，开组前的通知和确认也非常重要。

（一）多种通讯方式的运用

在本校的小组活动中，一般情况下多将社工们的第一次小组带领放在校内，这样可以适当缓解他们的紧张和焦虑情绪。另外因为在熟悉的环境中，接触到的又是自己比较熟识的群体，能够较为顺利地培养起自信心和成就感。

但就组员通知和确认这一环节上，我仍然要求工作者一定要多方动用通讯工作，与组员保持亲密的接触，做好组前的确认工作，以确保他们按时参组。如可以先通过 E－mail、微信、QQ 等多种通讯方式来确保工作者和组员之间的信息畅通。在这里，除了要邀请对方参加外，还要将时间、地点、第一次小组活动的大概流程甚至小组计划书等尽量让对方知晓。同时，让对方在确认能够参加之后及时给予回复。

（二）电话的跟进

如因为各种原因，对方对你的联系没有任何回应，那你就要选择在适当的时间给对方打个电话。说话要尽量客气，以不打扰对方为原则，同时说明你希望他能参加的诚意。

（三）条件许可下的亲自邀请

如你和小组成员住得比较近，或是组前会谈时发现组员参组的热情不太高而你又很希望对方能来，那你就要在条件允许时亲自上门邀请。作为工作者来说，往往你的亲情建设是非常关键的，特别是中国人，登门拜访是最能体现你对他们的重视程度的，相信一般人都不会拒绝。

三　场地的布置

（一）基调的设定

1. 适当的装饰。有人说环境会影响一个人的心情，因此，在开展小组活动尤其是第一次小组活动时，场地的适当修饰是非常必要的。工作者可以根据小组主题的需要，对活动现场进行适当的装饰。如在合适的位置摆放一些宣传板、图片、花草等，为组员营造一种舒适、温馨的氛围，还可以放置一些有标志性意义的艺术品或具有号召力的条幅口号等。

目前，我们的小组活动基本上都是在实验室进行，因此在装饰方面不能太花哨，但也不能过于简单，一切要以组员感觉良好为原则。

2. 背景音乐。在小组活动中，背景音乐有时是必需的，如在开组前，放一些轻缓、柔和的音乐，可以增进小组的效果；帮助组员减缓陌生感，尽快融进小组。

（二）空间的考虑

理想的小组聚会场所会让组员感觉安全、舒适，因此在开展小组时，工作者要尽可能地为小组成员提供一个固定的场所，而且最好是那种专门的小组实验室。固定的场所有助于培养组员的认同感，让组员有一种家的感觉，特别是第一次聚会，在环境方面要尽可能地尊重专业需求。如果条件不允许，那也要求活动场地要具有相对的密闭性，这样可以让组员能全身心地投入到小组活动中。以前我们的实验室还没有建成，学生们在校内开展小组只能依托于教室进行，很多组员在开小组时就经常向外张望，甚至侧身去倾听外面的声音，大大影响了小组的效果。

场地的空间大小，要以活动人数为准。空间过于空旷，容易让组员产生不安全感且精力难以集中，这种情况下，工作者要进行适当的隔断，以帮助组员更好地适应小组。空间过于狭窄，特别是第一次来参加小组活动的组员，容易产生焦虑、压抑等不良感觉，影响他们参与小组的主动性和积极性。

因为在小组中，组员的多数时间都是坐着的，同时为了更好地增进组员之间的有效沟通和交流，我们采取的是封闭圆形的位次安排。大家围圈而坐，但不要用桌子，尽量让每个人可以看到组内所有人。另外要选择有靠背的椅子，让组员坐得舒服些，否则容易影响组员的投入；适当的时候还要铺上地毯或垫子，方便组员进行活动时坐或躺在地上，另外一些特殊群体，如孕妇等，直接就可以半躺在上面。有些时候也可以根据需要将座位安排成会议室状，组员坐两边，中间放一个大桌子或是每一个组员前面放一个小桌子①，以减缓他们参加小组活动的紧张感。② 考虑到组员的私密性及交流空间的有限性，在摆放座椅时，间隙不要过大，尽量让组员之间在坐着时保持一拳左右的距离。

---

① 条件好一点的实验室，会采用有小桌板的椅子，需要时可以拿出来，不用时再收起来，这样在小组活动时方便使用。

② 以后开展活动时就要将桌子撤掉甚至可以根据活动的需要让组员不用座椅直接围坐在地上或到室外进行。

作为初次带领小组的工作者往往将座位摆得过密，导致开展活动时组员挪动座椅不便；或是将座椅摆得过松，没有为组员营造出应有的亲密性。其实，在真正开展小组时，他们一般会根据自身的需要来调整，工作者无需担心。但如果在搞活动时导致组员之间的空隙过大，工作者一定要适当进行干预，确保组员之间不会因距离的问题影响交流的效果。每个人都会有座位偏好，特别是第一次小组活动的位置，会影响组员今后交流的亲密度和层次性，因此工作者在以后的小组活动中，也要格外注意组员的位次，避免形成固定化的依赖模式。[①] 由于每个人都愿意和自己最近的人进行交谈和互动，为保证组员在参加小组时能有一个充分和每个组员交往的机会，工作者还要尽量协调组员变化位置，避免形成固定的位次。

在本校学生所带的小组活动中，特别是一些关于班级建设的小组中，经常会出现这样一种现象，即同一宿舍的坐在一起或是相同性别的在一起。这种情况下，工作者要进行干预，适当进行位次的重整，以确保组员能有一个和陌生个体亲近的机会。

（三）体现温情

在第一次小组活动时，工作者一定要尽其可能地给组员留下良好的印象，让他们愿意参加你的小组，有相应的归属感。因此，工作者在开组前应进行工具、设备的调适，以保证小组的顺畅进行。如音响、摄像机、照相机、多媒体等，一定要提前演示，以免出现差错。我经常发现有工作者不做好前期的准备工作，导致冷场。如有工作者在活动中需要播放视频，但因为格式的问题无法打开，然后我们的工作者就将组员放在那里，自己去弄设备了。这种情况下，你想组员对你的印象能好吗，他们很可能就此将你和你的小组扼杀在摇篮里。

另因多数小组中，组员都是第一次见面，短时间内不可能记住彼此，因此我们需要准备一些粘贴纸，让组员把名字写在上面，贴在自己身上显要的位置，以方便彼此尽快熟悉。在第一次小组活动中，组员对小组的主题及计划书还不是很了解，因此，如条件允许，工作者尽量将相关的文字材料摆在会场显要的位置，以方便组员领取或阅读。但尽量不要在开组时

---

① 在群体性的生活中，人们在座位的选择上都有个习惯，即会不由自主地尊重和依赖第一次见面的模式。

直接发到组员手中，这样组员有可能在开组时还在看材料，影响小组的效果。[①]

而组员自己的私人物品，一定要组织他们有序地摆放在固定的位置，尽量不要让组员背包或手中拿着外套参加小组，特别是有些组员还将手机拿在手中，这都是工作者需要提前提醒的。因为组员对开展小组的场地不太熟悉，因此工作者必要时还要协助相关志愿者帮助他们尽快熟悉诸如饮水房、卫生间、物品放置地等场所。

四　促成亲情互动

在小组中，为让组员尽快地融入小组，适应小组生活，工作者要尽量主动和活跃，务必表达出温暖、信任、诚挚、尊重、接纳和同感，因为这一切将会产生典范作用，会影响小组成员，发展成为小组的常模。[②]一位成功的小组工作者，往往说话得体，会用幽默和活泼将组员吸引住，使得组员不至于因为小组乏味、沉默而退组。在第一次小组活动中，工作者要尽可能地尊重组员的需求和意见，多与他们交流，尽量兼顾到组员的感受。如尽可能地记住每个组员的名字，熟悉他们的特征和喜好，主动与他们打招呼，帮助他们尽快适应小组的氛围等。

在小组中，组员可以随意走动去接触和认识他人，但这时他们会产生混乱和无助，甚至有些人不怎么说话，等待工作者的进一步安排。他们不愿表达自己，也不对当前的感受做出描述；有些进行交流的，仅是抱怨工作者和小组的问题，其实从心理学上来说，这也是他们进行质疑的表现。人在陌生的群体中，往往对与自己距离较近的人容易产生亲近感，因此，组员在小组中，也会发挥临近原则而与自己旁边的组员打成一片。作为工作者，除了要创设机会让更多的组员有这种亲近机会外，也要将自己融入其中，不能厚此薄彼。除了这种就近原则外，人们也容易对与之有相似点的人产生兴趣和亲切感，在小组中，如某位组员很像工作者的某位亲密的人，如亲人、朋友等，便很容易引起工作者的亲情关照；或组员个人对问

---

① 一般我们要求工作者在开组前通过一定的途径，如发邮件、QQ 等让组员尽量知晓相关内容，但因担心组员没有认真审阅，所以在开组前可以再适当强化一下。

② 林孟平：《小组辅导与心理治疗》，上海：上海教育出版社 2005 年版，第 174 页。

题的看法和工作者不谋而合，都容易让工作者产生好感。由此工作者也要善于帮助组员寻找他们身上共同的东西。可以通过破冰游戏，让组员自己去发现和寻找，如有共同喜好的、来自同一地方的等，这样可以让他们更好和更快地对小组产生亲切感和认同感。还可以通过讨论，让组员之间的观点进行碰撞，那些观点相同的人也会很容易走在一起，成为无所不谈的朋友。

在一个小团体中，往往那些善于表现，有突出特征的人会成为大家关注的重点，因此，工作者要善于发现组员身上的闪光点，帮助他们在小组中发扬光大。甚至一些好的榜样，会起到良好的示范作用。如在一个英语学习小组中，那些英语较好的人往往会成为大家追捧的对象；而在有关以爱情为主题的小组中，那些谈过恋爱而经验丰富的人会成为组员最佳的资源求助对象。这样，他们彼此在小组中就会形成一个资源共享的平台，为更好地工作和生活提供便利。

在这方面，指导教师要经常在实务中进行浓墨重彩地强调，即工作者要给组员这样一个强化，在小组中，每个人都是你的资源，都是与你有缘分的人，要好好地珍惜和爱护他们。中国本身就是一个人际关系浓厚的社会，特别是在你的生活中，形成自己的亲密群体圈非常重要，这也是小组的一个核心所在。通过小组，让组员有家的归属感，大家同舟共济，解决问题，达成目标，增进感情交流和心灵对话，共同营造一种温馨的情感。

第二节 挣扎中的工作者与组员

在整个小组活动过程中，第一次小组带领对于工作者来说，往往是最困难的，万事开头难，这就要求工作者一定要花大精力来设计第一次小组活动。而且由于工作者是第一次带领，虽然会很期待和兴奋，但还是会紧张。其实，作为初次带领小组的工作者和第一次参加小组的组员来说，有时他们的情感是较为复杂和多变的，因为彼此都不太熟悉，可以说都是在一种摸索和忐忑中完成小组的生命历程的。而在第一次小组活动中，工作者和组员更是都从各自的立场挣扎着，工作者希望组员能够理解和接受他和小组自身；组员却觉得工作者应该多服务少说话而不是一味地说服教育。

在实务中，尤其是第一次小组活动中，如果工作者和组员都没能从心底接受对方，将会使工作者和小组的魅力大打折扣。经常有工作者在第一次小组活动结束后就打退堂鼓，认为组员不配合，自己也不适合带领小组，甚至对整个社会工作的价值和意义产生质疑。组员则会觉得工作者并没有他们想象中的那么有能力，也不能理解他们，由此产生消极心理和情绪。

一 尴尬定位

（一）我也想当组员

“作组员多好啊，往那一坐，什么也不用想，不用担心冷场，不用合计事儿，太轻松了”，类似这样的话经常出现在工作者的带领感言中，甚至有些工作者会因小组的第一次活动没能收到预期效果而产生专业倦怠情绪。

其实，作为工作者，在整个小组带领特别是第一次小组活动中，就相当于一个领头人，相应的责任感和使命感都使得你万万不能轻言放弃。没有人能在第一次小组带领中就能得到所有组员的认可，也没有人能将所有的计划都毫无瑕疵地体现出来，甚至可以说没有一个小组是完美的，但只要你付出了，只要你努力了，作为工作者，你一定能体会到相应的喜悦和快乐。

特别是作为工作者，有时在第一次带领小组时，总有种被组员忽略和隔离的感觉。因为在小组中，工作者在组员心目中应该是小组的领导者，自然与他们是不同的，所以就平等性来说，组员自然觉得工作者高他们一等，也就无形中将工作者与自身分开来。

（二）他们到底怎么想的

作为工作者尤其是初次带领小组的工作者，会经常或者说是不由自主地陷入一种不安的状态中，这种心境除了自己的带领经验不足或是专业性不强所引发的困惑之外，很多时候也是由于对组员的知之甚少所造成的。作为小组的第一次活动，工作者不能做到对每个组员的情况都能了如指掌，再加上组员第一次参加小组，有时观望的心理很强，于是就经常出现这种状况：工作者费尽心思地设计了每一个环节，但好像组员并不怎么买账。如 2010 年有一个工作者在校园内开展了主题为“变幻世界”的小组活动，主要是想召集一些魔术爱好者来进行魔术的学习和推广，工作者进行的小组设计也基本合理，但在第一次小组活动时要求大家分享一下对魔术的看法时，八个组员中只有两个组员发了言，而且内容也很简单。本来工作者想要由组员的交流引出魔术的意义和价值，但没想到发言的人数过少且内容多集中在希望工作者多教一些魔术花样上，特别是多数组员的沉默，让工作者很是尴尬。当工作者进行了目的性的暗示，问大家为什么学习魔术，觉得它有什么好处时，多数组员都说没觉得有什么，仅是好玩而已。

其实，在小组活动的初期，工作者不一定非要引导组员朝着制定好的目标走，可以通过设置不同的主题环节，把握一下组员的特征。不要强求组员在一次小组中就能积极踊跃地参与活动，而是要站在组员的角度，看看他们关注哪些问题及加入小组的动机等，以更好地了解组员真正的需求，不能一味地为了实现自己的计划而忽略了组员的感受。计划书在小组中只是一个参照，是要随时接受修订的，而组员的真实感受和需求才是计划书真正的灵魂所在。如上例所示，如果组员想表达的很少，那可以通过适当的提示还可以通过视频、问卷等形式了解下组员对魔术的看法，然后可以适当地设置一些选择性的问题，让大家来回答。因为人有时有个通病，你要是让他随便说，可能多数的人都不太愿意说；但如果你让他进行选择，可能多数人还是会选择一些答案来表达自己的想法的。

（三）我受欢迎吗

这是在小组活动初期工作者和组员都会存在的心理，特别是第一次带领小组的工作者和参加小组活动的组员而言，这种心态尤为明显。

作为工作者来说，因为是第一次带领小组，心中的忐忑不安是可想而知的，他们希望组员能在小组中得到收获，希望自身能得到组员的认可和接受进而积极参与到小组活动中来。在第一次小组活动中，工作者往往会刻意地向组员示好，非常主动地帮助组员解答问题，希望将自身及小组的魅力能在第一次小组活动中就完美地演绎出来。因此，很多小组工作者有“神经质的需求”，[①] 希望尽快得到组员的认可，成为成熟、干练、能力突出的领导者和帮助者，这种心理将使其在小组中不能冷静、客观地看待自

① 王慧君等编著：《团体领导者训练实务》，台北：张老师文化事业股份有限公司2001年版，第3页。

己和小组的关系，影响了小组的成效。

作为组员，他们彼此尚未熟悉，经常呈现出焦虑、紧张甚至不很友好的态度，他们很想知道工作者和组员是否喜欢自己；小组又是做什么的，需要他做什么等等。这一阶段，组员非常依赖工作者，希望工作者能尽快帮助他适应组内的生活。同时，他们又希望自己在小组中能得到他人的认可，结交更多的朋友。就言行表现来说，他们会很小声地交谈，在说话和参与活动时充满犹豫，只关注组内的核心成员。对他人虽然感到陌生和害羞，不敢主动正面地接触和交谈，但还是希望别人更关注自己，得到他人的认可。

在这个阶段，工作者要做好心理准备，因为小组本身也是一个不断磨合的过程，要尽量创设机会，积极引导，让组员的情感得到满足，情绪得到发泄，帮助他们摆脱困惑和初次见面的不适感，顺利地与他人建立良好的关系并融入小组中。工作者应该很庆幸通过自身带领的小组，帮助了他人，有机会陪伴组员经历伤痛和欢乐，进而走向成熟；要充分享受小组的过程，把它视为一段难能可贵的经历。每一次带领小组，在某种程度上都带给自己一次审视生命的机会；同时，别人的经历也是一面镜子，督促工作者不断地反省自身，可以更深刻地体会人生，完善自我。

二　如何有效地完成任务

初次带领小组的工作者，往往把重点放在计划书的制定或是每个单元的小组任务和目标的实现上，忽略了组员的建设，工作效果甚微。组员会焦虑、害怕和充满疑虑，甚至出现抗拒的心理。在第一次小组活动中，作为初次带领小组的工作者，并不能很好地感受小组的氛围，他们经常生硬地照搬程序，很难融会贯通地主持一系列活动，这就需要做好以下的准备工作。

（一）计划不如变化快

在小组开组之前，我们经常要求工作者要交一份计划书，具体活动的开展也要根据计划书的方案来执行，但往往会出现一些意外，将工作者的计划完全打乱，这就需要工作者的临场应对能力和变通性要加强。如组员的不能按时到场，有的是迟到，有的是缺席，有的虽然来了，但却一直沉默，不参与活动等；或是现场的机器设备出了状况等，都是对工作者的一大挑战；有时还会出现个别单元程序过长或过短，影响了小组的进度。在讨论环节，关于话题的归位也常常成为工作者较为头疼的问题。[①] 由于是第一次小组活动，多数组员在开始阶段可能会很规矩地按照规则来，但往往聊到一定程度就跑题了，组员所喜欢谈论的不是工作者所期待的，工作者若进行干预，组员往往会产生负面情绪；若是放任下去，又担心影响以后小组的成效。因为这个阶段是工作者的初次练兵，出现问题的频率大些，所以工作者的第一次小组尽量要做好完全的应对策略，如配备督导，指导教师要及时跟进等，以更好地帮助工作者度过这一关键时期。

特别是由于条件所限，本书中所涉及的小组多是在校内开展，组员多数都较为年轻冲动，容易不假思索地说出自己的想法，有时便会造成不必要的麻烦。还有就是工作者希望开展的话题讨论不是组员所喜欢的，若工作者做出干预，则影响了小组动力的形成，给组员留下不好的印象；任其自由发展，则使小组显得太过散漫，目标不易达成。这些都给工作者的第一次小组带领造成了很大的困扰，鉴于此，督导和指导教师要做好工作者的情绪疏导工作，帮助他们尽快适应小组生活。

（二）我们还没够呢

作为组员来说，有时因为是第一次参加小组，在融入后便很容易投入进去，这时如果被工作者打断便会觉得意犹未尽而出现不良情绪。特别是在破冰环节，组员觉得好不容易找到一位能和自己亲密互动的伙伴，便经常抓住对方不放，大南海北地说个没完。在实务中，经常出现这种情况，工作者在一边因为时间关系很是着急，想要打断又觉得不合适，而组员这里却浑然不知；工作者如强行中断，往往会遭到组员的反对或是无视，弄得场面很是尴尬。

这种情况下，我们要求工作者尽量将时间留得非常的充裕，同时也可以适当地加入到组员中，同他们一起交流和分享。如果时间实在过长，可以通过相应的语言进行暗示，如“我看大家讨论得这么热闹，都不忍心打断了，但一会儿我们还有更精彩的活动，期待大家的参与”；“既然大家聊得这么投缘，那就欢迎以后多参加我们的小组活动啊”；“我看大家已经聊了一会了，可否愿意和别人也分享一下”；“时间差不多了，我想

① 这样的问题在小组的中后期也容易出现。

大家一定对自己的谈话伙伴有了一定的了解，现在谁愿意先为大家介绍一下”等等。

总之，因为是第一次小组活动，工作者要尽量以包容的心态看待我们的组员，尽量为他们营造轻松、温馨的氛围，不必因为时间的长短而影响了小组的氛围。

（三）要求不一

在这阶段的小组活动中，工作者还要咨询下组员对小组的意见和看法，特别是制定规则时，如果一味地让组员自己决定规则，有时就很难统一。这种情况下，工作者既要尊重组员的想法又要有选择性地接受他们的建议。如在“将爱情进行到底”的第一次小组活动中，当工作者问组员有什么要求时，有的组员认为应该多请一些爱情婚姻专家来给大家做个讲座、咨询什么的；有的则认为应该多搞搞爱情派对什么的；有的甚至觉得这个小组本身就应该是爱情速配，不应该弄得这么专业等。后来弄得工作者都没辙了，只好再次重申小组本身的目的是希望大家能对爱情有个正确的认知而不是单纯的介绍男女朋友，但很显然没能获得如期的效果。

这种情况下，工作者更多是要重申小组的目的并对组员的建议进行选择性的筛选，同时在条件允许的情况下，尽量满足组员的需求，切记不要轻易承诺，而是要委婉、诚恳地说明原因，并希望组员能够谅解。如关于上述小组中组员提出的爱情速配，对于小组本身来说难度很大，工作者进行了耐心的解释并将小组的背景进行了说明，得到了多数组员的认可。

三　组员的认知

小组成立之初，组员对小组的期待、动机与准备，对小组动力的形成、规范的执行、气氛的活跃及归属感的建设等，都有很大的影响。不恰当的期待或是动机不纯，会造成小组的流产或退组现象的发生。

（一）小组原来是这样的

由于中国的社会工作起步较晚，一般人对它的服务模式和理念还不是很了解，因此在实务中开展活动就面临很大的困境。以小组为例，除了社会目标性的小组[①]和治疗性的小组外，工作者在最开始带领小组时因为担心自己的经验不足而经常在熟悉的群体中招募组员，这就导致组员参与小组的动机不是很纯。如有的是为了熟人的面子，有的是因为好奇，有的则是以为可以有礼物甚至觉得有游戏可以玩，所以就来参加了。在组员看来，所谓的小组就是大家在一起聊聊天、做做游戏，甚至有些人觉得小组本身就是在浪费时间，认为现在的网络信息这么发达，要是有问题直接上网就行了，没有必要非要坐在一起。

同时，因为工作者的第一次小组带领会出现这样或那样的问题，更是给组员留下了不良的印象。这就需要工作者自身要不断强化自己的专业技巧，尽量在第一次小组活动中给组员创设出一个温馨、舒适的小组氛围。

（二）我们是实验品吗

作为初次带领小组的工作者，组员对其权威性和专业性往往存在一定的顾虑和质疑，他们既希望小组能帮助他们解决一些问题，多认识一些人，又担心工作者的技巧不够成熟，自己成为实验品。经常性的行为表现就是对小组的目的和工作者自身进行疑义，如“你还没考研呢，怎么指导我们考研啊”“这样的小组目标能实现吗，要是不能实现，那不是浪费时间吗”“你这小组是英语四六级小组，和培训机构的英语培训有什么区别啊”等等。

组员在第一次小组活动中，往往倾向于与工作者交流，所以经常希望工作者在第一次小组活动中就可以提供解决问题的模板，如工作者不能如期解答，组员就会觉得工作者毫无责任感而大呼上当。许多没有小组经验的成员，在第一次聚会时往往不知道小组要做什么，对自己有什么用，他们对下列问题非常关心和疑虑：

> 我需要表达自我吗？如何主动认识他人？
> 我可以提出反对意见吗，可以不参加活动吗？

---

① 在中国，学术界一般将小组分为四大模式：社会目标模式，主要是培养成员的社会责任感和使命感，同时推动个体进行能力建设以应对社会压力，一般政治色彩较为浓厚；互惠模式，主要是关注小组成员和小组环境、社会环境的关系及组员之间彼此的沟通和互动；治疗模式，主要以治疗个人作为小组工作的主要任务，同时提供疾病的预防和康复；发展性模式，主要是强调以人的发展为核心，帮助组员获得成长。分类标准参见：刘梦：《小组工作》，第51—70页。

要是不喜欢工作者和小组活动，可以提出来吗？

其他的组员会喜欢我吗，我受欢迎吗？

对于这些问题工作者应该提前向组员说明小组的目标、要求、活动的内容和方式、组员的权利等内容，鼓励他们大胆说出自己的感受，学会与他人互动，尽量融入小组等。同时，在可能的范围内为组员提供支持，如“如果你想说什么，我们是很愿意听的”“继续说下去，你说得挺好的”“我认为你的建议很好，对他人很有帮助，更加完善了我们的小组”等。

（三）下次不想来了

对于小组，多数人在刚开始参加时以为是一种万能的活动，就像心理咨询一样，能帮助他们解决任何问题，来了之后才发现有些失望。甚至对于自己经常出现的问题也会有无能为力的感觉，觉得无论自己怎么做，还是不能对问题有所改善，因此他们认为自己无论做什么事情都是失败者，所谓的小组也不能帮助他们什么，于是很多人在第一次小组活动过后便想选择退组。

有些组员也由于在小组中对工作者的工作模式不是很认可，认为自己在小组中所受到的群体性压力太大（如沉默的组员），还要分享个人的隐私，这都是组员所不希望或不喜欢去做的。个别工作者拙劣的带领方式、紧张而又无序的活动安排，更是让小组成员对小组的印象大打折扣。而有些动机不纯的组员，更是难以在小组中得到认同，也会相应地打退堂鼓。如有的组员加入英语四六级小组就是要让工作者承诺加入小组后能顺利过级；加入“将爱情进行到底”小组就是为了找对象等，这都需要工作者除了精心准备小组活动外，也要对组员进行必要的筛选。

这种情况下当组员表达一些负面的情绪甚至批评时，工作者不要反击而是要促成其表达出来，并通过其语言和肢体传达的信息来判断他是否愿意信任小组。实务中，一旦组员的需要被觉察，便会觉得你很关心他，在小组中有一种被重视的感觉，自然也就对小组产生了信任。

第三节 心灵鸡汤——问题及资源的分享

在第一次小组活动中，如果工作者带领得比较好，组员之间容易形成互动的冲动和较好的交流模式，形成较为理想的小组规范，为小组活动的顺利开展打下坚实的基础。组员能积极支持并参与小组活动，对工作者印象良好，认同小组工作的理念和方法，实现组内问题及资源分享。

一　认识你真好

组员对小组本身充满了无限好奇，一些个人的期待希望从小组中获得满足，希望与他人和工作者建立良好的关系，组员以开放的心态进入小组，同意他人的看法，尽量去接纳和包容他人。

（一）组员之间的亲密

在小组的一次活动中，组员往往以其外表特征和过去的经验来开展互动，如座位比较临近的，有共同特征的（年龄、民族、性别、爱好等）；也会有组员在一开始就表现出异常的积极，其目的经常是为了明确自己在小组中的地位和受认可的程度，他们希望能与其他组员打成一片，成为小组的领袖或带头人，同时也由此展示自己的风采。特别是一些封闭式小组，在人员较为稳定的情况下，组员之间的信任、小组的凝聚力都会加强。

组员之间可以表达负面情绪，不会遭到他人的批评或否定，不过虽然是负面的，却不极端更不会带有攻击性，仅是一些个人的反应和感受，因此，大家也会因此而共同探索并发展出一种纯然的信任。这些人甚至开始提及个人的私事，表达对他人的感受和态度等。

（二）对小组和工作者的认同

在实务中，适当的集体活动有助于增进小组的凝聚力，组员心情愉快、精神饱满，在小组中很是活跃，能自觉地参与小组的活动并遵守规范。因为每个人的表达能力有限，因此，在小组中通过组员之间的亲密互动，可以消除顾虑，实现彼此之间最大限度地沟通。特别是在这种小团体中，工作者会对表达能力欠缺的成员给予特殊的关注，更是为这部分组员提供了发挥的空间和平台。

在这样的情境中，组员会很快地融入小组中，对工作者较为认同，也因为在组员中找到了可以说话的人而兴奋不已，觉得小组是他们可以放飞心声的地方。工作者也会因为组员的积极配合而努力工作，在组员那里获得了认可而更加投入到小组的带领中。小组中会出现一些活跃的组员，帮助工作者进行围场和救场，成为理想的组员。

“环节设置得都还不错，我对开小组也不太了解，觉得没有什么不满意，能参加这样的小组，并从中获得一些知识，我觉得很高兴。对于工作者也很满意，感觉很亲切、很温暖，希望能继续加油”。（组员，小丁）

“每个环节都给我留下了深刻的印象，很满意，也很开心能参加这个小组，我在这里不仅收获了自我保护的知识，也收获了快乐”。（组员，小李）

“没有不满意的，希望在今后的生活中，多多关注自己，学会自我保护，不要忽视那些方法、技巧”。（小组，小帆）

“印象最深的是情景剧表演，感觉很愉快，没有什么不满意的，只是在活动过程中会出现冷场情况，希望工作者能够想办法调动大家说话的积极性。参加了这次小组活动使我懂得了在各种情况下如何保护自己”。（组员，小满）

二　我们私聊吧

（一）组员情感的依附

在第一次小组活动时，工作者一定要将自己的主导角色充分展现，这样才会让组员喜欢参加你的小组。特别是第一次参加小组的组员，他们对陌生的小组情境一无所知，甚至会对陌生的小组成员充满恐慌，这种情况下工作者一定要让他们尽快地熟悉起来，在小组中找到可以依附的人。特别是工作者，往往成为这种情感寄托的最佳人选，所以就要求工作者一定要强化组员的情感建设，为他们提供最温馨的氛围。记住每个组员的名字，并尽量使用昵称，如有组员名叫王圆圆，那你就可以叫她圆圆；尽量关注每个组员的表征，并在适当的时候表达出来。如有组员喜欢将包抱在怀中，那你就可以说“你的包感觉抱起来很舒服，在哪买的”等等。另有组员梳了一个漂亮的发髻或穿了一件有特点的衣服，你都可以请教下她们梳头的方法以及如何挑选衣服等。

在正式开始活动前，工作者还可以帮助组员之间进行亲密接触，如碰到有相同特征的人，可以帮助他们拉近距离，如你可以说“有没有人是骑自行车参加我们小组的”“刚刚我看到小王穿了一双鞋子，好像和你的是一个牌子的，你们以前认识吗，是一起买的吗”，这样组员就会关注到组内其他的成员，很快找到交谈的对象。

当然更多的时候工作者没有必要太担心这些，因为组员之间由于某种原因，也会很快与自己旁边的人熟络起来。在小组中，组员经常会倾向于选择一个最近距离的人说话并与之结为伙伴关系。因为人都有与人交往的需要，特别是在陌生的环境里与他人初次见面时，彼此的新鲜和好奇也会促使他们进行就近的交流。

在小组中，一定有个别组员因为某种特殊的缘由而和工作者刻意地接近甚至希望进行个别咨询和辅导，从而彰显自己在小组中的特殊地位和身份，给小组中其他成员造成了相应的不良影响。作为工作者，有时也会因为这种组员的存在，而影响了自身对其他组员的关注度，给自己的小组带领带来相应的困扰。这种情况下，工作者可以通过一些破冰游戏，增加他与其他组员的互动机会，并适时给予他在小组中充分分享的时机。

（二）个人隐私的顾忌

在第一次聚会时，组员因为要表达自己的观点，但又担心无法注意别人表达；甚至有些人漫不经心，造成小组只是各个成员的表达会，而缺乏彼此互动。特别是一些人觉得初次见面就说太多不太好，于是出现了观望、沉默的场面。这种情况下，工作者要适时给予鼓励和支持，如“小王，我觉得你刚刚在开组前和小李说得挺好的，可不可以和我们分享一下”。同时，对于有些问题，工作者可以适当地自我流露，说明你和小组成员一样，也会遇到各种各样的问题，甚至和组员有相同的经历，能够做到感同身受。同时，也起到了一个示范的作用，可以激发组员表达欲望和想法。

在小组中，我们经常要求组员一定要坦诚地说出自己的真实想法，这就不可避免要涉及一些个人隐私的问题，即便对于工作者，组员也会问一些有关家人和成长背景等私人问题。这种情况下，如果工作者自身觉得无伤大雅，是可以据实相告的，如果觉得不便，可以转移话题。同时，在小组中如果要求组员坦诚说出个人隐私性的问题，会引起很多人的不安全感和顾虑，他们会担心其他组员会在事后谈论是非或将其隐私曝光而影响当事人的正常生活，因此一定要注意小组内的保密性要求和责任。

三　英雄所见略同

在小组活动中，如果组员对小组较为认同，便会对小组产生感觉，很容易表达自己的心声并在其他组员之间产生回应，从而形成小组讨论的氛围。大家能就一些话题展开深入的探究，能将个人的一些遭遇和想法在小组中进行分享，将小组成员看成自己的知心朋友。于是第一次小组活动的讨论环节，通常是工作者针对某一主题，希望组员尽兴讨论，但因为彼此之间的初次见面，通常只有少数爱说话的人会愿意参与进来，其他人则并未得到机会来表达他们的看法或是感觉自身是外围的成员而不想真正地参与到小组中来。这种情况下，交流的氛围便很难形成，经常出现谈话中断，而造成讨论的困难。这种情况下，工作者可以设置一些大家感兴趣的话题，如在"健康与美丽"小组，工作者便让组员分别说出自己身上最喜欢和最不喜欢的地方，然后其他组员进行评论，于是当组员说出对自己的鼻子不满意时，便有其他组员提出了不同的见解，认为该组员鼻子挺好看的，于是这种争论引起了大家的一致关注。

同时，在这一阶段，倾听和有效回应也是工作者应该注意的一个问题，一方面可以通过语言交流来达到；一方面也可以让组员之间通过一些活动，来认识到和他人进行有效交流的重要性。如可以通过情景剧或游戏进行一些示范类的表演，让组员能感同身受，从而能促成自身的改变。工作者要对组员做出诚实的回馈，使组员愿意认真参与并积极互动，组员在这一时期也会出于对小组的认知，将对小组的不满说出来，帮助工作者更好地完善小组。

第四节　小组规范的形成

规范是某种行为状态的规定或禁止，它具有重要的评价作用，使成员们认识到某种行为应该或不应该被表现出来。每个小组都会发展出一套不成文的规则或规范，以此决定小组的行程方式，理想的小组规范能使小组更有效地运作。规范是由小组成员的期待和工作者的行为模式所决定的，工作者在规范建立上有很大的影响。规范可能是隐含的，也可能是明确的，有一些是要明确规定出来的，但也有一些是需要组员和工作者自觉遵守的或是随着小组的发展自然生成的，但却对小组的目标达成起到决定性作用的。

一 小组的规则

在小组活动时，除了工作者务必要遵守小组工作的伦理和职业道德外，为了保证小组的顺利进行，作为组员，也要相应地遵守一些约定。如小组的保密性、小组内的交流模式、出席方面的约定等。为保证小组的有效开展，我们一般在第一次小组活动时就要将小组的要求对组员说清楚，如实现目标的方法、积极参与并维护小组的承诺、参与活动的规则、违约的责任等。但不要求工作者在开场时就将所有的规则都严格订立，这样会影响小组的氛围，将小组变得死气沉沉，工作者在组员心中也会变成教导者。如一般在小组接近尾声时或是在小组过程中有组员出现了一些消极抵抗的情绪和行为（如拒绝分享、中途离场、不参与互动等），工作者要在征求组员同意的情况下与他们约定小组规范。

（一）谁来定规则

在带领小组时，一般来说工作者总是规则的制定者，组员只要去遵守就可以了，但就小组本身来说，组员才应是规则的制定者和决定者并在实务中要积极配合和遵守。规则是大家充分讨论后的共识，有一定的约束性，在制定规则时，需要特别说明的是，小组规则是大家共同制定的，需要大家自觉遵守。如果组员违反规则，工作者应联合组员按照规范执行，但决不能强制，而应结合当时的情境进行相应的软性处理，如可以用间接的方式进行引导和暗示，也可以将规范的执行推给组员。总之，工作者是规则的执行者和示范者，并且这个角色贯穿小组始终，同时，还要对规则进行相应的评估和管理，以便能支持和鼓励组员参与行动，推动组员能顺利、积极地参与小组活动。如在进行第一次小组活动时，对某一个主题的交流，有时只有少数较爱说话的人参加，其他人则未能有机会去表示他们的看法，或感觉到他们只是旁观者而没能真正地参与。在讨论中，有时也会出现中断，造成话题继续的困难，有时还会因组员的引导而很难回到主题上来。这种情况下，工作者要强化小组的约定，对所有组员的言行负责，明确他们各自的角色和分工，为今后的小组开展定好基调。

在小组中，规则也应该有充分的弹性，在具体处境下只要组员同意也可以修改。如在小组中，我们经常要求组员不要进行人身攻击，但这个尺度很难把握，有时便会根据组员的提议将这条修订为“可以适当地对他人进行批评，但以不引起对方反感为原则”；还有关于迟到的问题，有时也要根据情况进行灵活处理。

（二）一定要遵守吗

经常有工作者问我，小组的规范一定要遵守吗，我的回答经常是肯定的。为什么呢，你要是不立好这个规矩，当有组员的不良言行给其他组员造成困扰的时候就不好处理了。如开小组时，总有组员由于各种原因而迟到或早退，你要是不在最开始的时候就将这个规则说好，那你小组的时间性就很难保证了。另外，中国人都有观望的习惯，发现一个组员迟到你没什么反应，以后模仿的人便会多起来，这会给我们的工作造成很大的麻烦。

所以作为工作者，一定要把丑话也就是你的小组规则定好，这样组员心中就有了一个依从的标准，也就保证了小组的顺利进行。

作为组员来说，将自己约束在小组的规则中，也容易发现自己的问题，通过他人的监督，进而完善自身。时间长了，一些规则就会成为习惯，在日常生活中也会如实遵守，从而使自己更好地适应社会生活。“不以规矩，无以为方圆”，组员如果能积极配合小组的开展，那小组的成效也就能顺畅达成了。

二　到底约束了谁

在小组中，除了一些成文的规定外，还有一些是不成文的，是没有办法很明显地显示出来的，这就需要工作者通过一些专业的技巧引导我们的组员去遵守和实行。事实上，小组成员通常并不会刻意地制定小组规范，工作者也不应要求组员列出这些，一个较好的方法是向组员呈现一系列行为，请他们指出哪些在团体中是适当的，哪些是不适当的。事实上，小组的规范是由小组成员对小组的期待和工作者及较具影响力的成员引导形成的，如果组员的期待不明确，工作者就更容易去设计自己自认为较好的规范。

规范在小组形成之初即已建立，而一旦建立后则很难改变，要改变已确立的准则极其困难，不仅需要相当长的时间，也需要小组成员的积极配合。以时间问题为例，很多工作者或是小组成员认为，这应该是固定的而非经常变化的。时间对工作者来说就像一个框架，要想方设法把它填满才行。同时，在预估或是检验小组的成效时，我们也是通过时间来进行，如整个小组下来需要多少时间，各个单元活动用了多长时间，活动如何不超时，又能让组员达到尽兴的程度等，都是检验工作者小组带领成效的一个标准。也就说在小组中，时间被视为一种限制，在约定的时间内要产生小组的效果，并且时间要被合理分配，工作者要有更大的动机在限定的时间内完成小组的工作任务，成为训练目标达成的手段。但有时工作者为了调动组员参与的积极性，也会就个别环节采取压缩时间的方式，以便获得组员更多的参与热情。但有时也会因活动时间过长，组员出现疲倦的表现，如以不愿意发言对小组的冗长直接表示不满等，以致影响了下面活动的开展。

另外一个比较棘手的问题便是组员的参与度问题，工作者一般在组前会谈或在第一次小组聚会时就告诉组员，可能会适当地要求所有组员进行主题讨论和分享。在小组中，组员必须很真切地说出他们对小组、组员和工作者的感受，组员的诚实和自发性的发言是被鼓励的。其他良好的规范包括主动参与、接受他人、自我坦露等，也是需要在工作者的引领下逐渐地建立起来的。同时工作者要以身作则，如关于自我坦露，可以告诉组员自我坦露是非常重要的，否则不能从小组中获益。工作者的分享也是非常必要的，所以在小组中，工作者也可以根据需要适当暴露自己的缺点和不足，有时会给组员一种信心和勇气，这样也会敢于在小组中说出自己的问题。有一次我在带领一个班级建设小组时，就说出了当时自己上学时的一些迷惘和问题，于是很多学生便觉得连老师都有这样的问题，自己也没必要隐瞒，纷纷说出了自己的困惑，将自身的不完美展现在大家面前。观察与模仿是小组成员最典型的行为特征，通过这种方式，小组成员获得个人行为的改变，形成新的行为模式，他们通过分享各自生活的经历、经验和感受，参照他人的想法，从而形成自己适应性的行为。同时，小组犹如一面镜子，组员通过它，可以发现别人眼中的自我形象，实现对自身的正确认知。

这方面组员可以根据自己的步调来进行，工作者不要强制性地让他们一个接一个轮流做深刻剖白。有些工作者为了激发起组员参与小组的兴趣，往往会点名要求参加，于是组员往往会变得被动和依赖，在以后的活动中也就形成了常态，不点名就不参与；甚至有些工作者为了省事，直接要求组员轮流参加，所以整个小组并没有讨论的氛围。被动参与的组员，很多时候并未表达出深层次的内容，仅是流于表面。

小组的程序是自由、自然、自发地互动，这就需要工作者要主动营造氛围。在小组中，通常第一个讲话的人会成为大家注意的焦点，对小组动力的行程有很好的推动作用。工作者一定要对其进行一定的鼓励和支持，使其成为小组的核心成员，以便在今后的小组活动中更好地带动小组的气氛。同时，积极动员组员经常回顾他们在小组中的体验，这对小组凝聚力形成和组员归属感的建设都是很有帮助的。

同时，作为工作者，除了给组员列出一些规范性的要求之外，也要时刻警醒自己要严格遵守社工的职业伦理和职业道德，如社工不能利用组员达到个人目的，尽量将自己和组员放在平等的位置，不要将自己的意愿强加给组员等。作为初次带领小组的工作者，不要对自己太苛刻，但一定要尽心尽力地为组员提供最贴心的帮助。如不要将自己看成上帝，渴望帮助所有的人；相信自己，有足够的勇气和信心去面对小组中出现的问题；给自己一定的休闲时间和空间，尽量不要让工作中的困扰影响平时的心情；具有一定的敏感性，能观察到组员细微变化，对组员的需求给予及时的回应。

示例如下：

一、无故不得迟到早退，不能无故缺席；

二、不能进行人身攻击；

三、进行组员保密；

四、有责任在必要时说出自己的真实想法和经历；

五、要做到知无不言，言无不尽。（“班级建设”小组，工作者，张丽）

第五节　破冰游戏之我见

所谓的破冰，就是通过一些游戏或其他方式让组员之间相互熟识或是对某一方面进行深入了解，如针对彼此陌生的组员，破冰可以帮助他们迅速地记住对方并熟知他们的基本特点；而对那些较为熟悉的组员，则可以帮助他们更深刻地认识到对方对某一问题的看法。

在第一次小组活动中，破冰游戏是非常重要的，这也是工作者用来吸引组员和转移自己紧张情绪的一个最好的砝码。破冰游戏包括一些其他的小组游戏，自有它独特的魅力，但在使用时一定要在督导指导下进行，还要配合当事人的自愿程度和接受程度，否则容易使组员受到伤害。所以工作者在选择破冰游戏时，一定要收集丰富的参考资料，知道游戏的目的，如何运用及相关的注意事项等。

一 不玩行吗

在第一次小组活动中，组员对小组尚未产生足够的信赖度与安全感，工作者便贸然进行一些暴露个人隐私的游戏，如“你的童年”“我的自传”等，使组员出现一些不情愿、扭捏的情绪。另有一些游戏较具危险性和挑战性，也会使组员产生恐惧感而对小组产生抗拒心理，这都是工作者在设计小组活动环节时所应该注意的。如信任跌倒游戏，如果工作者不考虑场地安全及组员彼此之间的感受，造成真正的跌倒受伤，这都是我们在小组活动中所不愿意看到的。示例如下：

游戏1 记忆力大考验

游戏方法：

组员围成一圈，从第一个人开始说“今天我吃了一个AA”（AA为随意食物名!)，接着第二个接着说，吃了一个AA，二个BB……(BB不同的食物名!)，像这样一直传下去，每传一个人就必须重复前面的食物名，另加一个新的食物名，一直到有人中途讲错出局!

这个游戏经常在第一次小组中被使用，但很多时候效果并不太好，特别是人数如果过多，往往后面的组员记不住前面所有人的食物名而不得不中途退出。组员也会觉得压力很大而不愿参与，不但没能达到破冰的目的，相反还给组员留下了阴影，所以建议尽量少用。

游戏2　小厨师

工作者首先是一个小厨师，他会绕着组员走，并挑选做菜所需要的东西和佐料，当他说到某样东西并点到某位组员的肩膀时，那位组员便要起立，大声说：[☆☆是○○，○○是☆☆]，并跟在工作者的后面走，工作者做什么动作，跟在后面的人也请跟着做，当工作者准备好要烹调的东西时，便会喊“下锅”，此时请所有组员要以最快速度找到空缺坐下，若没抢到位置的就当下一任小厨师，并且对大家进行一个详细的自我介绍。

一般情况下这个游戏的难度不是很大，但在实务中却经常出现因为抢座位而跌倒的事件，因此，工作者如果想使用这样的游戏，一定要强化组员的安全意识。

二　如何与主题靠近

在破冰游戏时，虽然我们一再强调它的主要目的是增强组员之间的熟悉感，但一般来说效果不是很明显，多数都停留在简单地记住对方的名字、年龄、爱好上，很少有人能通过这样的活动对对方有一个深入的了解。特别是一些游戏，由于只是两两进行，等游戏结束时，组员只是对和自己搭伴的记住比较多，其他人压根就没记住。

“整个破冰下来，我只记住和我组合的那个人，其他的人都没怎么记住，甚至连名字都不知道”“不知为什么，就连和我在一起的人，我也只是和她说了下我的名字、爱好，其他的我们就不知道说什么了”“我和我的伙伴聊得正High时，工作者却喊停了，真扫兴”

虽然有工作者在实务中注意到这个问题并力图改进，但仍然没能收到预期的效果。如有工作者要求组员两两介绍结束后，由一方当着大家的面介绍另一方，但仍然很难让组员记住所有的人。因此我的建议是在开组前，就将组员的个人信息在征求本人同意后发给大家，这样在破冰时就容易对号入座，缓解了组员记忆的压力。还可以在第一次小组活动时让组员将自己的名字和单位写在粘贴纸上然后贴在身体最显眼的位置，以强化组员之间的认知。

一般情况下即使是很成功的破冰游戏，也不能让组员记住并熟悉所有的人，这种情况下就需要工作者在接下来的小组活动中，通过座位的调动或其他方式帮助他们进行频繁的互动，以完成组员的熟悉感建设。

另有一些破冰游戏甚至因为工作者的规则没定好，而单纯变成了玩乐的活动。如“盲人摸象”，工作者没有特别强调游戏的规则，演变成彼此捉弄的一个过程，这些都是初次带领小组的工作者所应该注意的。

三　人为的约束

在破冰时，工作者除了将规则和方法说清外，还要预估各种可能出现的后果，要有一定的临场处理危机的能力。有的破冰游戏虽然很好，但有时也会由于时间、情境等没把握好而出现僵局的场面。示例如下：

> 游戏 3　情感大比拼
>
> 由工作者随机抽取一名组员，该组员要说出自己的名字和一件最近发生在自己身上令其情绪波动较大的事情（或高兴的或不开心的或烦心的或激动的），然后该组员随机选择下一位组员。

这个游戏被运用在情感建设小组中，本来工作者是想用这样一个游戏让组员都对情绪及其自我管理的重要性有一个正确的认识，没想到正赶上一位组员最近情感生活真就出现了一些问题。于是在轮到她说的时候，便出现了情绪失控的状况，导致小组很难再继续下去而不得不中途停止。

还有一种情况就是工作者人为地约束时间，导致一些组员还没深入地了解对方就被喊停，于是就出现了这边工作者已经进行到下一环节，而组员却仍然在那里继续交谈。甚至有工作者将破冰游戏限定在 5 分钟之内，这都给组员之间的有效交流带来了困扰，甚至有些人只是走走过场，并没有真正地投入到小组的破冰中。

因此，在对工作者进行培训时，我一再强调破冰的时间可以适当长一些，工作者可以根据组员之间的交流程度来决定破冰的时长。当然针对人数过多的小组，破冰游戏就要分组进行，免得耽误时间。如果在这过程中有个别组员交流的时间过长，工作者可以适当提醒，如“我看你们聊得挺好的，那就你们这一组先给大家介绍一下吧”“看来大家对我们的小组很感兴趣，破冰过后我们还有交流的机会，让我们一起期待吧”。

四 典型破冰游戏分享

其实，任何一个破冰游戏在实务中都不能如工作者所期待的那样完美，多多少少都会因为参与者的不同而出现一些小瑕疵，工作者其实不必太在意。只要是能增进组员之间的熟悉感和他们对小组或主题的认知程度，那你的破冰就是成功的。下面结合实例介绍两种比较典型的破冰。

（一）介绍你身边的他（她）

这个游戏一般让组员就临近的人互相交流一些基本信息，工作者不必做出一些限定，可由组员自由发挥。这样交流5—7分钟后，由一方向大家介绍另一方的信息（是在征询对方同意后），依次类推。

这个游戏的好处是比较简单，对于初次带领小组的工作者来说较易操作，时间上也可以自由伸缩，不会因此而造成小组的压力。另外就是对于组员来说，可以帮助他们首先打破陌生感，迅速地和邻近的人建立起亲密关系，因为本来两人邻座，就容易形成依赖感，工作者再这样创设交流的机会，就更加深了彼此的印象。缺点就是因为座位临近，有可能他们之间已经在开组之前进行了交流，工作者再设置这样一个环节，有些人便觉得很多余。因此，作为工作者来说，要把握好组员之间的交往动态，适当的时候可以让组员的座位进行随机重组，然后再来自我介绍可能效果更好。

（二）自画像/他画像

这个游戏是让组员站着围成一圈，由工作者做示范说明：如我叫王某某，我的标识性动作是什么，我的优点是什么，缺点是什么，大家可以叫我小王（或其他昵称）；介绍完毕后，由组员按顺序介绍一下刚刚留下深刻印象的是谁，能记住他哪些个人信息，改名组员身上什么地方觉得最具代表性等。如组员小王对小李比较有印象，主要是因为两人同是安徽人，而且又都是毕业于安徽大学等；而小张觉得丽丽印象深刻，主要是因为第一次来参加小组时，是丽丽主动和他进行了交谈等等。

在这个游戏中，工作者要细致地观察到每位组员的自身特征，然后看一下组员关注彼此的原因和重点都在什么地方，从中总结出一些组员的特点和他们之间的交往模式，对今后小组的带领无疑具有很重要的参考价值。如熟人群体、共同的特征、外向的性格等，都容易在第一次小组活动中给组员带来深刻的印象和感受，会帮助他们增加对小组的信任和熟悉程度。因此，在实务中，我经常对那些对自身不是很自信的工作者提供一些招数，如招募熟人群体，请一些外向的人进行亲情赞助等，都会为小组的成功打下良好的基础。

第三章　小组中期

第一节　试探与熟悉

其实在第一次小组活动中，组员之间便是一个试探与熟悉的过程，由于非常依赖工作者，因此组员之间的互动不多，到了小组的中期，组员之间处于认识但又不是特别熟悉的阶段，于是便开始出现了一定程度的互动和交流。

一　心态的转变

和小组的第一次相聚相比，在小组的中期，小组成员已经慢慢地认识了同伴，对周围环境和小组本身也有了一定程度的认知，于是再次来参加小组的时候，会怀着期待的心情来面对小组活动。从听闻小组的招募，了解小组的主题，见到小组的工作者和小组的其他成员，到开展第一次小组活动，我们相信，每一位小组参与者对小组中期的工作开展都会有新的顾虑和思考。

1. 他们能明白我吗？他们对我的关心是真的吗？
2. 在小组中要是失控的话，其他组员会对我怎么看？
3. 即使敞开心扉进行了交流，别人也不一定会懂我。
4. 在小组中，可以和他人亲密到什么程度呢？
5. 我们能做什么，会以什么样的方式进行。
6. 我所参加的小组到底是什么样子的？

在实务中，每一次活动过后我们都会有新的答案和不同发现，如到了小组中期，组员们或许已经早早地计划好出发去参加小组的时间，选好要穿的衣服，以什么样的心情去参加小组，如何面对其他组员和工作者，甚至还会想象一下某某组员会穿什么衣服等。这些看似与小组活动的主题和小组的开展没有太大的关系，但这恰也折射出了小组成员对待小组的心态：我更愿意把我看作是小组的一员，或者，我已经是这个小组的一员了。这种认可和第一次小组聚会的认可是有差别的。第一次去参加小组可能是小组工作者的极力呼吁和组员们因为好奇和其他被动因素的影响而聚集在一起，或许是“其实刚开始我对这主题不感兴趣，但是已经和工作者说过了，有过承诺在先了”；又或者是“我难以拒绝，所以不得不来”。而这次，更多的是“我们要来参加小组活动，不仅仅是因为上一次我来了”，特别是参加完第一次小组活动后，很多人的想法发生了改变。“我对小组其实不怎么感兴趣，可是当我来了之后，我发现其实一切都没有我想象的那么糟糕，我发现这样的活动，这个主题其实是个不错的想法”；又或许是“我其实对这个主题很感兴趣，但是通过上一次的初期活动和认识，我发现我并不十分确定这里和我想的是否一样”；或者“我发现这其实和我想的不太一样，但是我发现这里的人都不错，工作者人也很具有亲和力，所以我想继续看看”等怀抱着这样的期望来参加小组。

其实，在小组中期，虽然每个组员对小组的想法都是不尽相同的，但是不管他们是抱着什么样的想法再次走进小组，有一点肯定的是，他们的选择是含有很大的主动成分的，他们是自愿的。当他们再次参加小组时，他们已经把小组当作自己的团体了，自己也已经是小组的一员了。他们希望在新的小组活动中有所收获，他们也希望以崭新的风貌去面对再次相聚在一起的群体。即使有在第一次小组活动中感觉不太好的组员，我想他们对今后的小组活动也是充满期待的，希望一切进展顺利，自己有所进步和收获。不论我们的组员是存在一定的忧虑，还是带着继续探索的心情，我相信，他们想要有所成长的心态以及对小组的认可是促进小组活动继续下去的隐性动力。

二　我在小组里怎么样

当组员开始认为自己是小组的一员，他们也开始认可自己的小组，慢慢地和其他小组成员开始交流起来。他们会按照时间的约定陆续来到小组活动中心，不用工作者组织，基于小组初期活动的相识，他们会慢慢尝试着坐在一起，自然而然地交谈起来，话题或者是对方最近的生活状况，又或者是他们对于这次小组活动的猜想和期望等。正是基于第一次的认识基础，组员们在第二次相遇时便开始慢慢熟悉起来，虽然不会像对待老朋友那样随意和自在，但是起码觉得对方不再是陌生人，而是有过一面之缘的同伴。组员们可能会以这样的开头进行搭讪“我记得上次你说你家是××的，对吗”“你上次说的那件事情我以前也曾经历过”等，这种开场白虽然貌似较为简单，但是很明显会成为双方谈话内容的源头。工作者应该为组员开始这种非正式的谈话和讨论而感到高兴，因为在小组中，温和的、自然的、亲切的良好相处氛围对于小组的发展、小组成员的成长都是十分有利的。

在小组成员尝试和他人进行沟通的同时，也是他们不断观察他人和反思自我的过程。在交谈过程中，他们会注意到别人的性格是什么样的，他人的喜好如何；又或者是他有什么样的口头禅，他的标志性动作是什么；或者他们还会发现××在小组活动开始前并没有和别人说话，在小组活动中也好像没有想要表达的样子，于是这样的人便往往会引起他们的关注和猜测，如“他会不会是一个很孤僻的人”又或者“他看起来很冷漠，应该很不好相处吧”等等类似的疑问。

其实，在生活中，当我们在观察别人，猜测别人的同时，我们也是在反思自己的很多方面，如“我是不是也像他那样”“要是我是他，就不会那么做”等等。对比别人的言语和行为，当我们在内心里表达出喜欢与不喜欢，认可与不认可的同时，我们也在反观自己，是否表现出了他人所喜欢和认可的那种方式，是否也存在那种让人不喜欢的方式等等。并且有时还要告诫自己，要是自身身上有类似问题的话，一定要改掉。

在小组中，这样的沟通、观察和反思也体现了小组成员已经开始注意到了他自己在小组里的影响了，他们希望通过观察别人，反思自己，从而更有效地关注自身，寻求到合适的方式来表现自己，以获得工作者和小组成员的认可。这也是组员循序渐进地找到自己在小组里的地位和角色，并努力扮演好自己角色的过程。特别是通过个体，我们还可以看出其所处环境的特征，因为每个人都是受不同环境所影响的，是其所生存环境的一个缩影。

当然也会存在这样的组员，他们渴望得到认可，却难以很好地表达自己，他们也不希望自己在小组中处于被忽视的位置，他们也想像其他组员一样展现自己，但是由于性格的原因或其他因素而选择以相对沉默的方式来面对。当然也会出现表现太过随意的组员，他们一般比较自信，有的甚至过于自信，他们敢于表达自己的观点，主动地和别人谈论，较少顾虑到对方和环境的因素，并且很少因为别人而影响自己表达的心情。作为工作者，要学会观察各类人在小组中的角色，以及他们想要确立自己地位的言语和行动。在这个阶段，似乎每个人都是关心自己在小组中的地位和角色的，工作者要引导组员尽量真实地表达自己的感受，鼓励小组成员承担小组的责任“小组是大家的，能否达到预期的效果，关键是大家的投入程度”。

由此可以看出这个阶段的小组成员会呈现出多种多样的状态，他们的言语和行为也不尽一致，但我们可以体会到他们再次回到小组中，逐渐建立起来的亲密感和熟悉感，相较第一次见面时的陌生和尴尬，在小组中期，他们已经可以更好地交流和沟通，也有更多和更好的机会去认识其他成员，并有可能建立良好的团体关系。但同时我们也要预测到，当不同人聚集在一起的时候，即使是为了同一个目标而前进，也可能会遇到一定的矛盾和摩擦。这种情况下，工作者要帮助组员正确处理和他人的矛盾和冲突“我们在小组中，只是表达自己的感受和想法，不是批评别人，那是两回事”。

为更好地帮助组员成长，工作者有时会让组员对质，正确面对自己的缺点和不足，但作为初次带领小组的工作者，一定要注意尊重组员的选择和步伐，要让组员做好心理准备，自愿进行改变。

三　工作者有注意到我吗

一般来说，作为组员，他们希望工作者能够对他给予充分的重视，以凸显自己在小组的地位，成为核心成员。特别是一些特殊群体，更是需要工作者要尽量满足组员的这一心理需求，尽可能地关照到每个组员。如在开小组的时候，你的工作对象是5—10周岁的儿童，那你要深知在此年龄阶段的孩子尚缺乏照顾自己的能力，而且还不能在任何场合下都很充分地表达自己，因此，作为社会工作者的你要尽最大努力地去关注每一个孩子。因为如果让孩子有被忽视、不受重视、得不到及时关爱的感受，对孩子的成长是不利的。但是尽管我们很努力地去做，还是很难做到面面俱到，尤其是对于初次带领小组的工作者来说这更是一项极具挑战性的任务。

在大学校园里和社会中开展小组，我们的服务对象多数是成年人，与儿童相比，他们已经有了足够的能力去调试自己，适应环境。虽然小组的主题不同，但组员都是希望通过小组活动来提高自己某些方面的能力或者解决某种困扰，作为工作者，除了要看到组员的自主能力外，还应该注意到他们也是一群需要被关注和积极对待的群体。工作者在他们身上投入的精力和关注度如果分配不均，势必会给个别组员带来被忽视的感受而影响他们参与小组的积极性，甚至会阻碍他们在小组中的顺利成长，尤其对于那些比较敏感而又沉默的组员更为明显。

参与我们小组的组员们，很显然他们是因为同一个主题而聚集在一起，这也意味着他们面临着同样的问题或者是有着共同的需要。比如在一个人际关系提升小组中，参与者们可能共同面临着难以处理好人际关系的困扰，他们因为同样的困扰也因为同样的需求而聚集在一起，希望借助团体的力量来有所改进，提升自己在人际交往方面的能力。可是，通过仔细观察和体会，我们会发现造成他们人际关系困扰的原因是不尽相同的。有的可能是性格因素；也可能是个体缺乏自信；还可能是说话时没有过多地考虑环境因素，缺乏思考而造成的；又或者是个人的习惯性行为一直影响着其人际关系的发展。此外，即使他们面对的是共同性问题，我们在处理和解决的时候也要差别对待，不然组员会觉得“工作者根本就不理解我！我和他们的情况其实不一样”，这样也就不能帮助我们的组员有效地解决问题。

因此，这就需要带小组的工作者不仅具备整体性的视野，同时更要注意到每一个小组成员的不同情况。在看待共同性问题时能够理性、清晰地进行分析和解读，但在面对个体成员时，又能够有针对性、合理恰当地处理每一个独特性的问题，这样才能够和组员个别化的需求相吻合。在实务中，参与小组的每一个组员心目中对待小组和对自己的期待都是不同的，但他们对自己和小组都是寄予了厚望的，而这也是大多数组员来参加小组的初衷。作为工作者，要想充分地满足组员的期待，就要和他们保持有效的沟通和交流，对每一位组员都给予贴心的关注，并且双方都能够做出及时的信息反馈，及时的澄清，以给我们的组员创设出一个自在、安心、可以交谈的团体氛围。比如当工作者按照自己的计划正在进行小组活动时，多数组员都能积极配合并认为小组活动很有效，但其中的一位组员却认为自己进步很慢，小组活动对自己的效果不大，此时工作者就要做出一定的回应："小 A，我很关心你的问题，你能不能详细地说明一下"或"我很抱歉让你有这样的体会，我好像没有更好地帮助你。我也理解你的无助感，也很想帮助你。在小组中，我们都是一家人，我相信其他的小组成员也不会抛下你，你觉得你的自信感依然没有建立起来，那你认为在我们的小组中，谁在这方面做得比较好呢"。如果这位组员发出积极的肯定性信号时，工作者应当及时地抓住解决问题的机会，"那你能不能以小 B 为榜样，向他学习。同时，小 B，你愿不愿意和我们的小 A 交流下经验，方便的话帮助下我们的小 A"。总之，要让我们的组员能够及时、充分地感受到工作者的在意和聆听，这样他们在小组中也才能真实地表现自己，真正的有所成长。

第二节 进退维谷的工作者

在小组中期，工作者和组员之间已经不那么陌生，组员开始逐渐适应小组生活并参与其中，这时他们开始用自身的标准来衡量小组的目标和进程，甚至对工作者的带领能力提出自己的想法和看法。

一 面对质疑，工作者该怎么办

当工作者脱离课本，走向带领小组的实务空间，初次带领小组的心情肯定是紧张而又兴奋的。当终于可以实战练习的新鲜感逐渐消退的时候，工作者开始对自己和小组本身进行反思和质疑，如"带领小组的技巧是否掌握到位"；"如何面对每一位看起来相似但性格、需求又各不相同的组员"；"怎样做才能成为一名合格的小组工作者"等等一系列问题会萦绕在小组工作者的心头。所以，社会工作者也是一般的人，他们也会焦虑，也会怀疑自己，但是，即使困难重重，即使第一次带小组，他们也会勇敢而上，和组员们一起共同成长。

同时，组员对小组和工作者也变得不那么依赖，他们开始形成自己的交往圈，对小组目标的达成度、工作者的角色和带领能力等也会产生怀疑。比如在“大学生自我成长”小组中，到第四次活动时，B同学向工作者表达了自己的想法：“我们已经开了几次了，一直这样谈谈谈，我会怀疑这样下去小组真的能帮助我们解决实际问题吗?”同时，他们开始挑战工作者，认为工作者到小组中期是参与者的角色，已经不需要再帮助他们解决问题了，可以退居幕后了。甚至初次带领小组的工作者会成为他们嘲讽和不配合的理由，认为他们经验性不足，不能掌控小组。如在“今天你团了吗”小组的中期，有人责备工作者不参与、不关心、疏远了小组，甚至有人建议由组员或请外来人员来主持小组，得到大家热烈地赞同。组员认为这样可以使小组发挥更大的功效，似乎每个人都同意这个意见，造成工作者的被孤立。

这种情况下，工作者要及时澄清，说明自己在小组中期的角色扮演，只要一听到组员发出怀疑、挑战的讯息时，小组工作者就要适时地引导。如在“大学生自我成长”小组中，针对组员关于小组成效的质疑，工作者就进行了及时回应：“小B，我很关心你刚刚说的这些，你是不是可以说得更清楚一些呢?”接着B同学解释说：“我们刚开始都说要自我成长啊，增进人际关系什么的，可是我没有觉得我自己进步多少。”此时小组工作者便邀请其他组员加入讨论，也发现了类似的问题，但也不乏觉得自己有所进步的组员。这种情况下，工作者也要做一个没有防卫、开放性的自我表露，来让组员了解工作者，于是他很诚恳地说：“小B，你希望自己可以进步得快一点，对小组的帮助也有一定的怀疑，我听你这样说其实也是蛮紧张的，感觉自己因能力所限没有帮助大家更快地进步，但我希望自己可以帮助大家更多，期望大家和我一起努力再试试看，好不好?”作为第一次带领小组的工作者来说，坦率地承认自己的不足，向组员做出一定的自我表露是非常有利的，工作者要以非常开放的态度面对组员的质疑，让他们感受到在小组中即使是一种负向的表达也可以被接受，同时也能体会到工作者的真诚，慢慢减少内心的不安和焦虑。

在小组中期，工作者本身不是领导者，不是控制者，有时也可以成为组员，与他人进行互动。作为工作者，一定要注意自己在小组中的角色，要具有相应的敏感性，对每一阶段小组活动的目标，都应经过观察、信息收集及整理、组员回馈等发现组员的需求和改变，从而及时、适当地修订计划，使带领工作更为有效。[①] 如谁对谁说了话，说了什么，虽然内容有时并不重要，但是却提供了很多团体内部的资料。此外，工作者要对组员进行如下信息的灌输，即小组工作不是开展一次活动就结束了，而是一个循序渐进的过程，需要包括小组工作者在内的每一位小组成员拥有足够的耐心和努力去实现小组目标。而且，不仅是在小组活动中，在生活和工作中也是一样，你投入的越多，收获的也才会越多，这是条通用的规律。如果我们仅仅希望借助小组团体其他成员的力量或者是小组工作者的监督和督促，自己在大环境中不努力，依然不能达到我们想要的目标。社会工作者不是什么都懂什么都会的专家，也不是包治百病的心理咨询师，社会工作者更多是愿意和小组成员们一起共同面对和共同成长的伙伴，愿意以宽容的胸怀、理解的心态和支持的态度和每一位组员共同创造美好。

二　冲突，是发生好还是不发生好

在小组中期，组员之间的了解和亲密程度都高于小组的初期，他们的真我开始逐渐暴露出来，其独特性也会随之展现出来。每个人有不同的想法和需求，在寻求小组对个人进行认可的同时，小组成员也开始关注自己在小组中的权利和地位，在和他人的交往互动中可能会产生意见的分歧甚至是权力的争夺，从而来确定自己在小组中的角色和地位。因此，在小组工作中，冲突是不可避免的，我们要做的就是认清冲突，解决好冲突。

如果我们都是受过高等教育的群体，如果我们具有经常性和较高的反思能力，如果我们是富有理解力和宽容心的人，我们或许会慢慢理解和体会对方的痛苦，进而选取更多的自身改变，来缓和环境的矛盾。但如果我们只是我们，非常普通的人，那么我们如何去面对这样一种创造矛盾和冲突的场面？如在小组中，大家花很长时间去谈论某一个话题，都很投入，而且这个话题可能会持续很长时间，影响下面环节的进行；另有两位组员，因为某一问题争论得面红耳赤，于是小组演变成两个人的战场；当进行情景剧演示时，你预估的结果却没有如期出现，于是小组演变成了另一个版本，造成主题的偏离。这种情况下，社会工作者该如何看待呢？首

---

① 王慧君等编著：《团体领导者训练实务》，第 14 页。

先，包容。工作者不要认为冲突是不好的或者不应该出现的情况，而要认识到冲突是很正常的现象，因为即使在我们的生活里冲突也是无处不在的，而且绝大多数的小组都会经历这样一个过程。当你允许了冲突的存在，你才能够更好地面对它、解决它。其次，冷静。冷静是人们解决问题最需要的一个素质。在面对冲突时，工作者首先要冷静分析，敏锐地察觉问题的症结所在，然后循循善诱，带领组员一起直面冲突，和大家一同去解决冲突。第三就是理性，或者说是中立。不管冲突的双方是组员之间，还是组员和工作者之间，工作者都要秉持公正的态度来面对，不应偏袒任何一方，要尊重事实。第四，稳定。工作者作为小组的统领性人物，应该以大局为重，要具备较高的协调能力，不能因为个别的矛盾或问题而影响了小组其他成员或小组的进行。

冲突虽然具有一定的破坏力，但是如果我们解决好了，反而会起到建设性的效果，比如让我们团队组员之间的关系更亲密了，使他们更加有信心去面对未来的生活。反之，如果工作人员畏惧冲突，认为冲突太难处理而不敢认真大胆地去解决或者忽视它、压抑它，那么我们的小组是极有可能会出现问题的。我们要知道在小组的中期，组员已经慢慢开始意识到可以依靠自己的力量去推动小组的前进，面对小组，他们投入的精力也越来越多。但此时的他们，也刚刚从和其他组员客套、礼貌的氛围中出来，开始释放真我，表现真我，更多的是以自己的方式去推动小组的进行。这样小组内部各种各样的自我模式开始碰撞：价值观不一样，为权力而争夺，质疑工作者，沟通无效等等，这是一个磨合而又混乱的过程。

特别是对一些小团体，工作者更要有相应的识别能力，在小组中充分利用它们的能量，帮助小组达成预期的目标。在小组中，有些组员只顾和亲密群体说话，或他们彼此之间说话的次数超过其他人，便会被认定为小团体。大部分的小组都是会出现小团体，这也是小组发展的正常现象。小团体的出现，就像物以类聚，人以群分一样，小团体的成员，主要还是因为个人性格、兴趣爱好或心理倾向的相似而聚集在一起的。他们一般由两三个人组成，在小团体里，他们容易获得情感的归属、观点的认可、安全感的确认等。小团体中也会出现自己的领袖，如果小团体中的成员只认同自己的领袖，承认自己的小团体时，那么小团体的力量便是负向的，小团体的目标会代替整个小组的目标，不利于小组发展。但如果小团体的领袖也认同小组中的领袖，小团体的目标和小组的目标相吻合，那么这样的小团体是正向的，健康的。

作为小组工作者，我们应该注意到小团体对于小组的影响。首先要清楚地认识到小团体形成的原因是否是小组内部的原因（比如自己的领导方式或领导效果难以令组员满意），还是小团体内部成员自身的原因。如果是“正能量的小团体”，工作者应多加鼓励，让小团体在小组的发展中创造出独特的价值，但如果是“负能量小团体”，就必须加以正确的引导，不让小团体的出现而妨碍到小组的进行，必要时还需要采取措施，比如拆散小团体以保证小组能够顺利进行。

三 工作者的反思

在小组中期，工作者特别是初次带小组的工作者一定要经常反思自己的小组带领技巧。虽然很多的技巧教师在讲课时会提到，且经验丰富的小组带领者对此会进行很好的消化、吸收并将其在实务中运用，但对一个新入门的工作者来说，适当地将相关的技巧进行回顾和反馈，效果还是很好的。工作者必须经常性地关注自己在小组中的地位，自身的期待及在小组中要扮演什么角色等，必须对小组有相应的敏感性，清楚它所处的阶段及每个阶段的目标和目的，并且清楚小组不是一成不变的，要能主动、适当地改变计划并随着小组进程和不断增加的敏感度，积累经验，学习到如何才能使自己的小组带领更有效。如工作者要仔细聆听每一位组员的说话，观察他们的身体语言，由于小组中人际关系非常复杂，当一位组员发言时，工作者除了要认真倾听外，还要留意其他组员的反应；同时，进行适度的自我开放，与组员分享个人的感受和经验，但要注意说话的方式，尽量以商讨的口吻与组员进行交流。工作者如果话语生硬，说教的语气过强，如经常在小组中说“必须”“你应该”等，小组就会呈现出一种阻抗和紧张的气氛。这对于初学者来说，似乎有点难，但也确实是带领小组时不可避免的要务。

作为工作者，我们经常反思这样的情境，让有问题的亲密群体在彼此面前坦诚不满的情绪是否合适。如为了加强班集体的建设，工作者会让同学们说出在班里最讨厌的或是不喜欢的人（当然也要说出最喜欢的），班里你认为最奇葩的人等等，事后发现这样做的一个后果就是激化了班级矛盾。印象最深刻的就是一个女生宿舍，三个人攻击一个人，将其缺点列了10多条，导致这位女同学痛哭离场。另外一个例子就是一位工作者想通过亲子小组来强化家庭成员之间的亲密关系，但没想到却成为成员之间互揭疮疤的一个过程。孩子很难接受父母的各种关注，认为他们太虚伪、做作；父母则觉得这样的孩子不可理喻，十几年的心血都白费了，在这种情境中，不但没能解决问题，反而激化了矛盾。特别是在中国这样一个相对内敛的国度里，很多人的真实想法和情感表达方式是很难把握的，这都给工作者带来了相应的难度。

这让我想到了我们中国人常说的“中庸”——适度的自我开放，工作者可以让组员适度地与他人分享自我的经验和体会，特别是在可能造成负面影响的环节中，不要大肆地鼓励参与者畅谈自己的想法和看法，而是可以通过其他方式委婉表达。如在班级建设小组中，工作者在设计问题时不要让组员说出最讨厌的人，而是采取其他方式，如改为你最想对班级里的谁说点什么：感激的，建议性的，鼓励性的或者是欣赏性的等等，也就是说你可以对班级里任何一名同学表达自己的想法。在亲子建设小组中，我们可以这样对孩子设置问题：你最想对爸爸、妈妈说什么；你最希望爸爸、妈妈做出哪方面的改变；你觉得在家里，你处在一个什么样的位置等等，同样父母也可以参照这样的方式将信息反馈给孩子。当我们将问题设置得不再那么敏感和尖锐时，组员对于他人的看法也就不再那么犀利和具有攻击性，在一定程度上也就缓解了矛盾的冲突性。

在实务中，经常会出现小组讨论的结果和解决方法是社会所不能接受和认可的，或者违反一些制度性的要求时也会产生问题。如关于情感话题，经常有组员在谈论分手的问题时会说一些绝望的话，这种不良情绪会随之蔓延，并影响小组的氛围。另如在婚姻保卫战小组中，有些组员是经历过失恋的或是曾经见识过失败婚姻的，在讨论时就将结论引向了婚姻中的种种问题方面，甚至最后组员一致认为独身是最好的，与小组的目标背道而驰。这就需要工作者在开小组之前是要做好充分的工作，如当我们在开婚姻保卫战小组前，就要先请教婚姻问题方面的专家，协助我们仔细分析婚姻的本质、婚姻中可能出现的问题及原因、婚姻中双方应尽的权利和责任义务有哪些等。甚至在开组前，一定要进行组员筛选和组前会谈，开小组时，组内出现偏题或不良情绪时，工作者应该进行问题澄清，引导组员重新回到主题。假如工作者在带领小组之前，能做好以上问题的预设和技巧运用，我想他的小组即使出现问题，也会迎刃而解。

第三节　特殊的组员

在小组中期，组员不可能都全力配合小组的进程和要求，经常会出现一些难以捉摸的人，这让工作者们特别头疼，尤其是对于第一次带领小组的社工来说，的确是个难以处理的问题。其实，在小组中，每一个成员，包括工作者在内，都有一定的想法和个人问题，而在这个追求个性的时代，每个人都不可避免地会将自己的特立独行带进小组中，这种行为表现或言语表征可能是有意识的，也可能是无意识的，但不管何种情况下，都给小组带来一定的影响。更有甚者，其中个别组员因为问题的独特性及其特异的个性，会对小组或其他组员造成干扰，给小组带来负面影响，延缓小组凝聚力的形成和小组的发展，使小组的成效大打折扣。

作为受过社会工作专业教育和培训的工作人员，我们秉持着社会工作和小组工作的价值观去面对每一位组员。我们尊重组员的独立性和个体性，允许他们追求自我的与众不同，这是对他们个人才能和创造力的积极肯定，社会上也需要具备独特性才能和创造力的优秀人才。但与此同时，我们也同样追求整个小组的顺利进行和成长，期待小组活动能让每一位组员完成自己的成长任务，体现其参与小组所花费时间和精力的真实价值，小组也能有效地完成时代所赋予的使命。因此，当由于一些特殊组员的出现而对小组进展造成阻碍时，工作者就必须及时并机智敏捷地予以合理解决。

对于资深的工作者来说，可能由于工作经验丰富，也曾经接触过这类组员，所以警觉性和处理能力比较好，小组受影响的程度也可能相应地较小。但对于第一次带领小组的工作者，这些组员的出现不但使小组元气大伤，其极端者可能会使小组瘫痪，导致全体组员与工作者对抗，或出现持续退出小组的恶劣情况。因此，在教学中，我要求工作者在带小组之前，一定要至少参加2—3个小组，尽可能获取丰富的小组经验。一方面工作者可以加深对自身的认识，让自己首先心智成熟，使其在成为一名带领小组的社会工作者前，充分地体会到在不同的阶段，组员是处于一个什么样的状态，他们是紧张，是不情愿，是兴奋，还是充满期望等等。在小组中，这些准带领者通过自己的心路历程，明白我们的组员以什么样的心情，在什么样的情景下最能充分地参与小组，在小组中，哪些方式对问题的解决是最有帮助和成效的，工作者应该怎样确定这样的时刻和心情去引导我们的组员朝着有利的方向发展等等。另一方面通过观摩他人处理问题的模式，这些准工作者们可以更好地完善自己的问题处理机制。当我们带着学习的态度去观察工作者时，我们会有效地吸收他们身上所具备的优点和技术，而与此同时，我们也是带着思考和评估的想法去观察工作者，去参与小组的每一个阶段，我们能够通过观察他人而发现问题，并能预防性地提醒自己如何避免此类问题的发生，以及总结出针对此类问题的可行性解决策略。实践也证明，小组经历越多的工作者，在带领小组时就越成熟，越有能力处理组员出现的问题。此外，我还提倡进行情景模拟，然后大家一起讨论对一些特殊组员的处理方式。下面结合实例对几种常见的特殊组员进行一定的说明。

一　挑刺的

在大学校园里开小组，因为招募的组员多为在校大学生，有些人便有想在同伴面前表现特殊想法的倾向，特别是在团体生活中，认为给工作者出难题或是拒绝他人是他们的一大乐事，以此凸显与众不同，得以施展他们的“才华”。还有一些人是带着敌意进入小组，不是心甘情愿的，他们无法发泄对制度上的不满，便只能将怨恨和敌意发到工作者或组员身上。他们会经常提出一些稀奇古怪的问题，即便很多组员都给出了一定的建议，但他们仍觉得没有解决问题，借此打击小组的成效性。那些说话尖酸刻薄的组员，容易让人难堪，好在大家多是熟人组成的小组，会很有同感地和他说话。作为工作者，尽量不要对其批评教育，而是鼓励他将心中不满的情绪说出来。

特别是一些人在生活中就很骄傲自负，觉得自己什么都是对的，其他人什么都是错的，每件事都要做顾问、做师傅，激起别人的不满甚至反感。还有一些人在生活中受到过伤害，没法信任别人，通常会以偏概全地否定所有人，进而远离人群，孤立自己。一旦与人接触，往往像刺猬一样，对他人要求甚多，态度挑衅，凡事总看到不好的一面，让人望而生畏。比如，当你花费了很多的时间和精力，最后终于成功地做成了一件事情，得到了周围人的认可和夸赞，你也正为自己的付出有所回报而高兴，这些人便会突然泼你冷水，认为你这里也有问题，那里也需要改正，这让你很不爽。在小组中，这些人甚至不分场合，直接与其他组员对质。比如在"大学生自我成长"小组中，一位女同学谈到自己和男友交往不顺时难过地落下了眼泪，面对这种情况，其他组员纷纷给予关心和安慰，但却有一位男同学认为是该女生自己有问题，完全站在男性的立场上说话，即使这位女同学进行了情况说明，他也仍然固执己见，让这位女同学很难堪，其他组员也很尴尬。

面对这样的问题，倘若处理不当，会给小组其他成员带来负面影响。虽然一定程度和情况下的挑刺可能会让我们更好地反思自己，甚至会带来一定的灵感和创新，但在人际关系中更是一种破坏性的力量，其实，它在心理上已经预设了成员之间的不平等关系，很容易激起对方的愤怒和反抗情绪。同时，挑刺的内容更是出于个人的主观评判，自己认为是什么就是什么，缺乏与他人进一步商量沟通的余地，妨碍了良好沟通关系的建立。

所以在开组前，工作者要对组员的性格和需求做好预估，不一定非要清楚地了解到每一位组员，但起码也要做到对组员性情的整体把握，以对他们参与小组的表现进行大致的预测，做好相应的防范策略。同时，在开组时，尽量澄清小组的规范，通过共同商定来制定小组规则，加深小组规范在组员心中的印象，同时通过一些单元活动培养他们独立判断和决定的能力，以确定哪些事情在小组里是不能做的，避免对他人和小组造成不好的影响。

在心理学上，我们对于挑刺的人有三种原因分析：嫉妒心理、过于追求完美、内心极度自卑。我们相信小组中有人挑刺除了以上几种原因外，还可能是对小组不信任所造成的，作为社会工作者，应该对这样的组员进行一定的个案辅导，澄清小组的期待和价值。同时，让他们领会角色的换位思考，在小组中学会尊重他人，照顾他人的感受。对于小组中的其他成员，包括工作者自己，也要摒弃"第一时间否定"的思维，不要因为组员的挑刺而排斥、疏远他，而是要以包容的心态，处理组内的矛盾和问题。

二　迟到或退组的

在小组的初期，我们已经和小组的成员共同制定了关于小组内部的一些规则，包括对于请假、迟到、早退和退组的说明，但不管你制定得多么详尽，总有不尽人意的事情发生，尤其是对于迟到和退组，因为这两项的负面影响较大，所以为了避免出现上述两种情况，我们需要做好一定的预防措施和应对策略。

比如，在平时开小组活动的时候，遇到阴雨、风雪等恶劣天气，我们对于组员迟到几分钟予以宽容和理解，可以适时地延缓工作时间，等待未到组员，这样一方面我们可以和组员共同学习去体谅他人，给予他人以宽容和理解，同时，当迟到的组员面对大家没有抱怨的等待和温暖的关心时，我相信他们是不会再次迟到的。这样的方式温暖而又具有警示作用，但是，对于个别组员迟到时间过长，比如超过了10分钟或者出现连续迟到的情况，我们就需要采取不同的措施了。对于这样的组员，我们当然不能像老师对待迟到的学生那样直接的训斥或者指责，而是可以尝试以关心的口吻询问他迟到的原因。如果有特殊情况，我们是否可以提供一定的帮助或者是一些比较好的，避免其再次迟到的建议。同时，有必要让迟到的组员在大家面前给予一定的说明和解释，这也是对大家的一个交代。如果是恶意性的迟到，如有组员只是因为不想起床而迟到了20分钟，那工作者在小组中再次重申小组规则是十分必要的，如可以提醒该名组员如再迟到一次将被取消参组资格等。小组的规矩虽然不是死的，但是对于一些具有正向约束力的规则还是需要小组成员和工作者共同遵守的，这样才能保证小组的顺利进行。

比迟到更具有杀伤力的就是退组了。组员的中途退出对于整个小组而言都是具有负面影响的，比如有组员在组内因为和某个人有冲突或是觉得小组没能达到他预期的效果或是由于其他理由而宣称要离开小组，其他组员肯定会被这个举动弄得很不舒服，这对于初次带领小组的工作者来说也是一个突然且棘手的问题。面对这样的离组事件，工作者要和该成员及时的沟通，找出其离组的真正原因，和离组者一起协商，在正式的离组之前一起来努力，看是否存在有效的解决办法。如果该名组员执意如此，那工作者要提前通知，避免给其他组员带来严重的负面影响，这也是对小组其他成员负责的表现。一般情况下，工作者要尊重退组人员自身的选择，不要勉强将他留在组内，而是尊重他自己的决定。而此时最重要的是如何处理其他组员的情绪，毫无疑义，组员的中途离开肯定会给其他组员造成影响，甚至会对该小组和工作者产生一定的看法，这种情况下，我们要和退组者一起，对离组的原因和行为做出一定的解释和澄清，并对其他组员予以一定的安慰和辅导。如果组员是因为外部因素而被迫离开的话，我们应告知其他组员他离开的真正原因；若是因为小组内部的某些因素，比如不喜欢某位组员，或者是对小组有不满意的地方，那我们就要勇于承认不足，有可能的话邀请他一道努力去进行问题的改进以促进小组的发展。鼓励他要相信大家的力量，相信小组的能力，不要因为眼前的一些困难而停止前进的脚步。

在实务中，工作者要随时强化组员这样一个理念：小组是一个整体，除了自我负责以外，你的存在也影响着其他的成员，因为你们将在不同于一般社会团体和社会关系的心灵世界中有着非常亲密的交流和接触。每个成员对于其他人来说都是很重要的，所以我们希望每一位小组成员都能够准时参加活动，尽量不迟到或者是离组。

三 沉默的

在小组中，不是每个人都会侃侃而谈，总会存在一到两个相对较为沉默的组员，他们很少发表自己的看法，而只是静静地观察别人，听着别人说话。这类组员也是让初次带领小组的工作者们颇为头疼的，因为他们虽然能够积极配合小组活动的进程，但与其他组员却没有太多的交流和互动，而且时间长了，会对小组的氛围造成一定的影响，因此工作者要有足够的敏感度和耐心处理那些较为沉默、退缩的组员。

首先要弄清组员沉默的原因，如有些可能是性格如此，本身就不喜欢说话；有些可能是对要讨论的话题还没想好或是觉得无话可说；而有些可能是因为不善于在人前讲话。组员有保持沉默的自由和权利，如一些组员在工作者积极的暗示下仍然表现出不愿意积极参与讨论的趋向，作为工作者，要尽量允许他们在短时间内保有这种权利，但也应该为这类组员提供相应的表现机会和努力方向。同时，尽量弄清楚阻碍他们充分表达的问题出在哪里，才能帮助他们走出来，和大家一起交流和沟通。如有的组员虽然对他人的言行很有兴趣，但却一直说话很少，即使有组员主动和他交流，他也表现得很淡。于是他们的不多说话，不多表现，会经常受到说话较多的组员的挑战，甚至对其形成很大的压力。比如，在大学生的人际关系提升小组中，当工作者让大家谈论下对于小组的看法时，组内讲话相对较多的 A 同学站出来说："我不理解为什么 C 同学一直不讲话，小组难道不是大家的吗？我并不是要逼着 C 同学说话，我只不过是希望大家都能说一说，这样才比较公平啊。"这样的场景其实是非常尴尬的，尤其是 C 同学在面对着这样的质问时，相信他一定感觉不舒服，因此，工作者要进行适时的回应，如可以说："嗯，我们很同意 A 同学的看法，小组是大家的，所以我也想请大家来谈谈当组内有人相对沉默的时候，大家的感受是什么？而 C 同学可能刚才被别人指出来，心里面会不太舒服，但 A 同学也是希望大家能一同进步，如果你愿意的话，也请你待会儿多说一些，好吗？"这样，就及时地将个人的问题对质引向了小组主题的聚焦，同时也为被攻击的沉默对象创设了说话的机会，这也是对他们的保护和督促。

有时，如果小组人数较多的话，可能不能让每个组员都有发言的机会，工作者这时可以采用中心讨论法，将组员分成若干小组进行轮流讨论，当第一个小组讨论的时候，其他的人坐在外围，也可以就问题发表自己的想法。总之，工作者要尽量协助发言较少的组员进行表达，这样可以避免可能出现的问题和负面感受。

同时，我们也要意识到，在小组中并不是非要让组员说出自己的观点不可，沉默，也是组员的权利，要尊重他们的选择，除非是他们在表达上和人际交往方面有需要帮助的必要性，否则，应当允许组员的适当沉默。况且，沉默有时并不一定就是不好的现象，有的组员不善表达或是还没考虑好，你贸然让他说，反而会影响小组的效果。而且随着小组进程的发展，组员之间会形成互动的氛围，当小组成熟时，沉默的局面也自然会被打破。

四　霸场的

在小组中，也有人会激情澎湃，说个没完，最后整个话题讨论变成了一个人的演说；也有些组员本身就是一个话痨，喜欢出风头，甚至不顾及他人的感受，刻意地对某个组员进行攻击和诋毁，这都给其他组员和小组的进行造成了很大的困扰。这种情况下，工作者一定要适时干预，以为其他组员提供一个良好的小组情境。比如，当工作者邀请大家来简单分享一下自己的兴趣爱好时，组员们轮流分享了自己的一些兴趣，如唱歌、画画、集邮、烹饪等，但轮到A同学发言时，他则谈及了自己在不同时期的兴趣爱好，从小学到大学的全说了一遍，并将每一阶段的兴趣都做了充分的讲解和说明。这种垄断性行为妨碍了其他组员的交流，有些人表现得很不耐烦，这时，工作者要及时地进行提醒和暗示，如可以说“这位同学的兴趣真的很丰富，可不可以先大概地说几个，然后我们再看看其他同学的看法，好不好”或是“你的这些兴趣为我们提供了很好的信息，好像小王对此也深有同感，我们先让他说一说，可以吗”。这样很自然地引导下一位组员进行发言，避免了由于霸场所造成的时间浪费和组员反感情绪的滋生。

在实务中，工作者在邀请组员发言时，要事先声明是三言两语的表达，或者必要时限制时间；如果发现有人不遵守约定，在不影响其他组员表达的情况下可以让其延长发言时间，但出现霸场的现象，还是要进行制止。值得注意的是，工作者在阻止霸场者的长篇大论时，要让大家感受到这个阻止是应该的，而不会产生误会，从而影响大家以后参与表达的积极性。如有些人会觉得在小组中压力太大了，连说话都要按照时间来，甚至会引发霸场者的反感情绪，打消他参与小组的积极性。这种情况下，在组员发言时，工作者可以注意观察小组其他成员的反应，当大家流露出倦容和无奈时，工作者就要及时地委婉提醒或制止；但如果其他成员显示出仍在专心聆听的状态，对演讲者的发言极为感兴趣，那么即使超过了时间，工作者也要允许他的适当霸场，以更好地促成小组的动力形成。但绝对性的、突然的制止是有一定的负向影响的，如“时间到了，我们看看其他组员怎么说”或“我觉得你的话有点多，还是看看其他组员的反应吧”，这样的用语就太伤人心了，在实务中是绝对禁止的。

五 替罪羔羊

“替罪羔羊”一词来自于原始部落的一种仪式，在这种仪式上，部落的全部罪过都被装载于一头野兽身上，然后弃之荒野。[①]在小组中，替罪羔羊指的是那些自己选择或者是被他人选择为小组内不良情绪发泄对象的组员。替罪羔羊往往和当事人自己的性格特点、行为特性有很大关系，如

① 吕新萍：《小组工作》，北京：中国人民出版社2005年版，第102页。

在小组中个别组员不是很自信，甚至也喜欢示弱，那么他就极有可能成为替罪羔羊或是个人确实在某些方面被大家抓住了把柄，当事人又没有进行及时的补救，这样也会成为大家攻击的对象。小组中出现的一些不良现象，如组员出席不好、沉默组员的增多、小组动力很难形成等，人们就有可能将责任推在替罪羔羊的身上，从而减轻自身的负担。

虽然替罪这一事件会有助于缓解整个小组紧张或糟糕的局面，放松大家的情绪，帮助了小组的减压，但是作为工作者要充分意识到替罪羔羊这样的角色并不是一件令替罪者十分愉快的事情。虽然充当替罪羔羊的组员或许表现出无所谓的态度，但是这一事实还是会对他本身造成伤害的，在实务中，这种现象的出现不利于组员自信心的培养，会让他们觉得小组本身并没有创造一种安全感。所以我们应该小心地处理这一情况，多去留意该类组员的性格、表达方式和参与情况，通过和其他组员的比较，找出该类组员的不足之处，并且尽量为他们提供机会来表达自己，展现自我，逐步提升自尊，帮助其建立自信。在遇到替罪的场面时，工作者应及时采取干预的措施，帮助组员共同认清导致该问题的真正原因，帮助替罪者做及时的澄清，消除大家对替罪者的不良认知，从而改变组员之间关系不平衡的局面。

除了这些特殊的组员外，工作者也要学会培养小组领袖和精英人物，让他们积极推动小组的进程。在小组中，努力创设自由、民主、温馨的交流情境，使组员可以自由、随意地表达自己的想法。工作者除了要尊重他们外，还要有开放的心态，接纳他们的独特之处并善于发现小组中的核心成员和活跃分子，以帮助我们更好地完成小组的使命。

第四节　小组互动模式

场域理论是社会心理学的主要理论之一，代表人物是德国心理学家考夫卡（Koffka）提出的“行为环境论”和美籍德国心理学家勒温的“生活空间论”，他们认为人的每一个行动都要受到周边环境的影响，除了物理环境外，也包括他人的行为。在小组中，随着互动频次的增加，对自我探索的深入，组员会有很多机会认识自己，有较强的能力去处理问题，从而在小组中获得更大的进步，小组凝聚力也就逐渐形成。凝聚力是指小组成员被小组及其他成员所吸引的程度，有凝聚力的小组，组员之间彼此接纳支持，并渐渐在小组中发展出有意义的关系。[①] 此外，在小组中，除了工作者要对组员的经历和言行有同感外，组员之间也容易因为被了解和接受而产生愉悦的交往模式，在这种亲密感的感召下，很多人便会对小组、对生活充满激情和信心。会觉得在漫漫人生路上自己不再孤单，感到有人陪伴同行，使得组员之间的同伴感增强。如每年我都鼓励学生成立考研小组，借此帮助考研的同学建立互相鼓励和支持的机制，遇到问题能同舟共济，共渡难关。由此，在小组中期，工作者一定要善于利用组员之间的良性互动，因势利导，运用各种技巧，引导小组走向成熟。

一 冲突

作为小组的带领技巧，我们更多地强调要运用同感、倾听、澄清和对质，以更好地引导组员投入到小组的氛围中。在小组中期，除了这些技巧的灵活、熟练运用外，冲突也会成为重要动力来源之一。冲突在小组内部构成了一种动态紧张的局面，如果能够有效得当地解决，那么组员之间的感情、亲密度都会得到很好的巩固，小组的凝聚力也会得到很大的提升。但冲突本身是一把双刃剑，处理不好，也会让小组走向失败和解体，这就需要工作者把握好处理的方式和时机。当焦虑、沉默、对抗、埋怨等言行在小组中出现时，冲突就开始了，具体表现为组员之间或是组员和工作者之间开始表现出一定的不满，有些还伴随着充满敌意的诋毁，因为价值观、表达方式、理解能力、情感投射等一系列因素而导致斗嘴、愤怒等显性冲突的发生。譬如：在一次有关考研的小组活动中，有一位组员信仰宗教，在小组分享中，她给组员介绍了自己祈祷神灵保佑自己和在座的所有组员都能顺利考上研究生的心愿，一些同学对她表示了感激之情，但有位男同学却认为这是一个有关考研的小组，成功与否不是神灵决定的，而是要靠自身努力的，怎么能寄希望于神灵呢。他刚说完，这位女同学就觉得他应该道歉，怎么能随便说这样的话冒犯神灵呢，这是一种大不敬的表现，使得小组的气氛一下变得紧张起来。这种情况下，作为工作者，先不

① Irvin D. Yalom 著：《团体心理治疗理论与实践》，李鸣等译，北京：中国轻工业出版社 2005 年版，第 43 页。

要贸然否定某一方，而是要首先说明每个人都有宗教信仰的自由，但同时每个人也有选择不信的自由。然后要澄清下我们这个小组的目的不是讨论神灵的，两位同学的初衷都是好的，只是各自的出发点不同而已，大家可以把话题集中到如何准备考研上等。这样处理后，虽然当事人还会有一些想法在里面，但不会影响小组的整体效果。

作为初次带领小组的工作者，如果真的担心这种言语冲突掌控不了的话，可以让组员通过情景剧的方式进行演示。莫雷诺的心理剧的目的是通过角色扮演的方法帮助人们把内心的想法以一种自发的、戏剧化角色表演出来，在其中经历过去、当前或预期的生活情形，就好像生活是戏剧情境一样并在这个过程中获得更深的自我理解和情绪宣泄，接受有关这些角色的回馈。[①] 在小组中，通过情景剧的扮演，可以达到以下目的：1. 可以充分地展现组员真正的想法及处理问题的机制；2. 通过将问题再现，有利于当事人重新思考问题的症结所在，对问题进行重新评估和解读；3. 达到治疗的目的。在一个女大学生宿舍关系的小组中，工作者设计了这样一个情景剧，让组员演绎一下宿舍的冲突，甚至要求组员将宿舍内的打架事件进行重现。很多当事人不好意思将当时的真实情境进行再现，或是本身也觉得这是一件丢脸的事情，是一种丑事，不应该这样。这种情况下，工作者可以预先设定一些情境，来看看组员的反应，如“你中午下课回到宿舍，发现热水瓶里的水不见了”；“你上晚课很累，想要早些休息，但同宿舍的人却在那儿很大声地打电话，你说了几回但没起作用”；“不知为什么，最近同宿舍的三名同学总是在那儿窃窃私语，但一看你注意到了，就急忙分开了，让你觉得莫名其妙”等。同时，工作者要强化的是人与人之间特别是亲密群体之间是允许有矛盾的，适当的小冲突可以让我们更好地了解他人真正的想法和意图，只要大家把矛盾说开了，问题也就迎刃而解了。

由此，工作者选择什么样的预设情境，要以配合小组目标的发展为原则，其中必须要有试图引起若干冲突的场域。演员可由组员志愿或组内自行解决，有些也可以由工作者指定，但要遵从组员的意愿。演完之后，工作者可以组织组员进行现场感受的讨论，包括对角色的偏爱程度，扮演的

---

① 刘梦：《小组工作》，第64页。

感觉以及如何才能解除这种冲突等。

冲突在小组中具有值得肯定的积极、正面的意义，作为小组的带领者，要协助组员们正确地看待冲突，发挥冲突所带来的积极意义；要向组员们澄清冲突的本质，特别是其背后所体现的价值观的差异。对那些处于冲突关系中的组员提供一定的情感支持，同时也做好示范，帮助他们更好地面对和解决由于冲突所带来的紧张局面。比如，在小组内部，一些成熟的组员会尝试向他人提出对质，开始时可能会是一些轻微的，然后慢慢进行深化，当没有准备的组员面对陌生人这样的对质的时候，难免会产生有点难以接受甚至是愤怒的情绪，冲突也很容易产生。此时，工作者应该站出来帮助澄清一下，其实对方的最终的目的也是想要帮助他。因为我们的小组一直在往前走着，小组成员们之间的关系也在一直升温，我们变得越来越像一家人，于是对这些越为亲密的人，我们说话的方式就会变得越为直接是一样的道理。就像我们会时常直接和最亲的人，如父母、子女、爱人等发脾气，或是直接指出他的不足，但对陌生人，我们一般会有所收敛。这种解释和澄清会让对质的双方更加明白人际关系紧张的真实原因，让我们更加理解在表达的背后所蕴含的关心，这样一来也提升了组员之间的亲密关系：只有对彼此上了心，才会发现对方的缺点，努力帮助其获得成长和改变。

二　沟通

沟通在小组中有着很重要的地位，成为衡量小组成功与否的一个重要标准。有效的沟通，可以让工作者很好地带领小组，引领组员走向小组的成熟；而作为组员，也能迅速地融入小组，对小组有归属感和建设性的责任感。所以在实务中，我经常强化工作者沟通的重要性，除了自身的交流技巧要过关外，还要引导组员建构起小组内有效的交流模式。沟通是小组互动的基础，只有通过沟通，小组成员之间才能够相互了解，建立亲密感和信任感，在面对小组任务时才会相互配合、相互协调，共同推进小组的进程。在小组的互动系统中，有许多因素影响着沟通的效果，比如组员座次的安排，个体对沟通技巧的掌握情况，小组中角色和权利的分配情况等，详述如下：

（一）座次的安排

在小组中，在工作者没有事先安排座位的情况下，组员通常会自主地选择位次，而这座位的选择，也很容易反映出组员在小组中的地位、参与程度、与他人的亲密性等。有时，坐在工作者对面的人，可能想更多地获得工作者的关注并对小组的领导地位充满渴望；而在工作者的两边，则意味着对工作者的高度认可；坐在偏离工作者的地方，或许内心存在一定的自卑情绪，或者不善于表达等。[①] 当工作者对组员有了一定的了解之后，也可以通过座位的调整来改善小组内的沟通模式。当然，当小组内部形成小团体以后，领导者也将会形成，座位的安排也就不会显得那么重要了。作为工作者，一定要随时观察组员的沟通状态，积极促成小组的有效沟通，形成小组的动力。

如在一个大学生英语学习小组中，组员中既有普通学生，又有两位学生会成员，在小组聚会时，虽然工作者反复强调在小组中不论职位高低，大家都一律平等，但是，组员这种所谓的等级关系还是影响到了小组的沟通。在小组的前期聚会中，两位学生会成员便一起挨在了工作者旁边，发言权也基本上被他们俩垄断。其他组员则是采取旁观的态度，认为反正他们是学生会的，就让他们说吧，而且很明显地表现出对他们的孤立和排斥。由此，在实务中，工作者可以让他们尽量分开并安排在离工作者稍远一点的位置，和其他组员混坐或者通过活动多创造与其他组员互动的机会。

（二）沟通技巧的运用

在小组中，工作者首先要有很强的沟通能力，要通过一定的方法，鼓励组员勇于挑战自我，对其因为焦虑或担心而导致的一些不良行为做出改变。如工作者可以通过相应的动员，促成组员的转变，“听了你的交流后，我觉得你不是不能，而是不愿意，也不知道如何去做，是这样的吗”；“大家一致采取旁观的态度，不积极参与，这让我感到很有压力，能说说原因吗”。在有效的沟通中，组员才能敞开心扉地在组内进行自由的交流，才能很好地处理一些矛盾和冲突。因此，工作者在掌握和运用沟

---

① 以上内容仅供参考，由于小组情境的不同，有时也会出现偏差，而且一般来说，都是遵从第一次见面的座次安排或是熟人规则。

通技巧的同时，也要带领组员学习有效的沟通方式。比如，当需要组员发表个人对小组及小组成员的看法和建议时，工作者可以让他们匿名写在纸上而不是直接口头表达；而组内相对沉默，组员参与积极性不高时，工作者可以通过情景剧、故事接龙、主题游戏等带动小组的氛围，同时，积极的倾听、肢体语言、图形演示说明等多种方式的运用也可以带动组员交流的动力。

另外，拥有良好的个人素质也是十分必要的。如果在一个情感抚慰小组当中，工作者没能给组员以和蔼可亲、善良温柔的感觉，而是较为严厉，让人望而生畏，那么组员便会有一种畏惧的心理，也就不能放心地分享自己的情感经验并如实地表达想法。由此，作为工作者首先要接纳你的组员及他所带来的问题，要有同理心和开放的胸怀，让组员感受到你对他们是没有任何偏见的，是尊重和理解他们的，这样，才能让我们的组员卸下心里的负担，在组内更好地放松自己。其次是专注，作为听众，尤其是工作者，当组员在分享自己的经历或者是表达自己的想法时，要很认真地去听，尽量和他们感同身受，并及时地做出回应让组员知道他们并不孤单而且他们说的内容很有价值。然后是温暖和信任，工作者一定要在任何场合下都对组员表达关心、体谅、友善和亲切感，让他们感觉到你时刻陪伴和真诚的情意，如你可以随时表扬组员们的进步并感谢他们对小组的贡献；在下雨天对组员进行温馨提示或当某位组员换了一个新发型时，给予适当的赞美等。同时，尽量要让组员对工作者和小组充满信任，不用担心自己分享的内容或表达的观点被泄漏出去而造成不好的影响。最后是具有解决问题和应变的能力，当我们的组员在说到痛处的时候，工作者要创设机会进行引导让他有机会发泄一下，将不良情绪释放出来；当组员说出了自己的困惑，工作者要能及时地为组员的无助提供支持和帮助，适时地邀请其他组员参与讨论，让他体会到小组的强大后盾力量。这都需要工作者不断地强化自身的带领能力，而不是让问题搁置，阻断小组的有效沟通。

（三）组员在小组中的角色和地位

当组员在小组内处于中心位置时，他就极有可能成为交流中的核心和领导人物，如上面提到的两位学生会成员，因为他们在组外的职位高于其他成员，因此很容易成为小组交流的中心。这使得小组活动的意义和效果没能得到凸显，其他小组成员大多时候处于听命的状态，不能真实地表达自己的观点，小组陷入一潭死水的状态。面对这种情况，除了座次的调整外，工作者还可以带领组员们一起进行角色扮演，让两位学生会成员体会到其他组员的想法，同时可以适当地提醒大家不要把组外的行政关系带到小组中来，强调小组成员地位的平等性和机会的公平性。

作为工作者，也要学会避免作为领导者的权利霸占情况，要时刻记住，我们自身也是参与者。作为初次带领小组的工作者，在小组中，有时容易出现用自身的权力去控场的情况。如有组员对小组的程序或单元安排表现出疑义时，工作者便会以这是小组的专业性所要求的或大多数组员的认可等来对这类组员进行标签化的处理，认为其不支持小组。甚至有些工作者在不经意间以眼神或肢体语言来表达对某位组员的喜恶，对某一位组员特别有好感，便会给予他特别的注意，若是不喜欢，便会直接进行忽略，这都是小组中所忌讳的。

在小组的初期，当组员因为不熟悉而无法进行正常的沟通或小组出现冲突需要工作者的介入才能解决时，工作者可以进行干预，充当领导者和带领者的角色。但当小组成员已经慢慢适应并能在工作者的指引下融入小组时，就要促成小组领导者的产生，工作者成为一个参与者了。同时，对组员进行一定的赋权。工作者要相信组员是有能力和优势的，积极培养他们负责任、勇于担当的优秀品质，并及时鼓励他们的主动性和行动力，如“我很欣赏和佩服你，在这样的情况下，你都始终没有放弃”；“我知道，为了帮助大家，让你把这段痛苦的回忆说出来，是需要很大勇气的。谢谢你，我为你鼓掌”等等。让小组中的每一个人都拥有表达自己、展现自己的机会，让弱者在这个过程中变得自信，让强者能更加体谅别人并完善自身。同时，工作者所做的一切也会成为组员的榜样和表率，成为他们努力的方向和发展的潜在动力。

（四）小团体的运用

当小组人数较多，因为兴趣相同或是不满意工作者及其他成员，而在小组内部产生小团体的时候，工作者就应该注意到小团体对小组互动的影响。因为，当小团体对于组员的吸引力大于小组时，组员就可能更加依附于小团体而疏远与小组的关系，这样，小组的目标、小组的规则、小组成员、工作者等都会被抛之脑后，对小组产生负向的影响，影响小组的沟通效果。

但如果小团体的存在对消除组员的顾虑，促成组员亲密互动起到正向引导作用时，工作者就要因势利导，促成它对小组的建设性作用。如工作者可以利用兴趣相同或者其他相似之处将组员分成几组，这样建立在相似基础上的聚集，更容易促进小团体内部成员的沟通和了解，同时可以让他们自己产生小团体的核心成员代表，进行代表性的分享。这样在分享的过程中大家就有了更深一层的了解，如果实在担心小团体的破坏力，适当的时候再以另外一个主题将组员重新组合，这样就使得每个组员都能和他人进行充分的接触和互动，保证了组内沟通的顺畅进行。

第五节　小组游戏和情景剧推荐

在小组工作中，小组游戏是必不可少的环节。它不仅可以调动参与者的情绪，创造良好的小组氛围，同时还可以帮助解决小组问题，增强小组的动力和凝聚力，奠定小组的工作基调。一个经过精心设计的小组游戏往往能够促使小组更加顺畅地进行，促使小组完成各个阶段的小组目标，比如在小组初期进行的“破冰游戏”，是帮助组员更好地认识彼此、减少陌生感的有效策略。而小组中期的游戏，则以培养团队合作、促成问题解决并发掘组员潜能等为重点。如在 Lady Class 小组中，整个第四次小组活动全程均以游戏方式贯穿，三个简单易操作的游戏让组员体会到了淑女的表现形式，活动过程轻松愉悦，组员参与的热情高涨，活动进行得很是顺利。因此，小游戏当中包含着大智慧，它将科学性、知识性、艺术性融为一体，是帮助小组更好运行下去的秘密武器。

一　解决冲突的游戏推荐：鳄鱼河

鳄鱼河的故事并不是一个美丽的爱情传奇，在某种程度上还有点伤感，所以工作者在运用时一定要帮组员做好心理承受能力建设。在这个游戏中，首先由工作者介绍故事梗概，具体如下：

从前有一对恋人小花和小白，被水流湍急、可怕危险的鳄鱼河无情地分隔开来。河流对岸的小花为见上自己朝思暮想的心上人一面，去央求鳄鱼河上唯一的船夫小黑，没想到小黑居然要求小花和他发生关系，才能同意送她过河。万般无奈的小花选择牺牲自己，只为了和恋人见一面。当她过了河见到小白，将自己为爱情承受的屈辱经历原原本本地告诉了小白之后，小白无情地选择和她分手。悲痛欲绝的小花去找最好的朋友小草倾诉，小草居然也没有为她排忧解难，而是指责她的不对，并冷漠地告诉她自己的事情自己处理。小白的朋友小强在听闻此事后非常气愤，跑到河边揪住小黑，狠狠地揍了他一顿。

听完故事后，工作者拿出五把椅子围成一个圈，分别代表小白、小黑、小花、小草和小强五个人，让组员思考后选择支持故事中的哪个人物，支持谁就站在相应椅子的后面。通常情况下，我们会发现，在代表小白和小黑的椅子后面经常是空荡荡的，支持小强的人最多，小草和小花的人也不多。这样可以看出组员都是希望社会应该多一些正义的力量，勇敢地反抗社会上的坏人恶事。但是如小草这种事不关己，高高挂起的人物也存在着，特别是一些组员也会认同小花的做法，虽然数量很少。

游戏并没有结束，接下来，工作者会邀请支持不同人物的组员派出代表来表达自己支持的理由，同时，尝试用两分钟的时间去说服别人做出和自己同样的选择。这时，如果所派出代表的游说很具有说服力，一些人便会做出和自己原来想法完全不同的选择，但大多数情况下，组员还是坚持自己最初的选择。

最后，工作者请大家在志愿者的指令下，顺时针移动一个位子，或者是逆时针移动两个位子，转换到别的椅子后边，在思考一定时间后，以第一人称来表达所代表人物的感受。于是，游戏的关键点就出现了，当大家换了角色以后，并以第一人称表达出自己的感受时，就会产生很大的不同，有些人甚至会连小白和小黑都能接受了。

活动的重点并不在于我们的选择是对还是错，而是要教会组员在坚持自己选择的时候，也能够做到换位思考，理解别人的价值偏好和行为偏差，能够有效地避免冲突，使小组顺利地进入到成熟阶段。

二　促进沟通的情景剧推荐：角色扮演

角色扮演是让小组成员在小组中将现实生活的部分场景进行呈现的一种办法，它允许组员按照自己的理解，发挥想象力来进行表演。一般情况下，角色扮演有助于增加组员的同理心，能够站在他人的角度考虑问题，从而增强设身处地的态度。为了达到目的，角色扮演前工作者应让组员做些准备活动，为实际的角色扮演营造相应的气氛和场面。然后工作者要说明角色扮演的情境，组织组员自行选定角色，给出一定的时间让组员了解并熟悉所要扮演的角色特征。工作者可以让组员自行准备或和其他组员一起讨论如何扮演，必要的时候工作者可以请志愿者对扮演者进行指导和检验，看看组员是否对所要扮演的角色感到熟悉和轻松，一旦发现组员感到有压力，就要重新更换角色或工作者要尝试着去提供帮助。如有组员不愿意扮演单亲妈妈，那工作者可以尝试着问为什么，如扮演者实在不愿意，那就要换人。扮演者准备就绪后，工作者就可以让他们准备场地并开始表演。作为工作者，在角色扮演中要注意观察扮演者对角色的领悟程度及对特定事情的看法，同时观察组员的反应。如发现情景的设定和预期的不一样时，作为初次带领小组的工作者，可以给予暗示或是直接叫停，在结束后，由扮演者交流一下扮演的感受并由其他组员说出观摩的体会。

特别是一些角色互换，可以让容易引起冲突或沟通不良的组员扮演对方的角色，将冲突情境或沟通情境进行再现，有利于发现问题并解决冲突。角色扮演者应坦诚地表达自己扮演他人角色的感受，以及通过他人扮演自己来增进自我了解。比如在亲子教育小组中，让父母和孩子各自站在对方的角色里，表达对彼此的期待，父母或许会发现，原来我们在生活中确实对孩子进行了太多的限制，压抑了他们的发展；孩子或许更加懂得了父母的担忧和深深的爱。在生活中，如果我们能给予对方更多的谅解，多站在对方的角度去考虑问题，适当做出妥协，那么就会减少很多的矛盾和争执。所以，角色扮演也让我们拥有了更多的机会去了解对方，让我们能更好地面对自己，当我们设身处地为他人着想时，我们也在为自己创造最有利的局面。

三 提升凝聚力的游戏推荐：风雨同行

活动名称：风雨同行

活动时间：25 分钟

活动道具：眼罩、口罩、短绳、篮球、雨伞、椅子、书包、水桶和抱枕等物品

活动场地：室内或室外均可，但需要有一定的活动空间

活动程序：以 7 人组为例，具体分组情况可随机变动。

1. 在7人组中规定有2个“盲人”，2个“无脚人”，2个“无手人”，1个“哑巴”。

2. 角色分配完成后，按要求“盲人”戴上眼罩，“哑巴”戴上口罩，“无脚人”、“无手人”分别捆绑好双脚和双手。

3. 工作者将7人带到比赛起点，指令下达后参赛者要把指定的所有物品搬运到终点，所用时间最短者为胜。

4. 活动结束后交流活动感受。

活动观感：

当工作者说完游戏的规则，组员们便开始就希望扮演的角色议论纷纷，四种角色，看不见的“盲人”和“说不了话”的哑巴，让你听了就难受，更何况还有“无脚人”“无手人”，没有一个让人满意。但角色最后肯定是需要人扮演的，于是大家最终还是选择了各自扮演的角色。其实，每个人都不是十全十美的，都会有自己的优点和缺点，可你还是要扮演好自己的角色，忠于真实的自己，接受不完美的自己。当我们不得不为了共同的目标而努力时，大家开始不再抱怨自己的短处，而是开始共同想办法将物品运送到终点：无嘴的用腿，无腿的用嘴，无眼的用手，无手的就用头；强壮的多拿，瘦小的指挥；无手和无脚一组，盲人和哑巴一组，无手和盲人一组，转眼就变成了三队健康的正常人，风雨同行，为了同一个目标，这也正是“1+1>2”的显著体现。在小组的中期，我们可以适当运用这样的游戏来提升小组的凝聚力，让小组成员更加的团结，为实现小组目标贡献自己的力量。

工作者的小组活动无论采取什么形式，都要围绕两大核心概念进行，一是互助，即实现组员之间的资源共享，尽最大努力地促成他们之间的沟通交流；二是个人潜能的开发，工作者要时刻给组员积极的暗示，并帮助其找到自身的优势和可改变的潜质。工作者不能剥夺组员表达自我、为自己行为负责的机会，所以一般情况下要尊重组员的意愿及自决的权利，但如果一味地放任自流，便很容易破坏小组的决策能力。

第四章　小组成熟期

当小组顺利度过了中期转折阶段，冲突解决的方式较为有效，互动模式较为稳定、频繁，就会进入到组员和工作者共同期待的成熟期。在这个阶段，组员之间相互信任，彼此坦诚地交流、分享，共同遵守小组规范。组员渐渐地成长，主动探索自我，提升自助能力，小组凝聚力和归属感也大大增强，这是每一位组员的期待，也是所有组员共同努力的结果。工作者不再处于小组的中心位置，将主动权交给组员，更多的时候是作为支持者和引导者，协助组员有效地解决问题和提升能力。

第一节　走向成熟

一　目标的初步达成

在成熟时期，小组会按照预先的约定进行接下来的活动，朝着日趋完善的方向前进，而且会完成得比预期还漂亮。就像母亲教孩子学走路，刚开始他们步履蹒跚，经过前期的练习逐渐脱离了母亲的搀扶，或许会摔跤，但已经不会再待在原地不动等待救援，而是想办法尝试着依靠自己的力量去站起来，经过多次努力后达到了后来的健步如飞。所以每次我看到有孩子在蹒跚学步我都会感动很久，这是孩子们不畏艰险，勇于实践的过程，应该值得我们去喝彩和加油的。小组亦是如此，到了成熟阶段，组员们不再依赖工作者，而是对小组本身充满了信心。当个别组员遇到解决不了的难题时，他们会先在组内集合资源，发挥互助精神一起想办法，工作者则充分相信组员，放手让他们利用前期积累的方式和技巧去尝试着完成自己的目标。

这一时期，组员的个人目标和小组的目标形成了空前的统一，成熟期的小组更关注此时此刻的现实问题，不再像初期那样由工作者来组织大家进行规定话题的讨论，而是开始对一些敏感问题进行深刻的反思和警醒。这里所说的敏感问题可以是小组过程中遇到的问题也可以是组员自身的困惑，大家相互交流解决方案而不是讨论问题的表象，内容涉及社交关系、危机处理、环境优化等。同时，组员对小组的信赖逐渐增强。由于组员在前几个阶段体会到了小组对自己的尊重、接纳和理解，也看到了其他组员的真诚、分享和关心，于是更加相信自己的问题能够通过小组得到解决。

小组成熟期，组员对小组形成了归属感，在组内感受到自由、安全，和其他组员一起完成任务时还会获得个体的满足感和团队的荣誉感。于是随着组员自身能力的提高，他们希望设定一些高目标完成具有挑战性的任务，然后小组团结互助完成更高的目标和更具挑战性的任务，如此往复。当组员感受到他们需要的满足感时，他们就能继续在一起，如果组员感觉不到满足就会使小组目标变味，小组就会出现较多的工具性行为。关于对小组目标的追求，通常贯穿于整个小组过程中，而以小组成熟期最为显著，所以小组的成熟期又被说成是工作期或是任务完成期。达成目标的行动抉择通常是由小组来决定的，有些行动是采取小组活动的方式如角色扮演、游戏、唱歌、故事龙、集体作画等，由此，活动本身既是治疗的工具，也是小组发展过程的催化剂。示例如下：

校园网购小组的第四次小组活动

活动主题：加强个人信息意识、加深友谊

活动目标：让组员有加强自我信息的保护意识，加深小组成员彼此间的情谊。

活动安排：1. 观看一段有关网购中包裹单泄露个人信息的视频；2. 组织组员进行讨论并结合自身实际提供一些防范措施；3. 小组游戏：其实你应该注意我（提醒组员注意一些网购中的信息细节）

工作者活动感想：本次小组活动基本达到预期效果，特别是在讨论的过程中，小组成员表现得都非常积极，能很好地表达自己的意见，并积极参与互动。当看到小组成员像昔日的老朋友一样进行交谈，脸上呈现出愉悦和满足的表情时，我想小组经验对他们是有帮助的，我看到了他们的转变和成长，他们在享受着与人真诚交往、沟

通、合作的新感受。同时，大家学到了关于网购的知识，如取回包裹单后，一定要及时消除包裹单上的个人信息，对于很难撕下来的快递单，可以用纸巾蘸水后揉擦，以保护好个人信息，防止造成财产损失和人身安全隐患。

我们可以看出，通过这次小组活动，组员之间不仅知道了如何面对网购中的风险，也加深了对彼此的情谊。

此外，组员也会认识到必须要为自己的改变负责任，因此，会在小组中表现得更为积极，对于解决自己的问题更加努力，表现为组员会有更多开放性的语言，组员之间达到良好的沟通。组员之间联系比较密切，熟悉感与日俱增，有些组员甚至知道某些成员会说什么话，对一些问题的态度和反应；大部分组员积极参与小组活动中，分享自己的感受和想法，并能从活动中有所收获。组员之间的情感更加亲密，相互之间更加信任，能够更加坦诚地进行交流，他们愿意将自己所知道的经验、技能和知识分享给其他组员，在小组内的互动更加频繁，甚至在组外成为朋友。当然，在这一阶段，也有可能出现次小组，但这类次小组中组员的互动也仅仅表现为对彼此关心程度的差异。

二 凝聚力的形成

所谓凝聚力包括小组对参与者的吸引力、归属感和包容性，它是组员和工作者共同投入，产生小组整体意识的结果。凝聚力可能在小组初期便开始形成，但在成熟期才成为小组工作过程中的一个关键性因素。[①] 如高校魅力成长小组的工作者在小组结束之后的总结中写道：“小组气氛从始至终都比较和谐，在第一次小组活动时，有些组员说有些紧张，没有说太多话，气氛有些沉闷，后三次越来越熟悉，气氛越来越好。”

凝聚力是一个小组生命力的重要因素，它为小组发展提供前进的动力，促进组员互动互助，完成小组任务，朝着共同的目标前进。如果一个小组缺乏凝聚力，必然会导致四分五裂，像一盘散沙，没有力量和生命力，组员就不能从中收获成长。没有吸引力组员就不愿意参加小组活动，

① 黄丽华：《团体社会工作》，上海：华东理工大学出版社 2003 年版，第 361 页。

没有归属感组员就不敢自我表露，没有包容性组员之间就容易产生冲突，因此凝聚力的建设对小组来说至关重要，成为小组成功与否的重要标志。在小组走向成熟后，小组凝聚力会大大增强，小组对组员的吸引力越来越大，组员对小组的归属感和责任感也就越来越强。如组员开始经常用“我们”，而不是“我”来表达对小组的认同；组员更加投入到小组互动中，在小组活动中更加积极，愿意承担和分担小组的责任和任务；组员达到最理想的沟通状态，座位的安排、说话的方式、出席方式的处理、分享的层次、表达的态度等都使得信息的传达更有效；组员也开始从别人身上学到一些适合自己的方式和方法，并将其应用到自身生活的不同情境中去，由此，小组的凝聚力达到了最高点。每一年我们都会在新生中开展班级建设小组，就是希望他们通过参加小组活动，增进彼此的了解，形成融洽的团队氛围。

小组成熟期，冲突已经不是小组的主要特征，但是仍然存在，此时的小组已经具备一定的能力去解决问题，缓解冲突。组员在冲突面前不会手足无措，他们会整合小组资源，运用小组力量去化解冲突，此时的冲突不是坏事，小组反而会因为冲突来彰显它的凝聚力。因为凝聚力，小组成员学会了不依赖工作者，而是靠自己的力量、小组的力量去解决问题，在解决的过程中强化自身的能力建设。这就像你举哑铃一样，虽然不断地举高会造成体能的消耗，但却反过来锻炼了你的臂力。

如在新生适应小组中，其第三次小组活动的主题为“大学生活，我们去哪儿”，主要以“品茶”的形式进行，目的是帮助大一新生了解大学校园里有关饮食、出行、休闲等生活常识信息。在活动中工作者与组员一起品茶谈生活，从饮茶文化开始，聊到了在学校的饮食生活，后又扩展到学校附近的游乐设施、娱乐场所等，整个过程轻松、惬意，其乐融融。工作者在之后的活动总结中这样写道：“本次小组活动通过喝茶品茶的方式进行，大家围坐在一起，我亲自为大家泡茶，拉近了彼此之间的心理距离。组员都为南方人，在其日常生活中茶扮演着非常重要的角色，以此为切入点更加深了彼此之间的感情，使他们在一种轻松的状态下度过小组时光。然后我们又将话题延伸到大学校园及校外的饮食和出行等问题，通过组员之间的各自推荐，实现了信息和资源的共享。”

在这期间，工作者扮演着倾听者的角色，没有过多地参与其中，只是在必要的时候进行一定的澄清，问题讨论出现跑题的时候使用焦点回归的技巧，帮助组员进行主题归位。工作者在事后与督导的交流中这样说道："这一次的小组活动，让我觉得自己是一个局外人，我的存在好像与他们无关，他们尽情地谈论着、交流着、分享着，尽管我被排斥在外，但我依旧很高兴，因为这样才达到了预期的交流效果，我很开心。"

三　小组规范的自觉遵守

在成熟阶段，小组会形成有效的自我管理模式，已经不再需要工作者的耳提面命。组员的行为标准依据小组规范进行，它已经成为一种制度化的遵守准则，例如，座位的安排、出席和缺席的管理、组员分享的层次、组员之间的保密原则、倾听时候的态度等等。在这一阶段，几乎所有的小组活动都有一个固定的并被组员所遵从的模式，这便于小组工作者更好地管理小组并控制小组的进度。在实务中，小组的规范主要是建立在人情味与合理化的行为之后，例如，座位已经约定俗成地形成了亲密性的表征；组员说话的方式大家也都能够接受；对于缺席的组员，其他组员也会给予关注和问候；分享也不仅仅局限于表面上的聊天，更多的是内心深处的交流与共鸣；倾听变得更加的主动和积极，并且组员们能设身处地想办法去提供帮助。此时，所有的小组行为都被组员所认可，小组规范也一再被强化，进而发展成小组的凝聚力。同时，工作者通过观察小组规范性的执行情况可以看出组员的投入力度，例如，一个决策的产生过程、速度、执行及效果等都可以反映出小组的凝聚力。

在魅力成长小组中，工作者仅在第一次小组活动中和组员一起制定了小组规则，在后三次的活动中，组员基本上没有出现违背组规的行为。只有一次一个组员因崴脚迟到了 2 分钟，但得到了组员们的谅解和接受。令工作者印象最深的是在第三次小组活动中，一名组员因肠胃炎打点滴没能参加活动，大家都很关心，有些组员还在事后进行了慰问和探视。

小组成熟期的组员关系是真诚、接纳、亲密与差异并存的，组员对工作者和其他成员的防卫心理明显下降，组员间也能够互相尊重，不会出现打断话题或恶意攻击等现象。小组权力结构开始趋于稳定，此时，小组内的领袖人物，小组内的权威人物已经出现，并被其他组员所认可，不会再有权力和控制之争。组员开始在没有任何顾忌的情况下进行自我表露，坦白心声，这是比较真实的内在自我表现，但同时也具有一定的挑战性，不再像前期那样拘谨、试探，更多的是真情流露。组员之间更加亲密，互动更加频繁，真诚地交流分享以使其他组员更进一步地了解自己，同时，也对其他组员的脾性有了更为深入的了解。在此基础上改变自我的认知，进而将新的认知转化为实际行动。经过前期的练习与分享合作，组员会发现自己的能量正在逐步增长，渐渐地有能力去实现自己的目标。也会更加关注小组与其他组员的问题，并且会设身处地去想办法解决，不像初期那样事不关己或者等着他人来发表意见。

这里有一个问题值得我们注意，小组成熟期的组员关系更加亲密，组员更愿意在组内分享自我，但是自我分享并不是毫无保留地把自己内心的一切都展露无遗，把最隐私的事情公之于众，显然这样的分享陷入了误区。即使关系再亲密也要有选择地分享，如果因为一时兴起过多地表露自己的隐私，让自己暴露在公众面前反而让自己在接下来的活动中处于一个尴尬的境地。所以我们要给组员进行设限，让他们学会要把握这个度，同时也要考虑对方的接受程度，并不是所有人都能感同身受，要考虑受众的性格差异、文化背景。只能说成熟期的组员更能接纳不一样的他人，但并不是能够接纳所有，我们要在分享自己的同时学会如何进行有效给予并接受反馈，这样才能更有效地分享。如在一些情感生活分享小组中，有些人便将自己早期的不幸经历全盘说出来，虽然在小组内强调保密，但并不是每个人都能在现实生活中也能如实遵守；另外关于一些人的另类看法，工作者一定要及时澄清，以免给小组造成不良影响。

第二节　工作者的“被边缘化”

到了小组的成熟阶段，工作者基本上是作为小组的旁观者出现，组员自己已经形成了较为成熟的交流模式和处理问题的机制。这个阶段工作者往往非常在意地分析自己与小组的关系，特别是初入门的工作者，经常会被一种失落的情绪所影响，对自己提出疑问，即我应该做什么？其实在小组走向成熟的过程中，工作者也同组员一样，逐渐成熟，想要表达和分享的也有很多。工作者参与小组的感受以及对生活的领悟，和组员没有什么本质的区别，都在经历着喜怒哀乐，和小组一同进退，而且工作者还要引导组员去探索，这些对于工作者来说都是一个不小的挑战。

一　相对的价值中立

在小组活动中，一般来说工作者不能将自身的情绪和价值判断过多地带入小组中，要保持客观公正的态度，以接纳、个别化、价值中立等操作性原则去引导和支持组员，鼓励他们勇于表达自我。但工作者作为一个普通人肯定会有自己的价值观，不可能做到完全的价值中立，能够及时反省自己的价值观，这是成熟的小组带领者经过反复多次的实践检验才会察觉到的。作为初次临场的工作者来说，可以尝试着先将自己的内心放空，不带有偏见地去看组员及他所带来的问题，尝试在实践中不断地获得成长。

曾经有一个戒除网瘾小组，其工作者是个从来不玩网络游戏的人，认为玩游戏是一种浪费时间和生命的行为，玩网络游戏的人本身就不思进取。这位工作者虽然开设了这个小组，但已经先入为主地认为这种人整天沉迷于网络，已经病入膏肓了，不管怎么去帮助他们，都会出现重蹈覆辙的现象，帮他们完全是在浪费时间。于是工作者将这种消极的想法带到了小组中，对待组员态度冷淡，对他们的改变也没有及时肯定，认为他们不会坚持太久。这种不良情绪很快对小组造成了恶劣的影响，很多组员认为工作者对小组不抱希望，自己做出的努力也没有得到认可，所以干脆就自暴自弃又恢复到原来的样子，当初想改变自己的激情也消磨殆尽。好在小组中期阶段督导及时发现进行了提醒，工作者很快意识到这个问题的严重性，于是重新审视自己并认真分析组员需要，倾听组员的心声，将小组带向了成熟。其实，在这个小组中，很多人之所以沉迷于网络不是真的喜欢玩网络游戏，更多的时候是打发无聊的时间。有些组员对学习不感兴趣，又没有别的爱好，只好靠网络打发时间；有些组员性格内向，交际圈太小，只能在网络游戏中寻找朋友。由此可见，组员表面上看是沉迷于网络，但实际上又有更深层次的问题表征，那为什么之前没有发现呢？这是因为工作者最开始就用个人的主观判断给组员贴上了不好的标签，将自己和组员隔离开来，导致了小组的险些流产。

案例中的工作者由于没有坚持价值中立原则，主观上认为组员没有改过自新的自我约束力，用有色的眼光否定了组员改变的潜质，阻碍了小组的进程。在小组成熟期，工作者通过观摩及与组员之间的亲密互动，发现自己的不足，促成工作技巧的熟练运用和价值观反思。社会工作者不能每时每刻都能完全保持价值中立，所以我们要做的是随时提醒自己，培养自身的敏感度、觉察力和自省能力，尽量保持价值中立，这样才能更好地组织小组活动，引导组员朝着正确的方向前进。

二　尽量接纳

接纳作为社会工作价值观的实践原则，贯穿于整个小组工作过程。特别是到了小组的成熟期，工作者更需要一颗强大的内心去接纳，对于已经存在的改变，要去接纳它而不是转身逃避或蛮力扭转。此时的工作者就像大海，用自己强大的胸怀去容纳百川，即使暗流涌进也要沉稳淡定，面不改色，这样才能给组员以安全感，赢得他们的信任。在这个阶段，工作者应该让小组顺其自然地发展，不刻意地去改变，只是稍加引导，让它随着组员自己的心愿去发展。

如在某次小组活动中，有个环节需要集合大家的力量进行通力合作，将可触碰范围尽量扩大。组员们都绞尽脑汁，出谋献策，这时一位小组领袖想出一个办法，但是还没有演示就被个别组员否决了，认为这个办法还没有其他组员想的办法好，小组内部出现了争议，分成了几派。根据以往的经验，组员遇到棘手的问题时一般会选择向工作者求救，但是这次没有，他们选择自己解决问题。于是大家互相交流讨论，认真分析每一种方式的利弊，选出几种比较好的方案，再一一实施，最终选出了最优的方案。工作者不再被组员依赖，难免会有一些失落感，所以要有一颗强大的内心去接纳小组的改变，接纳自己在小组中的地位变化，这些都是小组成熟之后不可避免的。

同时工作者要勇于面对自己，每个人都会有弱点和不足，不要觉得自己是个无所不能的战士，要坦然接受真实的自己。在实务中，永远不要充当专家，而是时刻与组员同行，成为他们的伙伴和朋友。

案例分享1：刚刚做社工时，在社区学堂为小朋友们成立了一个课后作业小组，刚开始觉得反正他们都是些小学生，作业肯定很简单，语数英没问题。后来当小朋友问我一道语文填写成语的作业时，脑海里一片空白，怎么办？我怎么连小学四年级的作业都不会啊，当时就瞬间脸红不知所措，只好让小朋友先做别的作业，自己赶紧找个没人的地方用手机搜索答案。感觉这件事对我感触特别深，以后再不敢小瞧小学生的作业了。(社工，张强)

由此，小组带领者不能因为自己是社工，在面对组员时就存在某种优越感，常常忘记自己也是普通人，也存在着不足，应该接纳不完美的自己，这样才能坦然地接纳真实的自我。

同时，在成熟期，初次带领者要对自己的小组带领有一定程度的认可，强化小组的信心和理念。集体活动是个人交际关系中重要的部分，工作者本身要认可所处环境的资源建设，认同相关机构的理念；所定目标是自己所能达到和掌控的，对所带小组有明确、清晰的思路，对优势加以强化，对缺点能加以改正，能在必要时采取应对措施；在活动中，工作者可以适当地对组员做出回应，但不是对组员的每一句话或每一次表达都做回应，否则就会影响他人的参与；此外，对沉默的组员提供适当的表现机会和交流技巧，引导他们进行有效交流。由此，工作者应清楚组员的本质，帮助其向良性方向努力并愿意与他人合作。

三　正视角色的转变

小组成熟期的组员提升了自己的能力，不再像初期那样依赖工作者，这时工作者要及时转变角色，为自己的边缘化做好准备。其实人都是矛盾的，这一时期的工作者既希望组员获得成长又害怕组员成长之后不再需要自己，作为小组的初次带领者，更是要处理好这种角色转变，不要将失落的情绪在小组中流露出来。

在丝网花学习小组中，在小组初期，组员都是零基础的初学者，对于学习丝网花特别兴奋，对工作者更是崇拜有加。经过几期的认真学习，组员们渐渐地掌握了制作丝网花的技巧，也能够独立完成作品，甚至有些作品的构思和制作手法比工作者更胜一筹，这时的工作者就出现了一定的失落感，坦言说：“现在组员们都学会了制作丝网花，再也不需要我了，心里落差太大了，以后我都不知道怎么教了，感觉他们都比我厉害，我害怕自己制作的丝网花不如她们做得精致；害怕她们提出我不会制作的花样；害怕自己会突然想不起来制作的步骤，到时候所有的组员都会嘲笑我，不认可我，那样太丢人了。”

如果工作者在小组成熟期没有正确处理好自己的失落感，会影响到组员的情绪，也会严重影响到接下来的小组活动，甚至功亏一篑，所以工作者首先要将自己的心态摆正，这样才能更好地将小组活动进行下去。

到了小组的成熟期，组员的能力都得到了一定的提升，工作者要相信组员一定能做好。此时的工作者就像守护在学习走路的孩子身旁的母亲，要相信孩子有能力自己站起来行走，工作者要做的就是支持和信任，不需要像以前那样对每个环节步骤都劳心费神。工作者的信任就是一种无形的力量，会强化小组组员的信心，由此，在小组成熟期工作者只需要保持低姿态，给组员足够的自由发展空间，这样小组才能按照它自己的轨迹成长，进而实现其生命价值。

案例分享2：在S大学人际交往第一课这一小组中，工作者在小组结束后总结道：

在小组中期的时候，为了加强组员之间的沟通和交流，我想把我主持人的权力下放给组员，让组员中的某些能干的人来主持，于是在第三次小组活动开始之前我跟其中三位组员商量让他们帮我主持，他们也同意了我的要求。于是，在第三次小组活动中，我将回顾环节交给了组员吴某，吴某非常配合，带领组员非常详细地回顾了第二次小组活动；组员崔某则负责带领一个游戏环节，因为他性格很外向，又是我们的学长，主导性也比较强，所以让他来带领游戏环节效果特好；而刘某则介绍一些人际交往的技巧。她是在第二次小组活动的时候加入的，虽然本人也很能干，但我害怕她不能很好地融入小组，于是让她来给大家介绍人际交往的技巧，以强化她自己对这一问题的重视程度。

第四次游戏专场的时候我同样也用了这样权力下放的方法，让大家轮流主持，组员对此评价很高，因为之前收集到的建议中，组员也很想让我参加到小组的讨论、游戏中，完全地和组员一起互动，我这么做一方面是想到了老师在上课时候讲的要适当地利用组员身上的优势资源，适当地将权力下放；另一方面就是考虑到组员对我深入参加小组的期望，所以我毅然进行了身份的转换。

这样的方式让我不再在小组活动的准备中筋疲力尽，适当的权力下放，让我有足够的精力将小组活动准备得更好，也让有能力的组员发挥了自身优势，在小组中增加了自信，发挥了特长。我则充当着资源链接者、使能者和引导者的角色，帮助组员在小组中进步着，我觉得在这一点上我是成功的。

这一阶段，虽然工作者被边缘化，但仍需做好以下工作：

（一）巩固成效

经过小组初期和中期阶段的推进，小组工作在进入成熟期之后，会形成一套良好的互动沟通模式，这有利于小组达到目标，也是小组魅力体现的表征之一。特别是一些组员已经在小组中学会了解决问题和利用组内资源，因此，工作者要尽力协助小组维持这一良好的发展态势，帮助组员巩固他们的成果。

（二）个案辅导

有些组员在认知方面存在偏颇或错误倾向，甚至出现行为异常时，工作者需要辅助他更深入地了解自己，表露自我，进行更深层次的自我探索。工作者要帮助组员客观地认识问题，改变错误的认知，在生活中学会与他人及环境实现良性互动。

（三）促成有效行动

组员加入到小组中，是为了改变自己的认知，进而将新的认知转化为行动。在小组成熟阶段，工作者的任务之一就是引导组员意识到自己必须要为自己的改变负责任，并将获取的新认知转变为实际的行动。工作者需要给予组员信心和勇气，鼓励他们不断地去尝试和坚持，直到有所收获为止。同时，工作者要赋权给组员，要让他们相信自己是有实力的，并督促组员开发潜能，通过在小组中发挥自己的能力，去实现目标。

（四）协助解决问题

虽然小组在进入成熟阶段之后，组员之间会有一种比较有效的互动模式，但组员之间，组员与小组之间的问题是不可避免的。因此，工作者要善于利用澄清、协商、焦点回归等技巧，根据小组自身的特征及组员的需要，整合资源，做好小组的信息提供，帮助组员解决相关问题，确保小组活动能够有序进行。

第三节　我们是一家人

“因为我们是一家人，相亲相爱的一家人，有缘才能相聚，有心才会珍惜，何必让满天乌云遮住眼睛”；“因为我们是一家人，相亲相爱的一家人，有福就该同享，有难必然同当，用相知相守换地久天长”；“处处为你用心，一直最有默契，请你相信这份感情值得感激”。这首歌经常被小组带领者们作为最后一次小组活动的离别曲，其实个人觉得用它来形容小组成熟期的组员情感建设是最好不过了。

一　归属感的建立

小组进入成熟期后，组员之间的互动会更加频繁，他们之间开始表示关心，对彼此有了很深的了解并用自己的方法为小组提供帮助。如有些组员提前到来帮忙布置会场，积极为有需要的组员提供帮助等，情感联系会越来越频繁。小组成员会感受到周围环境的安全性，在日常的交流中会更愿意吐露自己的心声，很坦诚地表达自我，放下个人的防御和伪装，对自己也有了一个较为清晰的认知，并且促成自身态度和行为的改变。更愿意分享自己的感受、经历，即使有人说错了话或者办错了事情，其他组员也会持宽容的态度，于是彼此之间互动也更加积极、深层、真实。在小组活动的游戏环节，即使是分组进行，形成了竞争，到最后组员还是会齐心协力地完成游戏或者某一任务。工作者要借此机会帮助组员做更深层次的自我反思、自我认识，使每个组员了解到自己的问题或行为的原因，去寻找自我成长、自我发展的动力。

在这一阶段，小组的目标和目的变得十分清晰，比如在治疗性的小组中，组员会更加深入地涉及个人和人际关系问题，其中包括沮丧、焦虑、愤怒等情绪或者亲密感、自主性的个人体验，他们会卸下包袱，扔掉面具，真正地表露自我。另如在互惠小组中，组员开始接受别人的意见，或者对小组感觉很好，但希望有更新、更好的目标，以促进大家发展，这个时候可能会重新修订小组目标。

工作者与小组组员之间像是一家人一样，为了同一个目标，朝着同一个方向一起努力，进步。如在魅力成长小组的第三次活动中有一名组员缺席，秉持着对大家负责的态度，工作者在小组活动开始之前告知组员，缺席的小张因为急性肠胃炎住院而不能参加此次活动。话音未落，组员们开始窃窃私语，有些组员表情严肃，也有一些组员主动询问工作者，表达自己的关心之情。生病的组员是一个平时比较安静，在组内说话不是很多的内向男孩，组内大多数都是女生，令工作者没有想到的是，所有的组员都很关心这位组员，在小组活动结束之后还有人打电话给小张询问健康状况。到第四次小组活动时，甚至有几位热心的组员看到小张就上前嘘寒问暖，表达他们的关心和问候。工作者在看到这一幕后非常的开心，在她的小组总结报告书中写道："一直以来，我以为自己的小组除了完成小组活动，增加组员间的互动外，最大的失败之处就是组员之间的情感建设不够多，但是通过这件事情，让我知道，原来，通过小组活动，组员之间的情感也在慢慢地增强，这一点让我真的很高兴。"

虽然小组成熟期的组员之间表达的共性超过差异性，这样有利于让彼此更易接纳对方观点，但是即使是小组成熟期，组员之间也会有差异，不过此时大家都愿意接纳不一样的声音。双方或多方会努力进行磋商，达成共识，形成解决冲突的最好方式。在真诚和接纳的小组氛围中，组员对他人自由地表达自己的感受，很少有攻击性语言，表现出赞同与不赞同，甚至是不赞同却欣赏的态度与看法。此时如果出现对质，不会像初期那样感到丢脸，反而是像朋友之间那样，知道对方是为自己好，不会一味地排斥，如果对方是真诚地提出自己的不足，会认真思考我是不是真的做错了呢？然后做出适当的反应，调试自己的行为，这样有利于组员接纳和自省。这些都基于组员之间的关系更为亲密，否则是有风险的。如果组员之间的关系还像初期那样唯唯诺诺、毕恭毕敬不敢表达不一样的声音，对一件事的认识还处在迎合他人看法的层面上，那么只能说明组员没有得到应有的成长，这样的小组是不成熟的，失去了它的生命力。

这种情况下，工作者也需要运用一些引导的技巧，促成小组成员的情感巩固。例如，忠告，小组工作者要把组员当成自己的家人，要向他们提出原则性的建议和要求，或者根据自己过往的经验告知组员可能发生的问题以及注意的事项。工作者要热心解答组员的疑惑、困惑及问题，尽最大可能为成员提供有用的信息。工作者要鼓励小组成员自我管理、白我约束，尤其要鼓励那些到了这个阶段表达仍然不多的组员，要给予特殊的关注，鼓励他们多多发言，工作者不仅要鼓励他们去做，而且应该帮助组员解决后顾之忧。总而言之，工作者应把组员当成自己的家人，尽力做到为每一位成员提供帮助，促进成长。在考虑个人身份与小组关系的基础上，时刻反思自己在小组中扮演的角色是否合适，是否对组员的行为进行了有效介入；同时，作为协调者应启发组员主动思考问题、寻找相似点，确定并明确发展目标，充分利用自身及所在社区及机构的资源为组员提供服务和帮助。

二 团队的魅力

在小组的成熟期，每个组员都会对小组充满向心力，在小组中体会到这种团队性的生活所带来的收获和喜悦，特别是一些互惠和成长类的小组，更是让组员们感受到了情感建设的重要性。

（一）情感的巩固——“友谊地久天长”小组

工作者创立此小组的理念因为“友谊”这两个字，对每一个人来说都不是很陌生的，因为友谊是社会生活不可缺少的重要部分之一，自我的发展、心理的调适、信息的沟通、各种不同层次需求的满足、人际关系的协调都是离不开人际交往的，每一个人都希望自己能够善于交往，并渴望通过建立彼此之间良好的关系获得友谊。因为身边有了朋友，在生活中遇到各种问题的时候会有人倾听你的哭诉，会有人给予你帮助，可以跟你一起分享快乐的事情，这样美好的人际关系可以使个人在愉快的环境中学习、工作和生活，友谊也可以使个人的生活多姿多彩。

工作者建立此小组的目的是让组员在小组活动中认识自我和他人，了解和认识到友谊的重要性，并掌握有效沟通的方法和技巧来获得并维系友谊，学会如何运用良好的方法与自己的朋友进行交往，以此来解决自身的困难，增加对友谊重要性的认知，使自己拥有更多的朋友。

因为该小组所有的成员均为女生，因此在第三次小组活动中，工作者将活动主题定为“我与我的密友”目的是为了让组员认识到友谊的重要性，学会如何对待自己的好友。活动中的第三个环节为分享闺蜜情，每位组员手中拿着事先准备好的与自己密友有关的东西，向大家分享自己与闺蜜之间的一个小故事或者说手中物品的来源等。其中有两位组员，她们是闺蜜，一起参加小组是为了能够加深并见证两人的友谊。在小组活动中，两人分享了两人从相识到成为好友的经历，其中一名组员比较内向，认识这么久以来，没有说过自己的感激之情，借着这次小组活动，她鼓足勇气，说出了自己的心里话：感谢闺蜜一直以来对自己的帮助，一直包容自己，对自己的不离不弃。在这位组员说出自己的心声之后，闺蜜二人相拥而泣，其他组员报以热烈的掌声。很多组员在分享自己与闺蜜故事的时候，有的因想念闺蜜而动情，有的因感激之情而落泪，但每个人心里都知道，这泪水不是伤心的泪水，而是珍惜的泪水、是高兴的泪水。

在分享结束之后，为了缓解一下紧张又兴奋的心情，工作者设置了“爱的礼物”这一环节，志愿者播放手工制作视频，由主持人和另外两名志愿者对相关制作过程进行讲解并指导，组员则利用准备好的剪刀、彩带、胶水、绳子等完成一个作品，作为赠送给闺蜜的礼物。

在此次活动中，组员们相拥而泣，情动泪流。其中一位组员在活动感言中这样说道：“这一次的活动，我也哭了，我想到了我的闺蜜，想到了我们认识五年来，我们在一起经历的那些美好，这次活动在心理上又一次拉近了我与闺蜜的距离，我决定活动结束之后给她打电话，告诉她，在我心里她真的很重要。”

（二）团队中的成长——“挑战自我”小组

组员通过加入小组，学会和他人合作、分享并能切身体会到团队的重要性，特别是一些拓展性的游戏，更是通过任务的设置给组员带来了相应的挑战，完善了他们的团队意识和理念。如在“挑战自我”小组活动中，有一个团队游戏叫“坐地起身”，之所以选择这个游戏，在当时主要是为了提升组员的团队活力，增进彼此的熟悉度，进而强化团队合作力和自信心。游戏内容为：

> 1. 组员自荐两名队长；2. 由队长按照剪刀石头布原则，挑选组员并说出选择理由；3. 在队长带领下组员利用5分钟讨论制定队名、口号，并向对方说出“宣战”内容为“坐地起身”；4. 每队两个人围成一圈，背对背地坐在地上，在不用手的情况下撑地站起来，随后依次增加一个人，直至所有组员都参与进去。最后比较两组站起来所用时间的长短，用时短者为胜方，胜方可以提出适当的要求让输者去完成。

在小组活动结束之后，某位组员在活动反馈中这样写道："此次活动，让我们着实地体会到了'团结就是力量'这句话的深刻含义，因为在游戏中，你不再是一个单一的个体，你的所有行动都与这个团队有着密切的联系，你不可以单独行动，即使你想要单独行动，你也不可能会站起来，你需要其他组员的支撑。当我们组一次又一次地挑战成功的时候，我们会欢呼雀跃，当我们遇到困难的时候，我们会一起想办法，争取渡过这一难关。我们小组是首先完成挑战任务的，但是当另一组尝试了很多次仍然失败时，我们作为旁观者提出了有效的建议，那个时候，我们觉得我们不再是竞争对手，而只是一起在游戏中体验的小伙伴。"

由此，通过这样的团队训练，组员之间的契合度会更强，他们开始熟识彼此，关注对方的一举一动，并能结合团队建设的需要给出有效的建议，形成组内自己解决问题的有效机制。

（三）问题的解决——"摆脱健忘"小组和"饮食营养与健康"小组

在这一时期，组员已经将问题放在小组内解决，形成集体商讨的氛围，并能推心置腹地与他人进行交流和合作，从而获得问题解决的有效途径和方法。

1. "摆脱健忘"小组

在"摆脱健忘小组"的第三次名为"寻根究底"的活动中，工作者鼓励每个组员分享一下自己在以往学习生活中由于健忘所导致的囧事，在此基础上组织大家讨论健忘的原因并提出相应的解决办法。在小组过程中，工作者尽量引导组员，让他们自己想出原因和解决问题的办法。经过一段时间的思考，组员想出了很多的解决对策：有人说兴趣浓厚是最重要的影响因素，如你对学习知识索然无味，即使花再多时间，也难以记住，所以在摆脱健忘之前，最重要的是对自己要学习的内容产生浓厚的兴趣；也有人说，为了摆脱健忘，可以采取多种手段相结合的手法，可以根据情况的不同，灵活运用分类记忆、图表记忆、做笔记、卡片等记忆方法增强记忆力；也有人建议采取过度学习法，即对学习材料在记住的基础上，多记几遍，达到熟记、牢记的程度；对需要做的事情，多次提醒自己，来摆脱健忘。除了这些方法外，小组中一位喜欢研究美食的组员在饮食方面则给出了自己的建议，建议大家平时多吃一些补脑的食物，例如：核桃、大枣、枸杞、小米等。

小组讨论得非常热烈，组员们将自己所知道的方式和方法无私地分享给了其他组员，达到了组员之间资源共享的效果。小组中的一位组员在之后的小组活动总结中这样写道："这一次的小组活动，让我觉得自己完全融入到了小组中，我们之所以参加这个小组，是因为我们都或多或少地存在着健忘的毛病，我们也都曾努力地摆脱健忘，可是总是事与愿违，不是坚持不下来，就是找不到正确的方法。这一次的小组活动，让我觉得我们大家都是站在一条战线上努力奋战的战友们，我们互相分享经验，将自己知道的有效方法告诉给自己的战友，目的只有一个，就是要摆脱健忘，我觉得这次活动是我在小组中收获最多的一次。"

2. "饮食营养与健康"小组

在"饮食营养与健康"小组的第三次小组活动"睡眠篇"中，第二个环节是进行情景剧表演，目的是为了引出这一次活动的目的。组员表演的情景剧，内容主要是展示日常生活中的睡眠习惯，分成睡眠习惯良好和不好两组，这样有利于形成对比，加深组员对不良睡眠习惯带给人体伤害的深刻印象。

接下来是根据日常生活和情景剧所表现出来的内容讨论睡眠习惯对身体的影响，由讨论中可以看出，组员中有些人能够早睡早起，有着很好的睡眠习惯，但大部分组员仍然是晚睡晚起，而且晚睡的原因也各不相同。有些同学是因为学生会工作的压力；有些同学是因为拖延症导致经常熬夜写作业；更有一些同学甚至是因为看韩剧、美剧的更新而熬夜。面对种种的熬夜借口，组中按时睡觉的几位同学给出了一些建议，如其中一位组员说道："我觉得熬夜是最伤身体的事情，实在是在迫不得已的情况下，我才会选择熬夜，但是熬夜之后的三两天精神头会很低，身体也不是很舒服，所以我一般都不会熬夜，我会在十点半争取上床，十一点之前进入睡眠。"另一位同学随声附和道："是的，我也不怎么熬夜的，我看网上说在23点到凌晨1点，是身体各个功能器官休息的时间，如果这个时间身体得不到休息，那会极大地损伤身体，所以我也是十点多就上床了。"但她说完这句话后，有好几位组员开始窃窃私语，原来这几位组员的问题是一样的，他们也曾经努力改善自己的睡眠习惯，也曾早早地上床准备睡觉，可是尽管已经做好一切就寝准备，但还是不能进入睡眠状态，只有到了习惯的睡眠时间才能入睡。

针对这一共同问题，组员之间进行了热烈的讨论，经验丰富的同学开始分享自己的感受，如有人建议，睡前喝一杯热牛奶；有人建议睡觉前做一个习惯性的动作，提醒自己进入睡眠状态，比如整理拍打自己的枕头；还有人建议在睡前听一些舒缓的音乐，能够让心情平静下来；也有人建议在睡觉的时候把自己的电子设备，例如，手机、平板电脑等放置到自己不方便拿到的地方，戒掉睡前玩手机的习惯也能够较早入睡。

大家的建议很多，其中也不乏一些很实用的方法和措施，但根据每个人习惯、喜好的不同，适合组员选择的也不一样。但我们从中可以看到，当小组进入成熟阶段，组员之间的互动会很频繁，当组员遇到一些问题的时候，其他组员不会置之不理，而是大家一起出谋划策，帮助解决。在这期间，组员之间像是一家人，在帮助家庭中的一员，他们的付出是不计回报的、是很热心的、是真心想要帮助你的。可以说，"饮食营养与健康"小组的这一次活动是很成功的。

在实务中，组员加入某一小组，都是希望通过小组互动，组员之间的分享、互助，组员之间共同努力，在达成小组目标的同时，实现自己加入小组的目的。小组组员之间的互动，不单单是经验的分享，人都是感情动物，小组互动中的情感建设是不可避免的。组员之间的情感建设会有开心时甜蜜的欢笑，当然也会有伤心难过时流泪的痛苦，但这些都会成为组员加入小组之后难忘的、珍贵的回忆。在小组中，小组游戏是必不可少的，特别是在小组成熟阶段，团队合作的游戏更是成为组员情感建设的关键所在。下面笔者将介绍一些适合在小组成熟期使用的游戏，以供参考。

三　典型游戏推荐

（一）同心协力

具体目标：活跃气氛，增强团队凝聚力

适合人群：不限（身体不便者除外）

人数：10人左右

时间：15—30分钟

所需道具：每人一个拼图坐垫

场地要求：室内、户外皆可

游戏方法

步骤	社工贴士
按参与者人数进行分组,每组五人以上为最佳。	
每组先派出 2 名参与者背靠背坐在地上，2 人双臂相勾，合力一同站起，以此类推，每组每次增加一个人。如果尝试失败需再尝试，直到成功后可再加 1 人，每组参与者成功后，计算各组所用时间，时间最短的获胜。	如果有拼图坐垫的话，可以让每名组员在游戏中穿插一个拼坐垫的步骤，增加游戏的趣味性。
进行游戏，决出获胜组。	如果有组员在活动中屡次失败，工作者应当进行鼓励，一轮游戏后，可进行再次分组，以此促进各组员之间的沟通交流。 时间不宜过长，需要留出活动之后的分享时间。
让获胜组的参与者分享获胜的经验，帮助效果不佳的小组找出原因，引导组员进行总结。	可对组员进行引导，让组员明白胜利的原因在于团队的互助协作，以增强团队成员的归属感，增强团队凝聚力。 工作者可以让组员自己对活动进行探讨，切记不能偏离主题。

（二）诺亚方舟

具体目标：活跃整体气氛，挑战参与者固定思维，培养团队合作精神。

适合人群：不限

人数：10 人以上

时间：10—15 分钟

所需道具：床单（若干）

场地要求：地面平整

游戏方法

步　骤	社工贴士
将所有参与者分成两组。	分组方法可以有很多种，如果小组成员中存在小群体，可以分在不同的组内。
将一张床单平铺在地面上，同一组组员站在床单上，双脚不能站立在床单之外的地方。	对于小组中的老年人或者身体不便的组员，工作者可适当降低难度，提供座椅等。
将床单对折，在此过程中，所有人员双脚不得站立在床单以外的地方。	折叠过程中的监督机制可以在活动前由参与者约定，对违反规定的参与者可实施小惩罚。 小组人数较多时，根据实际情况可分成多组，小组人数过少时，可以作为挑战固定思维的活动进行，让小组成员对床单的折叠做出预测，然后进行挑战。
将床单继续折叠，直至改组成员中所有人站在床单上为止，折叠次数较多的一组为获胜方。	若小组成员无法继续游戏要适当进行鼓励，通过组内讨论解决。 对于双方小组在监督过程中产生的争议，应当在约定时就声明最后解释权归工作者所有，避免小组场面失控。当最后产生多组折叠次数相同难以区分获胜的情况时，可以采取加赛一轮计时的方法，决出获胜者。
游戏结束后，工作者引导组员进行分享。	这个活动通常可以作为破冰暖身活动进行，也可根据参与人员的具体情况实行分组对抗，活跃小组气氛，调动组员积极性。 在进行活动的时候，应注意掌控时间，把握好现场的气氛，活动气氛过于冷淡时，应采取鼓励等方式调动参与者的积极性。

（三）猴子捞月

具体目标：让参与者了解到只有相互之间的共同努力、互相协助才能完成任务。

适合人群：青少年

人数：8—12 人

时间：30 分钟

所需道具：可以投掷的物品如笔、本等

场地要求：空旷的地方

游戏方法

步　骤	社工贴士
每组在规定的范围以外，朝指定的区域内投掷一样物品。	引导参与者要往规定的区域内投掷物品，具体够物品的方式留给组员自由发挥。
告诉参与者在 20 分钟时间内，要想办法通过参与者之间的协助合作（上半身不能触地），在规定的范围以外把抛出的物品拿回来。	游戏前强调手的安全握法以保障安全。 给每组两分钟时间讨论组内分工，如谁负责够东西，谁负责拉等。 游戏中如果难度太大，允许组员选择放弃，但要说明这并不意味着失败。
游戏结束后，工作者需要带领组员进行分析。	讨论的问题可以是：在活动中出现了哪些问题？是怎么解决的？人员顺序是怎么安排的？放弃的决定是怎么产生的？在这个活动中你担任了什么角色，是否尽了自己最大的努力？整个团队是如何协助合作的？ 这个活动目的是为了考验团队的协作管理，所以一般是在小组成员之间有了一定的熟悉度和默契之后来做。而且若是小组之间进行比赛，将更添竞争性、趣味性，各个小组之间也会形成一定的参照。

第四节　谁动了我的奶酪

我们大家都知道，《谁动了我的奶酪?》这本享誉全球的书籍生动地阐述了“变是唯一的不变”这一生活真谛，不改变，就会被瞬息万变的未来所淘汰。在小组活动中，也存在着改变，这一改变，不仅包括小组成员在小组中的改变，也包含着小组工作者的改变。这种改变，也许是工作者对于小组计划书的修改；也许是带领小组心态的改变；还可能是在日常行动或者观念上的变化。而对于组员来说，在小组中的良性改变，会促进他们的成长，会促成小组目标的达成。但工作者要深刻认识到，每一位组员的改变程度都是不一样的，有些组员的改变可能是质的飞跃，也有一些组员在参加了小组之后可能并未达到预设目标。由此，作为初次带领小组的工作者，在小组的成熟期，也要创设条件鼓励组员说出或者写出参加小组活动的收获，并且与其他组员进行分享。同时，积极创设条件，巩固小组成员的改变成果。

一　换位思考

在小组中，虽然工作者尽全力将小组带向了成熟，但不意味着组员真的可以自己解决问题了，他们还是会遇到各种疑问和挑战，出现矛盾的心理与言行。如一些组员想改善拖延的症状，在小组中表现得很好，但在现实生活中却总是放纵自己，为自己找借口。甚至出现阻抗的成员，表现出相应的对抗行为，这时候如果工作者控场的经验不足，便会让场面失控。由此，工作者要随时做好问题的预估，即使在小组的成熟期，也不可大意。特别是作为初次带领小组的工作者，可能会让组员难以产生信赖感而不愿或不敢坦露自己心中的想法，对遇到的困扰也开不了口。这种情况下可以找一些积极的组员进行示范发言，消除组员的顾虑和不好意思，也可以私下与组员进行接触，鼓励他们主动、勇敢地说出自己的想法和对小组的期待。另外在回忆环节难免会令人想起过去不好的事情，因此在活动开始之前，对可能发生的问题和困难进行预估，做好心理上和行动上的准备。

对于自我的接纳，小组成熟期的组员虽然抛掉了种种的伪装和面具，但还是需要小组中其他成员的关爱和鼓励，这样才能保持一种和谐的关系。否则当小组中出现对质时，容易促成新问题的发生，甚至有些组员会使用影响力去干预小组决策和过程。如果这些足以使小组产生良性反应和变化，那说明小组成员是认可这个变化的，同时也认可这个权威人物，小组内不会再有权力和控制之争。但是影响力并不都是正面的，有时往往因为领袖人物个人的偏好给小组带来负面的影响，这些都是工作者在实务带领中要给予充分重视的。小组实际上是一个小型社会，组员的言行往往是他们日常生活中想法的再现。如果组员在小组中获得了改变，那就将延续到小组之外，有些可能受益终身。由此，为了强化一些良性改变，帮助组员更好地巩固练习，工作者要特意设计一些环节，以帮助组员走向成熟。

“异地恋成长”小组的第三次小组活动，便特意将主题设计为“换位思考，我会更懂你”，以更好地体现工作者的独具匠心。在这次活动里，工作者设置了一个名为“传话筒”的游戏。游戏规则为一队组员站成一列，面朝同一方向，由主持人告诉第一个成员一个成语，然后由他在不说话的情况下比划给第二个人看，以此类推，最后一个人要向大家说出自己猜到的成语。游戏的目的除了让大家在游戏中放松自己，更好地进小组状态外，更重要的是让组员体会到换位思考的重要性。这样引申到异地恋问题中来，可以让恋人们能站在对方的角度思考问题，避免了很多的冲突和矛盾。如两个人在相隔很远的情况下，有时只能靠一些通讯工具联系，在传达信息时难免会产生歧义，所以恋人之间要做到相互理解，换位思考，才能感受到爱情的真谛。

在这个游戏中，词条的设计也很有趣，内容包括：眉飞色舞、两小无猜、婀娜多姿、情投意合等。组员表演得惟妙惟肖，笑声此起彼伏，他们在欢乐的游戏中体会到了小组的价值所在。在游戏后的总结中，有男生提出，处于异地恋状态下的男女情侣，应该互相信任，一定要交流沟通。特别是女生生气时千万不要把手机关掉，要学会掌控自己的情绪，以平和的心态处理出现的状况；也有女生说，她以前总是因为一点小事和男友吵架、生气，因为是家里的独生女，所以总希望别人能够让一让自己，今天的游戏让她看到了自己在这方面还有很大的改进空间。特别是如何更好地读懂对方的意思，成为彼此能否有效沟通的关键。同时，组员们也注意到了有效处理信息的重要性，如有组员这样分享说：“队友在给我传达的时候，刚开始我发现完全不能理解他，因为我们的词语里有方向，而我们又是面对面站立，后来我站在了她的位置，才理解了那个词。其实站在他的角度再去猜我们队的词语，一点都不难。我想在恋爱中也是这个道理，站在对方的角度，想一想对方的感受，其实一点都不难。如果恋爱的双方都这样做的话，也许可以化解矛盾，增进两人的关系。”

这些心声在组员中引起了很大的反响，很多人表示会在以后的沟通中多站在对方的角度思考问题，处理事情，甚至在小组结束之后，仍有几位女生留在那里谈论着自己的异地恋经历。后来其中的一位组员说，他们之间已经成了很好的朋友，偶尔有什么事情，还会找彼此进行倾诉或者帮忙想办法。我想这也是对工作者最大的安慰，能让组员在告别小组后仍保持亲密的联系，这样的小组无疑是成功的。

二 懂得取舍

在小组中，无论是工作者还是组员，对一些事情的处理一定要懂得取舍，这样才能让自己适应不断变化的社会。如“Lady Class”小组的建立，主要目的是为了让组员在小组活动中学会一些基本的社交礼仪，掌握女性特有的待人处世之道，以宠辱不惊的心态处理生活及工作中发生的各种问题；同时，引导女性了解一些养生知识，学会发现生活中的乐趣，提升自身的生活品质。招募对象仅限女性，而且是那些希望学习社交礼仪、养生知识和提升淑女形象气质的女大学生，她们愿意为了自己的目标去改变。

在最初的小组招募时，令工作者感到震惊的是有一位外表酷似男孩的女生主动前来咨询报名，甚至在决定组员人选时让工作者有些为难，因为让这样的组员加入小组，对于初次带领小组的工作者来说，无疑是一种挑战。后来工作者征询督导的意见，督导认为如果这样的组员在小组中能有所改变，也证实了小组的意义所在，有了这样的考量之后，工作者决定将其吸纳为组员。因为这位组员较为特殊，所以在小组的整个进程中都成为工作者关注的对象。

在小组初期，这位组员有些拘谨，也因为她酷酷的外形，引起了很多人的注意。可能是过于恐慌或是其他原因，她在小组中并未透露过多的个人信息。经过工作者的多方诱导，如让她担任小组讨论的总结人、游戏环节的领队等，激发了她的参与热情。到了小组中期时，这位组员开始发挥自己的优势，在讨论环节中表现得非常踊跃，也更加自信，甚至表达了自己心目中淑女应该具备的条件。等到小组第三期活动“对面的美女看过来”时，令大家没有想到的是，这位组员竟然主动要求成为小组内的淑女模特，希望大家能够将她打扮成真正的淑女。在分享环节中，她说出了自己加入小组的动机。原来，她的父母特别喜欢男孩，所以在衣着和教育方面，都按照男孩标准要求她，以至于她这么多年以来都以一个男孩的身份生活着。她说自己虽然外表很男孩，但真实的内心深处却是一个可爱的，向往自由的小萝莉。现在到了大学，离开了父母，她想要做回真正的自己，尽管这个年代，中性美被越来越多的人所接受，但是，她总觉得女孩应该有女孩的样子，以后在求职就业中，才不会被人认为是异类。

在小组总结中她这样说道："加入小组活动，让我知道淑女应该是什么样的，应该朝着哪方面努力了，以前也想要去改变，却无从下手。这一回有了目标，有了方向，我想我知道应该怎么做了。我要做一回真实的自己，我要努力地去改变，我不能坐以待毙，要做最真实最快乐的自己，去丰富我的人生。"

由这个案例中，我们看到工作者在组员的筛选方面，要尽量广纳百川，不拘一格地吸收各类人群加入我们的小组，这样小组才能最真实地体现出它特有的价值和魅力。除了要学会吸收和接纳，工作者也要学会适当地放弃，如一些可能对其他组员造成伤害或是加入小组动机不纯的人，有时就要严格把关，将他们排除掉。

同时，工作者在小组开始之前会撰写一份小组计划书，由督导进行指导修改，最终使得计划书中的所有环节都与小组的主题、目标相关。但是，小组计划书只是一份相对完美的方案，随着活动的开展，工作者会发现，计划书不是一成不变的，有些活动及环节的设计还是考虑得不够全面。如一些过于复杂、抽象的游戏和程序，会对组员造成负面影响，实务中更是要根据需要对它们进行适当精简。在"饮食营养与健康"小组中，按照原定计划，工作者想要在第四次小组活动中设置视频观赏环节，内容为《胃癌反思的美食家》。视频讲述了患胃癌三期的美食家，只有 34 岁的原晓娟由于过度劳累、饮食不当、熬夜等诸多原因在得病不久后与世长辞的故事。她在病床上写下了很多网络日记，引发了大量网友对于工作与健康问题的思考。工作者在放映之前自己观看了一下视频，看完后连续几天都忐忑不安，饮食无规律，心情也很低落。于是，工作者找到督导，与督导进行协商，督导听了工作者的理由，也觉得这个视频不太适合在组内播放。因为工作者毕竟也是一名学生，虽然学习过心理学相关方面的课程，但是没有很好的心理基础，考虑到组员可能也会因为这个视频而情绪失落，于是毅然取消了这一视频环节，用南怀瑾老先生的饮食习惯资料取而代之。

这里我们只是以工作者为例，进行了示范说明，在实际的小组设计中，工作者更是要强化组员“取”和“舍”的心态和理念，以更好地适应社会。

三　如何应对失败

以上我们一直在分享成功的案例，但在小组实践中，也有一些失败的小组或组员，所以对于工作者，开小组前一定要通过督导或是指导教师做好心理建设。实在不行，就要放弃带小组的想法，以保证小组的效度和信度；而且小组的整个实务过程中，要求工作者要做好问题的预估，随时准备好对于突发事件的处理工作；同时督导和指导教师进行全程指导，以防万一。对于组员，工作者更是要引导他们以平和的心态对待失败，让他们在失败中学会成长和进步。

“指尖舞蹈，手中魔方”小组的建立，是为了使对魔方感兴趣的同学成为“魔友”，通过玩魔方所需的耐心和毅力来重申不轻言放弃的人生道理，以此来提升组员的自身修为及社会处事机能。为了更好地凸显这一主题，工作者在小组中期过后组织组员观看了一节关于魔方的动画片对组员进行励志教育，即失败的人只有一种，那就是抵达成功之前放弃的人。这个环节的设计不论是通过工作者的引领还是组员的自我发掘，都收到了较为圆满的效果。但在之后的魔方比拼环节中，一名组员在多次尝试无果后，选择了放弃，即使工作者和志愿者都鼓励其继续下去，甚至给了他一些建议和对策，但是这名组员仍不愿意接受挑战。在这种情况下，工作者没有继续相劝，而是拿出了一本魔方秘籍的书给他看。其实，在小组活动中，我们会经常看到这种现象，有一些组员因为自信心不足或者挫败感较强等原因，在小组挑战或者活动中不太积极，甚至很排斥。这个时候，工作者在劝说无效的情况下可以给他一个自我决定的空间和时间，以照顾他的面子和感受。

在之后的小组评估报告中，这位组员写道：“我很后悔在那次小组中主动放弃了这样一次机会，当我看到别人成功后，我真的很羡慕，如果我挑战了，可能不是第一名，但也很有可能不是最后一名。我觉得自己不够勇敢，自信心不足，但是以后如果还有此类活动，我会努力的。我不想再做那个放弃的人，绝对不是那个尝试之后遇到失败就退缩的人。”

由此我们可以看到，小组中的进步并不是每一位组员的进步，有些人因为个人原因或者其他缘由在小组活动中不是很积极、主动，针对此种情况，工作者不能放弃他们，而是应该进行相应的鼓励和引导，让他们学会自我教育、自我成长。

小组成熟期不仅仅是小组功能的逐渐完善，组员、工作者也逐渐地走向成熟，在自身能力得到提升的基础上，去实现自己的目标，大概这就是小组的生命力。在这个过程中，所有人都有所收获，形成了前进的动力和机制，进而实现小组目标。组员都是独一无二的，我们要无条件地接纳他们，成长应该是顺其自然的，不能拔苗助长、操之过急，工作者只需要适当地引导、支持与信任，小组和组员自然会按照他们自己的生命轨迹成长。同时我们也要知道工作者也不是无所不能的战士，作为普通人也有自身的弱点和不足，不要否认与害怕，同样也需要自我接纳，接纳这样不完美的自己，这样才能去接纳不完美的小组和组员，接纳不完美的世界。

第五章　小组后期

小组后期作为即将收尾的阶段，有其特殊性和重要性，是小组工作中不可忽视的环节。这一阶段工作者的任务是帮助组员进行总结、评估，以方便组员了解自己的收获、发现新的目标和需求、克服不良心态和消极行为的发生。一般来说，小组后期不单单是指最后一次小组活动，而是暗示着小组已达到预期目标，准备结束小组的一个动态过程。这一时期针对组员和工作者情绪和行为的有效管理，成为决定小组成败的一个关键所在。

第一节　组员的表现

在经历了小组初期的好奇和探知，小组中期和成熟期的亲情和熟悉感的建立之后，到了小组后期，很多组员会因为小组的即将结束而产生不同的情绪表征。而初次带领小组的工作者，此时也是紧张备战，面对组员可能产生的离别情绪以及如何更好地巩固小组成果等表现出一定的担忧。

一　积极的、正面的情绪和言行

进入到小组后期，大部分组员通过前期的活动参与会有所收获，从而获得正向积极的自我认知和情绪：他们在小组中进一步地了解了自我，对他人也有了更深一层的认识，通过小组协助建立和获得了良好的人际关系；能对自己在生活和工作中的问题进行分析，从而不断地完善缺点，巩固优点，更有信心和能力去面对和支配自己的生活和工作。自信心的提高，让组员在小组中建立了更好的自我形象，并在不断地实践过程中增强自身的社会功能。另外，小组成员也会将在小组中学到的新知识、新技能运用到实际的生活和工作中去，从而获得新的生活和工作体验，对未来的生活更有信心、充满着美好的憧憬。组员在小组后期的具体表现如下：

（一）意识到自己通过参加小组活动获得了成长，有一定的满足和收获。

（二）觉得在小组中顺利完成了任务，产生自豪感和强烈的荣誉感。

（三）在生活中也能够实现自己的目标，产生很强的自信心。

（四）能够自己独立解决遇到的困难，遇事沉着冷静。

（五）在组内和组外能积极帮助别人，有乐于助人的想法和行动，并从中获得快乐和满足。

（六）为离开小组做了充分的准备，认为自己有能力去面对生活，具有很强的成就感。

一些组员在后期小组活动中甚至充当小组活动的带领者，成为小组的领导者和后期活动的策划者，他们能够充分利用有限的时间和其他组员进行亲密互动，为小组贡献出自己的最后一分力量。甚至一些组员询问最后一次小组聚会的时间和活动安排，想在最后一次小组活动中充分展现自己在小组中的收获，为自己的小组生涯画上一个圆满的句号。

“说实话，最开始我对这个小组不抱什么希望，觉得闲着无聊就来了，没想到自己在这里还能交到朋友，而且我自己也得到了很好的成长。只是结束得太快了，我还没体会到真正的小组魅力是什么呢，强烈建议工作者再加几次小组活动”。（组员，马力）

“我以前特散漫，说话也毫无顾忌，不顾他人的感受。但通过情景剧的扮演，让我深刻体会到了自己的这种不经意带给他人的伤害，以后我一定注意。其实小组是什么到现在我也没弄特别明白，但我知道在这里你确实可以放开你的身心，完全放松地投入到小组活动中，这样你才能真正看清你的内心世界。没想到小组结束的问题，只是觉得小组的经历对我来说确实是很宝贵的，希望工作者下次开小组时一定通知我，我一定全力以赴”。（组员，肖成）

“没想到这么快就进入小组的后期了，我已经和工作者建议了，最后一次小组活动就交给我们自己策划吧，好想和大家再多相处一会。也不知为什么，对小组总有一种恋恋不舍的感情，就像和家人的分离一样。特别是工作者，作为我们的同龄人，能把这么多人聚在一起，有条不紊地开展活动，真的挺让我佩服的。特别是在小组中，也有我的好朋友，他们让我更加认识到了友谊的重要性。尤为重要的是让我学会了如何接纳别人的不一样，如何有效地处理生活中的矛盾和冲突”。（组员，王晓晓）

“最后一次小组活动我一定穿得漂亮些，好给大家留下一个好的印象。说实话，我以前不知道自己说话很伤人，还好在小组中有人给我指了出来。否则以后我真的不知道如何是好。我想给大家建个群，这样以后也能保持联系，好怀念和他们在一起的时光。以前不知道小组是什么，还以为就是做游戏呢，现在才知道每一个游戏的背后都是有着特定的内涵，太让人惊讶了，以后考研我也要考社会工作专业，这样也能更好地帮助别人”。（组员，刘芳）

在良好效果巩固的同时，小组有时也会伴随另外一种不良情绪困扰着组员，比如说有些人对小组产生了依赖，尚未做好离开小组的准备，因而不愿接受小组即将结束的事实；或者直接无视小组即将结束，产生行为上的不良反应等等。而此时，如何有效处理好组员出现的消极情绪，是工作者面临的一大考验，工作者应当细心体察，恰当处理，有效巩固服务效果。

二　消极的、负面的情绪和言行

在小组开展的这段时间里，组员经过相互地了解和熟悉，在组内形成了亲密的、支持性的人际关系，大家彼此都相互理解、相互认同，具有很强的小组归属感。但当工作者一谈到小组即将结束，就意味着这种和谐关系将会被打破，组员心中不免会有担忧、失落甚至恐惧的感觉。如有些组员害怕小组结束之后会失去小组的帮助和依靠，因而产生一种被抛弃的感觉，难以接受这一事实；同时，也担心离开小组后，会有各种各样问题的困扰，担心自己难以应付外面的世界。于是在这种复杂的情感冲击下，部分组员便会出现诸如否认小组的成效，逃避一些小组成果的巩固练习，甚至出现了行为倒退，组员之间的联结也呈现出松散状态。具体表征如下：

（一）不愿意参加小组活动，甚至有缺席的想法和行为。

（二）逃避小组即将结束的事实，对小组有否定的情绪。

（三）在活动中，一些组员会有明显的情感反应，面带忧伤或保持沉默。

（四）在小组中打不起精神或是提不起兴趣。

（五）对工作者不满，攻击工作者和小组其他成员。

（六）批评小组，对小组有很强的排斥心理。

在“友谊地久天长”小组的后期活动中，当工作者在开场白中说小组接近尾声，即将迎来小组的结束时，很多组员出现了惊讶的表情。一些人甚至要求多开一段时间；有的组员则抱怨说自己刚进入状态就结束了；有些人甚至觉得工作者在吊他们胃口，刚刚觉得小组有价值、有意义时，它却要结束了。虽然工作者做出了相应的解释和说明，但发现接下来的活动根本无法进行，很多人开始找各种借口不参加进来；在讨论环节也不再像以往那样围绕话题进行，而是开始抱怨小组及工作者的种种不是，有些人甚至直接找较为熟悉的组员叙说今后如何加强联系，如何规划今后的生活等等。面对这种情况，工作者真是既头疼又无奈，只好劝说大家尊重小组的规范，但到了这个阶段，组员早把小组规范抛却脑后了。

其实，在实务中，为了更好地照顾组员感受，我们一般要求工作者要提前告知组员离组时间，但后来发现，这一做法有时也是行不通的。如上例所述，就是因为工作者的这一做法，导致了组员很难再全身心投入到小组后期的活动中，最终使得小组草草收场。由此，作为工作者，务必要预估小组后期组员的不良情绪，提前做好各种应对。

三　其他的言行特征

到了小组后期，组员即使没有出现前述两种比较明显的特征，但和以前相比，小组后期组员的言行变化也是很显著的。在小组工作的过程中，组员由于形成了比较强的归属感，行动相对来说是比较一致的，尽管会有一些适应力比较慢的组员跟不上小组的进度，但不会影响到整个小组的凝聚力和动力机制的形成。在小组中组员们获得了自信心的提升，取得了他人的认同和信任，而且他们的言语表达和行为表现得到了其他组员的赞同和欣赏，这足以表明他们在小组中是有所收获的。

但是到了小组工作的后期，以前积极的情绪和热情会慢慢地褪去，小组的凝聚力大不如中前期那样强烈，小组的结构也会比以前更松散，组员之间的言行不再是保持相对一致，总会有这样或那样的行为偏差，偏离了小组的目标达成轨道。组员的个性化也逐渐增强，在言语的描述和行为的表达方面出现不同程度的差异，这不再是适应快慢的问题，而是每个组员都想通过小组即将结束这个契机来表达自我，表现自己的个性成长。这就像是两个原本陌生的人相处久了之后，便逐渐卸掉包袱和戒备，放心表达自我，展现出自己原本的样子。有些组员甚至觉得反正大家都这么熟了，就没有必要遮遮掩掩的，可以肆无忌惮一些了。特别是在一些封闭式小组中，几次小组活动下来，组员之间基本上已经熟识了，所以个性化的表征也就暴露得极其明显。如一些组员开始无视小组的规范限制，任意打断他人的说话，有些人开始和组员开些无伤大雅的玩笑，有些人甚至公开在小组中表示自己的不满等等。对于这些，作为初次带领小组的工作者来说，一定不要刻意地纠正和批评，而是多去包容，听取他们的心声；同时，由于这是组员充分展示自己真实个性的小组阶段，也更有利于我们去认清每个组员的真实性格和想法，这对小组成效的达成无疑是有很大帮助的。

在实务中，有时出于一些主题设计的需要，也有一些特别开放的小组，组员随来随走，由此组员的情绪和言行就不会有这么强烈的表现。但对于初学者来说，我们一般要求其所带领的小组要有固定的组员，尽量走封闭路线，这样有利于工作者更好地熟悉小组在每个阶段的特征，把握每个组员的心态历程。但即使这样，后期的一些工作还是给初学者带来了一定的难题，这就要求他们一定要有深入观察的能力。如有组员在小组初期就已经做好随时离开的准备，在心理上便会形成一定的防御机制。而且这种心态会一直持续；特别是那些较为内向的组员，虽然能坚持到小组后期，但情绪言行上也不会有多大的改变，因此工作者在做成效评估时更要注意他们细节性的变化，以更好地帮助其巩固成果，发现问题；而那些沟通能力和接受能力较强的人，因为愿意接触更多的陌生人和新鲜事物，因此对于小组的结束也没有多大的感觉，但工作者也要帮助其链接资源，展示小组的资源魅力。

总之，不管组员对小组活动的认知如何，参加完几次小组活动后，组员或多或少都会对它产生一定的感情，小组的解散将导致其心理上的不适应，产生些许的抵触情绪。虽说“天下没有不散的宴席”，但真正到了那一时刻，情绪还是会受到影响的。同时，到了小组后期，小组的影响力和小组规范的约束力也在逐渐减小，组员之间的联系和互动频率也会相对降低，还有部分组员在这一阶段将更多的精力放在与外界的联系上，这些共同的作用使得小组后期呈现较为松散的状态。作为工作者，这一时期还是要慎重行事，不能自认为小组目标基本达成而放松对小组活动的策划能力和对组员的关照力度。作为初次带领小组的工作者，更是要将自己的工作重心放在后期的活动成效评估与组员潜力的挖掘上，以更好地完善自己的小组带领模式。

四　工作者采取的策略

在小组后期，工作者面对组员的一些不良情绪和言行，可以结合实际采取有效措施，这里仅介绍一些简单的方法，以为初次带领者提供一定的参考和借鉴。如在解决小组伤感气氛的问题上，工作者一方面要调动组员的情绪，鼓励他们将自己的内心感受充分地表达出来；另一方面要让组员认识到小组结束所产生的正面、积极的意义，从而引导其对离组后的生活作出妥善的安排，将视线投向对未来生活的憧憬。具体如下：

（一）逃避、否定的情绪和言行。在这一时期，组员之所以会出现这样的特征，是因为他们对小组太在意了，但又不知道如何去表达内心的感受，因此，工作者可以开展一些新的活动，提出新的目标行为，利用适当的时机肯定和揭露小组成员的情绪。当然工作者也可以采用自我披露的方法来抒发面对小组完结时的感受，在此过程中，观察组员的情绪和感受，从而协助小组成员表达负面感受，合理疏导自身情绪。

（二）沮丧、失落、忧伤等情绪。在小组后期，组员会有反应呆滞，提不起兴趣或保持沉默等现象，这种情况下，工作者需要和组员一起表达彼此的感受。工作者要积极带动组员进行活动，借此表达感受和宣泄情绪。在活动过程中，工作者要及时肯定组员在小组中的表现，他们在小组活动中的成长和所形成的良好人际关系，鼓励和帮助他们在小组结束后继续与组员保持密切的联系和沟通。

（三）不满、愤怒的情绪表征。组员表现出这样的情绪和行为，一方面可能是因为在小组过程中并没有学到真正有价值的经验和能力体验；另一方面也可能是因为组员自身比较情绪化。小组的分离会给组员一种被抛弃和被排斥的感觉，组员由此对工作者和小组会有强烈的不满和愤怒，因此，工作者需要学会体谅和宽容，面对这种情绪化的组员，一定要保持冷静，不被组员的不满情绪所干扰，尽量去接纳和谅解。在小组中给予他们一定的时间和空间，使其冷静思考，舒缓自身情绪，帮助其学会对自身的行为方式进行评估。个别特别无理的组员，工作者也要恩威并施，强化小组规范的重要性。

（四）行为倒退。行为倒退在小组后期的出现频率也是非常高的，作为工作者，要根据不同的情况采取不同的方式，不要轻易就否定自己的带领效果，而是要静下心来思考组员行为倒退的原因：是单纯表达自身的不满，还是想要提醒工作者小组还不是结束的时候，小组的目标和任务还未达成等等。如果组员只是对小组结束表示不满，那工作者就需要协助其认识结束小组的意义，客观地分析结束小组的必要性，与此同时尽可能地帮助小组成员获得外部支持，增强组员的适应能力和信心，减缓这种不自信和不安全感的影响。如果是小组成员想要提醒工作者现在不是结束小组的时机，工作者则需要对小组的整个目标和小组的实施效果进行评估，结合督导和指导教师的意见，决定是否延长小组的活动时间和次数等。

第二节　工作者的失落

在小组工作中，小组的结束会触动每个组员的感情，对于工作者来说，也同样充满着一定的情绪反应，触动了他们的神经和情怀。通常在小组工作后期，工作者的活动开展会比较困难，尤其是对于刚刚带领小组的工作者来说更是心神忐忑，总会觉得自己的小组工作经验不够，或者自己的专业技能比较欠缺等。其实，这些情况对于工作者来说都是正常的反应，这不仅仅是因为工作者在刚开始带领小组时缺乏工作训练的经验，还是所有工作者在这一时期都会有的顾虑和感伤。这就像以前组员对小组一无所知，但到了后期，他们羽翼丰满，不再需要工作者的帮助了，有些甚至会挑战工作者的权威，这种情况无论是谁，情绪都是极其复杂的。

一 工作者的情感和言行反应

一般情况下，小组后期对于工作者个人来说应该是比较轻松愉悦的，因为组员的目标基本达成，而且我们的使命即将完成；但就整个小组本身来说，还是需要对组员负责到底，帮助他们以最好的状态接受小组最后阶段的洗礼。具体如下：

（一）对组员的杰出的表现给予肯定和赞扬，由衷地感谢组员的参与。

（二）为组员取得巨大进步和成绩表现出自豪感和成就感。

（三）为自己能顺利将小组带向结束感到如释重负，对工作技巧方面的进步感到高兴。

（四）通过与组员的接触和亲密互动，感觉到自身的存在感和专业的荣誉感。

（五）对不能完全融入小组的成员表现出惋惜和负疚感，认为自己的工作还要继续加油。

（六）对个别组员的不能独立解决问题表现出担心和刻意地偏袒；对于一些“假进步者”有着失望和无奈的情绪。

（七）对自己的“失误”感到难过、自责，对小组的带领效果表现出一定的焦虑和不安。

（八）对于小组的结束充满期待，但又担心结束过早会影响小组的整体效果，对能否完结拿捏不定。

在小组后期，组员的即将离开以及相互情感性的告别都会触动工作者，引发他们对小组的回忆和情感流露，这些都会使工作者产生强烈的反移情。特别是作为初次带领者，经常会在小组后期的工作中出现分离的感伤，有些甚至无心工作。经常有工作者跑来和我诉说自己的后期情绪问题，有些甚至担心自己情绪失控而影响小组后期的带领。由此，如果一个小组带领者对于小组后期的工作处理不是很恰当，则很可能会因此而影响它的成效，组员的成长效果也不会得到有效巩固，一些特殊组员改变自身的可能性也会大大减小。更值得注意的是，工作者有可能会给小组留下更多的未能解决的问题和未完成的任务，并且对小组成员的帮助不是很有效，很多建设性的意见也不会被组员所采用，严重的话可能会使工作者失去带领小组的方向。

二 工作者可能面临的危机

（一）组员对工作者的认可度下降

在小组后期，随着小组成员的不断进步、成熟，小组中产生了自己的小组领袖，进而开始主导小组的发展过程，工作者也会因为小组领袖的产生而不再频繁地干预小组的发展和组员的成长。某种程度上说，小组的主动权已移交给组员自己去掌握和控制，除了对小组发展有明显阻碍的因素外，工作者不再过多地干涉。只要小组的发展与其目标没有发生很大的偏离，组员内部是可以自主决定一些事情的，但在实务中，如果工作者长时间不保持自己在小组中的存在感，也会出现一些问题进而影响小组的发展和目标的达成。

因为小组从成立到开展活动，经过小组的初期到小组发展的顶峰，直至小组的后期乃至结束都应该是工作者参与其中并担任主导角色的。小组工作者所要做的工作和所要担负的责任贯穿于小组每个阶段，只是在小组中期或是成熟阶段才允许工作者适当地将主导角色交给组员，以更好地带动小组的发展。特别是到了小组的成熟期，其成员的归属感最强，小组凝聚力也是达到了团结的最高峰，组员会根据小组的实际发展情况做出一些独立的选择，比如通过公平、民主的方式选出小组的领袖，并由其带领小组成员实现小组的发展等。经过这个高潮阶段之后，小组到达后期即意味着小组即将结束，由于在前一个阶段小组工作者很少干预小组的发展，小组成员会在小组领袖的带领下渐渐成长起来，但也会在小组中形成一种“假象”：有些组员会认为小组的发展和小组成员的成长不是因为工作者尽心尽力努力的结果，而是小组成员与小组领袖共同学习和探索的成效，于是小组工作者在这个阶段介入小组的效果相比以前不是很好。很多组员会觉得工作者就是在“坐享其成”，导致小组成员对工作者认可度的降低，组员不再像以前那样对工作者有比较强的认同感和依赖感，这对于工作者也是一个比较大的冲击。

（二）组员对工作者的配合度降低

到了小组后期，由于自我目标的实现和对工作者的“不需要”，使得工作者回归小组核心地位的可能性变得有些艰难。组员不再像小组前期和中期那样“唯唯诺诺”，对组内活动的态度也不再那么积极、主动，热情不是很高；甚至认为小组即将结束，小组带给他们的鼓励和支持也将“消失”，因此没有必要像之前那样太过投入。特别是当工作者提出要结束小组时，组员确实在情理上很难接受，并在言行上表现出他们的异议。如不再积极参与小组活动的策划和实施，不再对工作者唯命是从，不再对小组投入情感等等。特别是对工作者重新掌控小组表示出不理解和不接受，言外之意是“我们都不需要你了，你怎么又回来了”，于是对小组工作者的一些要求不去配合，更多的是跟着小组领袖或自己形成团队去解决组内的问题并按自己的理解去发展小组，这对于小组工作者来说是一种挑战。小组成员对工作者配合度的下降，对小组的发展和目标达成多少是有一些影响的，这就要求工作者即便在小组成熟期，都不要太放任小组，要时刻给组员一种核心力量的存在感；同时，工作者要适当对小组工作的程序和方法做一些调整，不断尝试着跟从组员的需求和意愿来提升他们对工作者的配合度。而且更重要的是工作者要从自身去发现问题，去思考组员对自己工作不配合的具体原因：如是不是工作者的某些工作环节做得不够好，或者是因为工作者的带领能力没有得到组员的认可等等，在此基础上对必要的问题要进行解释和澄清，以及时疏通与小组成员之间的交流障碍。

（三）受到小组内部的情绪感染

在小组中，工作者除了是一名带领者，也是一名参与者，同时还是一名评估人员。从带领者的角度来看，作为初次带领者，容易对小组期待过高，总觉得到了小组后期，其效果应该很明显地显示出来。如果没有达到预期的目标，工作者便也会在情感方面出现这样或那样的问题，从而影响小组后期的实务带领。而且在小组后期，作为小组的一员，工作者的情感也会受到组员的情绪感染。如工作者在带领小组的过程中看到组员的情绪变得比以前低落，工作者的热情度也会大打折扣，但这并不意味着工作者会一直陷在情感的泥潭中不能自拔。虽然在小组工作后期，即将到来的离别时刻常常会将小组笼罩在由工作者和小组成员造成的一种“非理性伤感”的气氛之中，但作为小组的带领者，工作者必须首先要处理好自己的情绪，不能因为个人的情绪而去影响整个小组的发展和目标的达成。

（四）出现职业倦怠

虽然作为小组的初次带领者，很多人会觉得出现职业倦怠的几率不是很高，但由于小组工作本身的专业性和职业性要求，也使得这些年轻的带领者们容易出现状况。小组本身带给工作者的压力一直存在，尤其是到了后期，有些小组工作者已经是筋疲力尽，黔驴技穷了。甚至一些不太好带的小组，工作者恨不能早早结束，以缓解自己的紧张和高压带来的疲惫。

“带小组真的是一个很累的活，因为你不知道你的组员到底在想什么，尤其是到了后期，他们和你混熟了，有些根本就不拿你当回事了。所以你想和他们打成一片，就得放低姿态，但带来的后果就是他们对你的态度也会非常随意，甚至你说什么都当耳旁风了”。（社工，王丽敏）

“很多人都觉得小组后期是非常轻松的，因为小组目标基本实现了，你的组员也已经和你很熟了，能够像亲人一样相处了。但实际情形不是这样，越到后期，好多人的问题就全暴露出来了，这会让你很没成就感，不得不重新调整你辛辛苦苦制订好的计划，重新帮助他们调整思路和想法，可人家还不领情，认为是多此一举。特别是中国人内敛、慢热的性格特征，使得小组带领往往在后期才会发现一些实质性的问题，然后你就要像个陀螺一样，永远处于发现问题—解决问题—发现问题—解决问题这样一个永无止境的怪圈中”。（社工，杜鹏）

此外，工作者还要充当问题的协调者、资源的调动者、潜能的挖掘者等多重角色，做好诸多方面的工作，导致其精力分散，很难有效带领小组。我经常说小组的带领者一定要精力充沛，而且要是一名多面手，否则很难带好一个小组，特别是作为初次带领者，这种困境表现得尤为明显。

首先，作为一名小组工作者，在小组中应该扮演什么样的角色，通过这些角色会给组员带来什么样的成长经常心存顾虑。有时担心亲情建设得不够，会使组员对小组没有归属感；有时担心太过保护组员了，没能给他们过多的发展空间等等，都可能使得工作者在实务中陷入尴尬的境地。工作者还可能对小组或组员持有不太实际的期待，于是当小组或组员无法达到时，也会产生工作倦怠，责备自己对小组不是很负责任，或是觉得自己做得不够好而感到挫折和失败。

其次，作为一名小组工作者在小组工作的过程中会处理一些负面的、不合作的、具有攻击性的、敌意的组员的问题，这些问题都会给工作者带来一些烦恼，但更多的是给工作者带来巨大的压力。尽管处理这些组员的问题可能花费了工作者的大量心血，但有时候组员并不会由此就认为工作者是一个理想的、令他们满意的或是能有效帮助他们的人，而是将工作者看作是敌人，这样就会给工作者的小组带领带来相当大的困难，施加了很多无形的压力，长此以往工作者当然会出现倦怠问题。

再次，作为一名小组工作者会在实务中遇到很多棘手的问题，甚至实践与理论上也不尽相同，导致工作者觉得所学的知识一点也用不上而觉得没有成就感。如我们经常强调要尊重组员的选择，但在实务中，你充分尊重的后果会导致组员的拖延和推诿，使得小组进程受阻。因此，在教学中，我经常强化工作者要恩威并施，对组员要给个巴掌，然后再给个甜枣，以强化他们的参与度和融入感。特别是一些组员千启不发，你说什么他就是听不进去；还有一些人直到小组后期，仍没达到理想的参与状态，使得工作者会觉得自身专业的苍白无力。

最后，作为一名小组工作者会在小组工作中遇到组员自身带来的压力。如当组员过多，而小组的资源又不是很充足时，通常会造成一种非人性化的状况。拥挤的空间，组员之间交流的不畅等，都会使工作者容易恐慌和不安。尤其是一些治疗性的小组对工作者的要求比较高，在小组之外的资源或者其他支持又不多的情况下，工作者便会有自己能力不足或者没有能力去控制整个小组的感觉，尤其到了小组后期，更是会感觉精力不足和压力过大。有些组员的知识、技能或是社会阅历高出工作者很多，也会让工作者感觉自己的落后，认为自己没能跟上专业技术的发展和理论的更新，在小组带领上较为心虚和没有底气。如关于一些健忘症的小组，工作者们经常觉得组员的经验太丰富了，根本就不需要工作者的帮助，于是出现了工作者的“被遗忘”状态。另外关于一些流行时尚的小组，工作者更是觉得自己都没有人家时尚，怎么能开好这样的小组，不知道该如何是好等等。

总的来看，要成为一名出色且有效力的工作者不是一件很简单的事情，要使工作者在小组后期不存在失落感那更是一件不容易的事情。基于此，作为一名合格的、优秀的小组工作者要随时处理好自己的不良情绪，在小组后期更要结合组员的实际需要，规划好小组活动，这就要求工作者自身要去潜心学习，多练习、多领悟，以克服小组工作中的困难和失落感。

三　应对策略

（一）工作者情绪研究的必要性

一般情况下，在小组后期，人们一般会把专注点放在组员的情绪转变和行为表现上，从而忽略了工作者的情绪心理变动；更多地将工作重点放在小组成员的问题解决上，而漠视工作者在小组后期所出现的种种问题。但在实务中，我们发现研究工作者在小组后期的情绪和行为表现具有更加现实和实际的意义，如果工作者的情绪问题处理好了，对于小组后期的顺利发展和小组的圆满结束具有很大的作用。设想在小组后期工作者自身都出现了问题，各种情绪和行为出现了一定的偏差，那么他如何能处理好组员在后期遇到的问题，这就需要我们对工作者在小组后期所面临的各种问题进行探究，找到解决的有效措施，以促使工作者尤其是初次带领者更有时效性地带领小组完成它的使命。其实，作为工作者的心理问题在实务中往往更难解决，尤其是这些带领经验还不是很丰富的工作者们，可能其自身也需要他人的帮助和理解，但我们往往忽略了他们的情感诉求。特别在小组带领中，工作者是对整个小组最为了解和最为倾心投入的人员，相对于组员的短时间接触和了解，工作者对小组付出的心力更多。但当这种努力没有得到组员的有效回应，或是小组的目标没能按预期达成的时候，工作者就容易陷入情感上的困惑和忧虑之中。他们会觉得组员太不近人情，会对自身的专业能力进行质疑，甚至全盘否定专业的有效性。由此，在实务中，我要求督导一定要在小组后期时刻关注工作者的情绪和心态，尽量帮助他们获得工作上的满足感，协助他们发掘小组带领的优势，以更好地提升他们工作的热情和动力。

（二）工作者的应对策略

在小组后期，为了有效避免工作者的失落感和工作倦怠感的出现，我们要求工作者要结合小组的实际情况做好相关的准备，以应对小组后期容易出现的各种问题。

1. 适当的自我表露。对于什么时间结束小组，工作者是最清楚不过的，因此，在小组后期的活动中，工作者可以借助一定的时机，向大家表露一下自己对小组的心得、体会。通过言语上的暗示，强化自己对小组的真情投入，让组员切身体会到工作者带领小组的不容易，以及小组带给他们的收获和反思。

2. 对组员进行初步评价。在小组后期，工作者可以对组员在小组中的表现进行初步的评估，如可以引导组员回顾个人在小组中的成长历程，并对他们在小组中的表现给予积极的评价，让他们看到小组的工作成效。这样的做法同时也让工作者意识到自己所带小组的价值和意义所在，增强了工作者的自信心，使其认识到自身的能力和影响力，从而减少失落感，增强工作热情。此外，工作者还要适当指出小组还未完成的目标，鼓励组员在小组后期积极参加小组活动，维系小组动力的发展。

3. 灵活修订计划书。其实计划书在小组活动中仅仅是个参考，工作者可以根据实际需要进行修订和完善。特别是到了小组后期，为了增加小组活动的吸引力，增强组员的参与热情，工作者可以随机地改变小组内容和小组形式，以新颖独特的模式来开展小组活动。如有些小组在小组后期就让组员自己主持小组活动，工作者只是从旁协助，从而巩固了小组的成果。总之，在小组后期，工作者尽可能地适应小组的节奏，才能更好地帮助组员切实实现他们的小组目标。

第三节 请再多爱我一点点——小组成员的渴望

即使是到了小组后期，小组成员也希望能像小组前中期一样受到重视，渴望在小组中能够得到认同，受到他人的欣赏。这样的情感期待常常让工作者们陷入两难的境地，一方面工作者要考虑到他们的感受，继续为他们提供问题解决的依赖路径和情感支持；一方面又要考虑到小组后期的工作使命。其实，在小组后期，工作者要逐渐降低小组的吸引力，减少组员对工作者和小组的依赖，鼓励组员独立地去解决问题和面对困境。于是对组员来说，工作者这一时期的表现看起来要比小组前中期冷淡一些，特别是在支持性和治疗性小组中，表现得尤为明显。这就好比刚刚学会走路的孩子，虽然已经在父母的扶持下学会了迈步，但到他们独立行走时仍然感觉恐惧。因此，作为工作者，在这一时期要适当创设机会，鼓励组员的独立和勇往直前。

一　一般组员的表现

从小组初期到小组中期，组员之间逐渐形成良好的人际关系，与此同时，组员与工作者的情感也在不断地深入和增进。在小组初期和中期，组员对工作者十分依赖，彼此之间显得十分客气，即使是互动交流，也是非常的小心和谨慎。但到了后期，随着组员和工作者的了解加深，他们之间不再客气和小心翼翼，而是有什么想说的都会说出来，形成很好的朋友关系。在组员看来，工作者一直是他们的支持者和帮助者，随时可以得到工作者的帮助和鼓励。但到了小组后期，工作者会逐渐降低自己在小组中的这种地位，转变自己的角色，以使组员更好地成为小组的主人，这就给已经习惯了这种模式的组员带来了很大的不适应，面对即将到来的分离，表现出一定的情绪反应和波动。

小组后期，小组成员在心理上对工作者仍然有很强的情感期待。这一时期，工作者虽然不再充当小组的主导者，开始放任组员自主行事，但组员有时还是会有不知所措的时候，而工作者此时如果没能及时地给予帮助和支持，组员便会觉得工作者不再关心他们，不再以他们为中心，从而产生不安全感。他们没有信心能够很好地完成任务，希望还能得到工作者的重视和关注，希望工作者能够继续地给予一定的支持和帮助。同时，多数组员会比较积极、主动地参加小组活动，参与讨论并表达观点，以此获得他人的认可和赞赏。当然也会存在一些行为偏激的组员会采取攻击工作者或者其他组员的方式来以此吸引工作者的注意力或因为对即将到来的分离缺乏安全感而表现得不配合，如组员会以沉默或不参与的方式表示他们的不满，甚至一些人直接就将自己的不自信表现出来，觉得自己在某些方面还是存在问题而直接对质工作者。

二　特殊组员的表现

对于一些比较特殊的组员，在小组后期，他们对于工作者的情感期待会比一般的组员表现得更加明显。如一直在小组中比较沉默，曾经的小组活动没怎么参与的小组成员，有时在小组后期阶段，为了能够获得工作者的认可或是突然顿悟，感受到了小组的魅力所在而积极参与小组活动。小组的即将结束带给他们一定的冲击，为在小组活动中真正地学到自己想要学习的知识，不在小组中留下遗憾，他们会非常主动地参与之后的小组活动。同时，这类组员由于自身选择了相对沉默，与他人的交往不是那么频繁，为了想要其他组员记住自己、了解自己，从而欣赏自己，也会在小组后期变得更加活跃。而对于性格比较内向，过分依赖工作者的组员，在小组后期则很容易出现担忧失落的情绪。他们在前期虽然得到了工作者的重视，但在小组后期还是极其需要工作者的情感支持的，这份情感可能比其他组员还要浓烈些。

对于那些在小组中特别活跃的组员，在小组后期也是工作者需要关注的对象。因为在小组活动中表现得非常积极，因此和工作者及其他组员有比较多的沟通和交流，成为小组中的核心成员和中坚力量。一旦小组进入后期，工作者对小组的领导力降低，组员的自由度得到释放，表现活跃的小组成员反而会变得不知所措，更加希望能够得到工作者的指导和牵引。他们对工作者的情感期待也会比较强烈，如果工作者没有给予一定的情感援助，这类组员也会变得消极和不安。

由此，不管是一般组员还是特殊组员，在小组后期都是需要工作者的支持和肯定的。在面对分离时，组员或多或少都会表现出对小组的留恋和不舍。这个时候，工作者需要关注组员的情感变化，给予组员一定的关怀和互动。具体如下：

1. 适当的鼓励和肯定。虽然说鼓励和肯定是贯穿在整个小组过程中的，但是在小组后期这个特殊阶段，工作者一定要多给予组员正面的肯定。小组后期的目标是巩固已经达成的效果，帮助组员独立、有成果地离开小组，因此这就需要工作者对组员进行相应的情感支持使得组员能够信心百倍地完成小组目标，实现自身的小组期待，进而提高和稳定小组成果。小组后期，多数组员的感情是丰富而又敏感的，这就要求工作者要注重培养组员的独立意识，多进行肯定的反馈，真诚地表达自己对他们的认同和赞扬，以帮助组员树立自信。

2. 特殊组员的区别对待。如对于突然积极表现自己，寻求获得关注的组员，工作者要看得见他们的努力和主动，给予充分的肯定，鼓励他们继续加油，巩固所学所得；对于突然沉默、消极应对的组员，工作者也要给予主动的关心，找到组员沉默和消极应对的原因，澄清与解释小组开展的目的，挖掘他们身上的潜能，帮助组员顺利度过小组结束期。

三　小团体的危机

进入到小组后期，成熟阶段的小团体也将会受到威胁，从而会对小组产生冲击。小团体伴随着小组的发展而产生，但在某种程度上也推动着小组的前进，特别是到了小组后期，如果小团体内部及小团体之间不能进行有效、良性的沟通，那么将直接阻碍小组目标的实现和组员的自我成长。

（一）小团体的危机

小团体内部在小组后期将有可能出现危机，一方面是小团体内的组员对彼此之间非常熟悉，非常了解，但也正因为这份熟悉和了解，使得个体在交往中会无所顾忌。个体的文化和交流习惯有所不同，对于问题的看法也会存在很大差异，表现在小组活动中，对于某一问题有不同意见时，各方容易针锋相对，小团体内会因此出现矛盾，成员之间的亲密度受到挑战。另在沟通交流过程中，小团体内的成员对于争夺团队领袖权力和影响力也会产生冲突和矛盾，这在小组后期表现得尤为明显。特别是一个小组有时不是只有一个小团体，一个正常运转的小组都会有若干个小团体产生，如果一个小团体只认同自己团体内的目标和领袖，那么整个小组的凝聚力就会消失，从而呈现四分五裂的现象。因此，在小组后期，工作者为了小组目标也会极力瓦解一些对小组影响不良的小团体，从而使得小团体面临一定的危险。另一方面，小组已经进入后期，组员会产生各种或积极或消极的情绪，本身对小组活动的信心和兴趣就在减小，更顾不上小团体的事情了。于是小团体内部成员之间的互动频率和层次就会减弱，使得小团体内部的凝聚力下降，成员之间由于性格和行为的差异等也会出现矛盾和冲突，从而产生分裂，同时，这种暂时的联盟也会因小组中其他人的加入而变得不堪一击。

对于人数较多的小组，往往同时存在着很多小团体。在小组后期，工作者不再是小组的核心领导者，此时，一些小组领袖会逐渐代替工作者，成为小组的主导者。但在各个小团体之间由于认可的理念和兴趣点不同，导致大家的观点很容易冲突，甚至为了争夺领导权力而相互竞争从而出现分化现象。如果是良性的竞争，将会有助于整个小组的发展和个体的成长，但如果是恶性挤压，各小团体都只认同自己团体的领袖和目标，对于其他小团体的领导会有反感性和攻击性，各小团体之间的亲密感和凝聚力就会消失，这对于已经建立起亲密感情的小组成员来说是一个潜在的隐患。同时，随着小组活动的不断开展，在小组后期，小团体的成员在了解和熟悉了自己所在的团体之后，有时便会根据自身的喜好重新进行选择，这对小团体自身的建设也是一大威胁。

在实务中，我经常强调工作者一定要多加注意小团体建设的动向，就是因为小团体对于小组来说是一把双刃剑，工作者一定要注意引导它为小组目标服务，否则它对小组的威胁将是致命的。因为小团体内的成员具有相同的目标，有一定的领袖，在小组活动中便会出现小团体的目标和小组目标存在偏差的状况，小团体内的成员有可能会因为某一问题而与工作者或其他组员形成对质的局面，这在某种程度上来说，对小组会造成一定的威胁。另外，小组内的不同小团体很容易出现所谓的“派系之争”，在这种情况下，小团体只认同自己团体内的领袖和团体目标，对于其他小团体的意见和建议不会过多地参考，甚至是忽略，这会使得小组呈现一种四分五裂的现象，导致小组的凝聚力下降。这对于小组来说是一个非常危险的信号，工作者如果没有很好地处理，将会严重影响到整个小组的效力建设。

（二）工作者的工作方法

一般来说，在小组后期，工作者应该尽量淡化小团体对于成员的吸引力和影响力，如果小团体的吸引力很强，除了会影响组内的团结之外，也会降低小组的魅力。由此，工作者应注意小团体成员的表现，巧妙地给予引导，降低吸引力，从而使组员将注意力放在整个小组，扩大他们的眼界。对于容易出现的小团体之间的“派系之争”和小组凝聚力降低问题，工作者应该注重对小团体的正确引导，强化小组的整体能量建设，将小团体适当地融入小组后期的工作中，使他们成为小组走向成功的助力。

1. 工作者应该冷静和包容。面对小团体内部和小团体之间的问题，工作者要学会冷静处理，不做冲动的行为反应，注意利用小团体的冲突发现问题，冷静分析，切记出现威胁和指责的言语或行为表现。对于所谓的冲突，工作者不一定要及时干预，但一定要学会面对问题，将它作为检验小组成员学习效果的一种机会和手段。要充分相信我们的组员有能力来解决问题，尽量将权力下放，给组员独立处理问题的机会，而不是做权威性的决断。在带儿童小组的时候，经常会有小朋友在后期活动中出现冲突的情形，于是工作者总是问我怎么办。我给的建议就是不予理睬，你越是干预，他们争得越起劲，相反你做冷处理，他们反而不打了。另外一点是包容，工作者是小组内部需要时刻保持清醒的参与者，对于小团体的危机，工作者能够很敏感地觉察到，但也要有足够的包容心，要能够耐得住性子，给予小团体一定的时间来让他们自己解决。因为即使到了小组后期，我们的组员仍然是需要工作者进行扶持的，因此，要以平常的心态看待他们的毛病和问题，不要借此否定组员的进步和小组的成效。在把问题抛给组员的同时，工作者也要适当地作为一个提醒者和鼓励的媒介，促成组员发表自己的观点，让有争议的话题透过组员的共同参与达成共识。

2. 工作者要学会理性和稳定。工作者在工作过程中要保持客观的态度，特别是面对小组成员之间的矛盾，要客观公正地去对待。面对小团体的危机，工作者要稳定好小组成员，注意调节各种矛盾和冲突，表现出小组的巨大能量和工作者的能力素养。当小团体内有成员将各种不满、指责、攻击等情感莫名其妙地发泄到工作者身上时，工作者应该表现出高度的同理、诚恳和接纳的态度。特别是到了小组后期，工作者暧昧的态度往往会激起部分组员的不满，他们希望工作者站队，做出是非判断，这都需要工作者及时澄清自己的工作职责和小组的权限所在，以更好地促成小组的平稳过渡。

第四节　落幕之前的应景

俗话说“天下没有不散的宴席”，正如我们人生的历程一样，小组工作也有开始和完结，所以在小组工作后期除了离别情绪的处理外，另外一个节点就是需要工作者要协助组员进行小组成果的巩固，要和组员一起整合和总结在小组中的收获和成长。工作者的主要任务是将小组零散的经验和心得组合在一起，而小组成员则是归纳在小组中的经验，巩固在小组中习得的新知识和新技能，学习在小组之外去维持已经掌握的各种方法。

一　维持变化，巩固成果

（一）巩固练习

在小组工作的前期，工作者通常会有这样一个要求，那就是让组员尽可能地表达进入小组后的担心和恐惧；而到了小组后期，工作者也会鼓励组员充分表达出对离开小组后回到日常生活中的担忧和顾虑，为组员离开小组做准备。但我们发现，组员在交流的时候往往是以小组带给他们的收获为引子的，如已经建立起来的真诚而又亲密的关系，找到了一个让自己不必害怕被拒绝和可以信任的群体等等，现在离开小组对他们来说是难以接受的，他们害怕失去这种亲密的关系以及鼓励和支持，同样担心自己难以对小组之外的人保持一样的信任和开放度等。

在这种时候，工作者要充分把握时机，协助组员为小组之外的生活做好准备，维持组员在参加小组之后的变化，训练组员处理日常生活和工作中的人际关系，尽可能地帮助他们保持在组内所获得的成长。可以通过强化练习，让组员的一些良性改变形成习惯，如针对小朋友的好动性格，可以在小组后期继续做一些有益的游戏，让他们体会到集中注意力的好处；而一些网络成瘾的青少年，则帮助他们链接资源，让他们体会到其他兴趣点（如户外活动）的精彩所在等等。同时，工作者还可以利用自身所学的社会工作理论和实务知识去帮助组员巩固已经习得的技巧。如工作者可以模拟设定一些特定的生活情境，让组员在这些身临其境的环境中去练习，让每一个组员都有机会参与到其中，尝试将自己在小组中学习到的技巧运用到这些情境中，让他们把新习得的技能在练习的过程中进行内化，使新的行为得到巩固等等。

（二）促使组员建立自信

在小组工作中，由于工作时间的限制，工作者难以利用足够多的时间去给每个组员赋权，帮助他们提高自信心。但在小组后期，工作者应协助组员看到自己在小组中所取得的成绩，尽量鼓励和支持组员讨论和示范如何处理他们在组外即将面对的问题，以此为契机发现他们自身所具有的能力；要鼓励和支持组员运用他们自己的资源和优势去解决可能遇到的危机，依靠自身的力量去实现自己的目标。

如果在小组中确实存在一些非常不自信的组员时，工作者可以通过其他组员或组外的社会支持网络帮助他们看到自己的优势所在。通常情况下，工作者可以利用游戏、情景剧和小组讨论等环节帮助组员发现他们身上所具有的优点，再把优点尽可能地转化为组员的优势，让他们相信自己可以处理好在生活中遇到的问题。我经常让社工专业的同学们看一部电影《地球上的星星》，以此来激励他们要看到个体身上的闪光点，同时也要帮助组员看到自己的优势资源，特别是家庭和学校的亲密群体，都将成为他们的社会支持网络。

（三）预防行为倒退

小组工作即将结束，有些小组成员对小组会出现否定的态度，他们否认小组工作即将完结，不愿承认和接受小组结束的事实。在这种情况下，他们多会采用一些逃避的方式。比如，在小组活动中不愿和组员分享甚至有些组员直接请假不参加，或者是无缘无故缺席不来，对小组表现出相应的冷淡和不负责任。其次，在小组后期，组员如果得不到预期的鼓励和支持，他们就会产生另一种情绪：愤怒。通过这种情感的发泄把自己的行为变得具有攻击性，不但批判工作者，而且也会攻击其他组员。例如，他们会将生活中看不惯的事情带入小组中作为发泄自身不满的借口，不积极配合小组的行程安排；或在小组中故意迟到、早退借此引起他人的不满，同时在小组中毫无征兆地抱怨工作者和组员的不对，甚至发表攻击小组的一些言论和中伤工作者和组员的说辞。

在小组工作结束之后，组员要离开小组开始新的生活，工作者要帮助他们积极面对在小组之外可能遇到的非支持性环境，由此，对于上述组员的态度和情绪反应，工作者要做充分的准备，帮助他们在小组内克服这些困难，并能有效解决问题。无论小组成员的情绪反应有多么得不可思议，我们都要给予最大的包容和理解，因为通过这些情绪的感染，他们的行为会表现为退化，从而使得小组成效全无。特别是小组结束后，组员在正常的日常生活中随时随地都会遇到难以克服的困难和问题，工作者不可能时时刻刻待在组员的身边，帮助他们去解决这些困难和问题。组员正是出于这样的想法，想尽一切办法去拖延时间，挽回长久相处的机会，所以就会表现为退缩和依赖，暗示工作者他还没有足够的能力去应对小组之外的事情，还需要工作者陪伴一段时间。对于这些行为退化的现象，工作者不能被小组成员的情绪所左右，去考虑是否改变原来的小组工作计划，而是应该集中精力处理组员由上面这些情绪所带来的行为表现，帮助他们认识到自身的能力所在，尽量避免与组员出现对立和争执的局面。

（四）协助组员独立解决问题

小组的目标在于将在小组中学习的东西运用到实际生活中，这是一个将实验成果进行实务转化的过程。如一个人在小组中学会了如何与人搭讪，对他人表达适当的关怀，那么他在现实生活中应该也能同样地去与人打招呼、表达他的热情。因此小组只是一个学习性的模拟过程，一些成果性的东西还需要在生活中不断地进行检验和验证。

无论在小组工作过程中工作者和组员在一起模拟和讨论了多少种不同的生活情境，并在实验室进行了无数次的实境模拟练习，都无法穷尽组员在离开小组之后可能遇到的所有情况。因此，在小组工作的活动中，组员要学习和掌握的永远是在生活中如何独立解决自己的问题。

在正常的小组工作中，工作者可以通过已经建立起来的自信心，让组员意识到他们可以在实际中有效地去处理一些问题。在这个过程中，工作者要协助组员继续发展这种习得的能力，不断地提高使用新技能的信心，这样才能支持组员独立发挥自己的优势，从而确认自身的潜能所在。工作者还可以尽可能地将自己在小组中所运用的一些有效干预方法选择性地传授给组员，以更好地强化他们问题解决的有效性，如怎样在陌生的环境中让自己迅速融入其中；如何适当示弱，给他人一个展示的平台和机会等等。当然在很多的情况下，工作者不愿意将社工专业本身的一些原则和方法传授给组员，因为担心有些人没能真正理解其中的真正含义而照搬照抄，进而影响社工的专业魅力。特别是初学者自身认为一些所谓的方法都是因人因时而异的，是不能作为通则进行传播的。

基于此，在小组工作中，作为一名工作者应该尽可能地让组员明白如何活学活用，可以采取一些有效的方法让组员更清楚地了解情况。如关于沟通问题，可以让组员结合自己的经验和体会，进行互动性的交流分享，然后工作者将一些所谓的规则进行归纳，以提供给组员有针对性地参考即可。而不是强化给组员“社工说的就是对的，因为我们才是专业的”等这样一些不良的、绝对性的信息暗示。

二　规划未来

在时间如此有限的小组活动中，工作者不可能全方位地鼓励和支持组员，也不可能完全地提供最全面的服务，无论你怎样精心设计并安排你的小组活动，都不能保证组员离组后的高枕无忧，因为新的生活环境、新的危机的出现都是我们所无法预料的。由此，在小组工作后期，工作者需要和组员一起讨论，如何在未来的日常生活中进行风险预估和能力建设。当工作者和组员把这些未来可能发生的事情进行讨论之后，一方面可以明确工作者对于组员的工作目标和任务；另一方面可以让组员清楚地了解到自身应对未来生活的优势和劣势所在，从而更好地确定努力的方向。

> "我原来的目标是想当一名老师，但通过参加小组活动我才意识到，自己原来的想法太天真了。特别是工作者小王向我展示了当老师所应该具备的一些条件，如敏锐的观察力、超强的爱心、流畅的普通话等，也许以后经过一段时间的努力，我会具备这些条件，但现在看来是不行的。所以我决定去做小商品零售，除了工作者提供给我的资源外，我自身也认为自己的性格开放，人脉较广，而且我们家也有做生意的经验，可以帮助我连接一些资源。因此，我目前要做的就是利用一些闲暇时间进行市场调研，看看哪些领域适合我去做"。（组员，王晓丽）
>
> "一直以来我都不是很自信，所以眼看小组要结束了，我都不知道自己能干什么。但今天的小组活动让我意识到自己还是可以做一些文字工作的，如我喜欢旅游，可以先尝试写写游记、随感什么的，然后我再慢慢积累经验，往专业写手上努力努力"。（组员，武美林）

在实务中，工作者可以采用聊天、讨论的方式或是通过情景模拟，让组员对自己的未来有一个大概的设计方案，然后在组内进行修订和补充，并对问题进行预估。要注意的是，在这个过程中也要让当事人认识到自己在未来生活中的优势和潜力所在，帮助他们进行客观、公正的自我定位和评价。

三 转介

在小组工作后期，工作者还会根据每个组员在组内所收获的服务效果如何和组员一起探讨在小组结束之后是否还需要其他方面的专业服务问题，通常在这个时候工作者会把自己的资源及组员周边的资源通通整合一下，进而明确转介的必要性和可能性，以更好地为有需要的组员提供有效服务。如在某些情况下，某组员在加入恋爱小组之后想继续探究婚姻家庭的问题，而他本身又很认同小组的工作模式，那工作者就可以通过和同行协商将其引荐到相应的婚姻家庭小组中；但也有组员在参加完小组后，工作者或其自身认为需要接受进一步的帮助和治疗，这种情况下我们也可以帮助其联系相关专业人士，如心理医生、医务工作者等。

这里特别强调的是，如果组员具有很强的接受新服务的想法和动机，那么工作者可以根据组员的需求给他安排合适的服务；但如果组员对此不感兴趣或非常排斥时，一般情况下，是要尊重案主自己的选择的，但工作者可以适当地和组员一起探讨新的服务会给他带来的种种好处。

如果组员同意转介，工作者还要告知组员转介之后的一些原则及在转介之前应做好哪些必要的准备等等，这样可以让组员从新的服务中得到更有效的帮助。同时，本着对组员负责的原则，我们还要强化组员在接受新的服务时如出现什么困难和问题要及时与工作者取得联系，例如，组员觉得在转介之后的服务中收效甚微或没有达到预期的期望值时，工作者都有责任和义务帮助其重新连接资源。总之，工作者要帮助组员充分利用非正式的、自然的系统来解决小组之后的问题，如果这些支持系统不存在或者是不够强大时，工作者要和组员一起加油努力以获得所需要的资源和服务。

四 处理未完成的工作

小组工作后期，依据不同的小组情境，工作者还会有一些没有完成的工作和任务需要在这一时期去完成。首先是总结整个小组工作，分享愉快的小组经验，给每一个组员送上最真诚的祝福和中肯的评价。如果小组条件容许的话，工作者还可以送给组员一件值得留念的礼物，如相册、录有小组视频的光盘等。在适当的环节，工作者可以让组员写下在组内的收获或心得，或者鼓励组员之间可以提前准备小礼物、对小组和组员的寄语等，以便在最后一次小组活动时相互进行馈赠。

在此之后，工作者还要收集意见，设计好评估量表，以便在最后一次小组活动时请组员填写，为小组评估做准备。一方面，对小组工作的过程和效果进行评估是小组工作重要且不可缺少的环节，小组评估不仅可以让工作者知道小组工作的目标达成情况，而且还可以观察到组员的变化以帮助工作者更好地了解小组的工作状况，为今后开展小组工作提供借鉴。但是，需要说明的是，由于小组评估是为了获得可靠的可以量化的资料，这就需要工作者要事先选择合适的测量工具并设计好要评估的内容以更好地达到评估效果。如评估的量表一定要和小组的目标与特点相切合，假设你带领的小组是成长型小组，那这种量表的设计就要以个人的成长为测量的对象，以个人的成熟度、敏感度、人际关系以及自我了解的程度等为主要的涉及内容。另一方面，在选择评估的方式时也要注意评估的角度，最好选择多个主体去进行评估，比如，从工作者、小组成员和观察人员以及专业督导等各个主体进行相应的成效评定。当然，如果你所服务的机构有现成的量表，而又比较符合小组的实际情况，那就可以在此基础上直接填答就是了。

除了上面这些工作之外，还有一个特别重要的事情是工作者不能忽视和忘记的，那就是在离开小组之前提醒组员一定要保密，所有的涉及个人隐私的事情都要在组内进行消化。保密事项虽然是贯穿整个小组工作过程的约定，是每个组员都必须遵循的小组规范，但到了小组后期，部分组员会觉得反正小组要结束了，这方面的约束也就自然结束了。由此，保密也是需要工作者在小组工作后期要特别重视的工作环节，在小组工作即将结束的阶段，工作者仍然要再次提醒小组成员尊重他人，维护其他组员和自身的权益。

基于以上我们可以看到小组工作后期的重要性所在，可以说与小组的其他阶段一样，成为小组成败的关键所在。特别是作为工作者，要在这一阶段有效巩固小组成果，还需要对整个小组所取得的经验不断地进行强化。总而言之，工作者必须帮助组员做好离开小组的准备，否则，整个小组取得的效果就会大打折扣。除此之外，可以说在这一阶段，工作者还有很多的任务要完成，还要根据不同的小组情况来处理不同的问题。例如，在任务性小组和治疗性小组中，如果组员间没有深度的自我表露，没有建立支持性的关系对话，那工作者在小组后期就要想方设法促成他们之间的情感交流和亲密互动。但是，如果组员之间有深度的自我表露，发展出互助关系时，小组的即将结束就必然导致他们情绪和行为上的不良反应，这都需要工作者及时做出应对，以更好地进行小组的终结。而且这些经验性的做法，工作者要在实务中细心总结，善于观察，形成一定的套路和方法，以为今后的小组提供相应的参照。

第六章　小组的结束

这里所谓小组的结束其实就是小组的最后一次活动，中国人经常说"编筐编篓，重在收口"，作为小组也是如此。尤其是工作者，务必要在最后一次小组活动中帮助组员很顺畅地完成他们的小组使命，完美地结束小组。

第一节　"我不想说"

在最后一次聚会时，活动的方式是很多的，如工作者可以自己做总结，每位组员谈谈自己的感受等；也可以出去郊游和聚餐，在轻松的氛围中结束小组。但不管形式怎么弄，都无法阻止离别情绪的蔓延。

"我不想说再见，不想说离别，在小组这个温暖的大家庭里，我感受到温暖、关爱，重新拾起自信、勇气和力量，这一刻不想脱离小组而单独存在"。这是小组成员在小组结束时所表达出来的真切心声。从初次见面，彼此陌生，心存芥蒂到逐渐熟悉，建立信任，彼此依靠。从思维的碰撞到同理心的互换，从组员存在困惑无法正常发挥自己的社会功能，到逐渐自决，重新获得处理问题的能力，这中间社会工作者和小组组员经历了太多太多。面对小组的结束，浓重的别离情绪不管工作者在后期的工作中如何进行处理，到最后一次小组时，仍会萦绕在社会工作者和组员的心头。这里仅结合一些实例，给初次带领者以一定的参照。

一　组员的表现

一般来说，到了小组即将结束之际，虽然工作者在小组后期做了很多的安抚小组成员的工作，但到了最后一次小组活动，组员仍会有离别的伤感情绪。首先是对小组的依恋。组员们由刚开始的不认同，抱着对小组的怀疑、试探和戒备，到最后一系列目标的达成，他们在小组中重新找到了自信，对自身进行了清晰的定位，对小组也趋向于认同。同时，组内别样的情感交流、经验分享，也给组员带来了不一样的情感体验。其次对工作者的情感认同。因为在本书所涉及的实务中，带领小组的都是大学生和研究生，组员由最开始的不屑到最后倾心的认同，这其中的情感历程与工作者的辛勤付出是分不开的。由此，到了小组的结束阶段，组员也看到了工作者对他们无私的爱，也在一定程度上感受到了社工的职业人格和魅力。最后是与组员之间的团队契合。小组开展初期，组员与组员之间类似于白板，他们之间没有交集，彼此生疏，不知道对方从哪里来，怀抱着什么样的目的，但是随着交流的深入，又因为小组成员有着相同的需求，他们彼此之间多了一份理解、信任与支持。甚至在小组中，能够找到自己的良师益友、心灵的寄托处，纵然有一些思想上的碰撞，口角上的冲突，但是能够求大同、存小异，最终折中意见。在小组中彼此包容，心照不宣，因为他们心里清楚自己参加小组的本质目的，而不是节外生枝。在面临小组分离的时候，态度从刚开始的冷淡、漠视转向热情、依赖、信任。对其他组员更是不舍得，有依赖性的，希望退组之后还能频繁地见面交流。

“其实个人觉得最后一次小组活动就让我们出去吃个饭，聚个餐啥的就行了，后来工作者说虽然是最后一次，但最好还是在实验室进行。说实话，当时真的不太想来，主要是我受不了离别的情境，怕自己情绪失控。我这人比较情绪化，一想到相处这么长时间的伙伴要分开了，我还是比较留恋的，特别是小组，给了我一种全新的体验。但我今天还是来了，希望能给大家留下一个好印象吧，挺难得的”。（组员，杜俊）

“我觉得好像小组进行得挺快啊，还没怎么地就结束了，这里真的就像自己的家一样，你可以自由地说出你自己的想法，然后畅怀地分享你的感受。工作者和我们也是同龄人，有什么需要都可以和他说，他会热情地帮助你，真的挺好的。今天是最后一次活动了，我一定全力配合，为自己也为他人在小组中的全力付出点个赞”。（组员，孙笑飞）

“关于最后一次小组活动，我想的不多，工作者让做什么就做什么吧。对工作者和组员，我都是挺佩服的，觉得他们真的是在尽力地帮助他人，我是一个不善言辞的人，在小组中也没什么惊天动地的大事，但我对它还是非常热爱的，很喜欢这个专业，希望将来有机会也能从事这个专业。在帮助别人的同时，也不断地完善自身，利人利己嘛。想到小组结束后就见不到大家了，我心里还是挺难受的，但觉得现在通信这么发达，而且我们现在都在一个学校里，以后应该有很多机会进行联系”。（组员，丁洪）

虽然组员会有不舍的情感，但经过工作者的不懈努力，他们在最后一次小组活动中也能恰当地调整心态，但仍不可避免地出现这样或那样的情况，这就要求工作者一定要全力备战，保证最后一次活动的如期结束。

二　工作者的任务

作为初次带领者，最后一次小组活动对于他们来说，基本上完成了工作者的带领使命，剩下的就是评估和后期跟进的问题了。但在最后一次活动时，有些工作者也会陷于放松或“技穷”的状态。从情感的角度来讲，这是工作者们第一次带领小组，他们会为终于完成了小组任务而欢呼雀跃；但同时他们也会为即将到来的分离而伤感，有些甚至为逃避自己的情绪，而将小组草草收场。因此，在最后一次小组活动中，我一般都会要求督导要对工作者做好心理疏导工作，使他们能按原定计划有效地带领小组。这就要求社会工作者要清楚自己的角色、职责和任务，做好小组的评估和总结工作，帮助组员做好离组后的规划，必要时要对成果进行巩固练习；同时在小组结束阶段，针对组员可能出现的各种问题，工作者应该考虑周全，提前做好各种备用方案和紧急预防措施，善始善终，有效地结束小组。

一般来说，工作者的任务主要有以下四个方面：1. 巩固小组成果，保持组员的小组经验。小组工作者应使他们能够保持已经改变了的行为或者观念，并在日常生活里应用小组中获得的经验，如果条件允许，可以在最后一次小组活动中进行适当的检验。具体操作的方法可以为：(1)模拟练习，小组工作者可以用模拟练习的方法帮助小组成员在相似的情况下进行练习和模仿。如克服社交恐惧小组，就要设置情境，让组员反复练习在人多的环境下讲话；另有四六级学习小组，也在最后一次小组活动中模拟四六级考试情景，让组员进行作答。(2)实景检验。这方面主要是将组员带入现实中，真实感受问题。如上所述的克服社交恐惧小组，工作者就现场带来了一个陌生人，动员每个组员根据自己的情况去和他进行搭讪、聊天，以此验证组员的小组成效。而美容化妆小组则在最后一次小组活动中开了一个化装舞会，让每个组员都盛装出场，借此感受妆容带给他们的巨大震撼，同时也对每位组员的化妆技能进行评估。2. 树立信心，肯定正能量。工作者要帮助小组成员，使他们对自己的能力充满信心，可以试着对组员说“我觉得你做得挺好的，只要不断加油，你一定会成功的”；“你现在觉得自己不行是因为你没有看到自己的优势，其实我觉得你的耐力很好”；“每个人对成功的定义是不一样的，只要你去加油努力了，这就可以了”。一般来说，组员虽然经过了小组的磨炼，但对自己即将离开小组独自面对未来还是缺乏自信的。特别是在组内，很容易蔓延不良的消极情绪，因此工作者一定要强化小组的正能量和组员自身的能力建设，帮助其做好评估工作。工作者可以帮助小组成员体验改变后的正面结果，将其改变前后的言行，做一个对比，鼓励组员说出自己的感受，并把这种感受的积极因素发挥到最大限度。一般而言，作为个体自身来说，他们很容易放大别人的长处和自己的短处，在小组中往往看不到自己的成长，由此，工作者务必将组员在小组内所取得的点滴进步在最后一次小组中进行展示，以此强化他们的自信心和小组的效能。3. 跟进，寻求有效的支持网络。虽然工作者组织了很多次的小组活动，但我们看到的组员进步也仅仅局限在组内，他们在组外的表现可以说我们知道得很少。特别是小组结束后，一些小组成果能否得到巩固和延续，这都成为小组带领者所顾虑的重点内容。因此，小组结束一段时间后，我们一般要求工作者或相关人员要安排跟进评估，以强化小组成果，检验组员在生活中的实际表现。同时，积极寻求支持网络，如组员的亲人、朋友等，协助组员进行成果巩固。组内的资源是有限的，小组带领者的时间和精力更为有限，特别是在小组结束之后，小组取得的成效往往被弱化。这时，小组工作者可以通过寻求小组成员的家人或周围其他人的支持，以帮助维持在小组成员身上已经产生的变化。同时，跟进聚会也成为帮助组员将其技能和行为泛化的另一种方法。当小组解散之后，小组成员还可能面临相同的需求，需要重聚，重组小组，“众人拾柴火焰高”，通过集体的力量解决问题。同时对于组员出现的一些行为退化，需要再次通过小组监督来强化。4. 鼓励独立，提供相关资源。在结束阶段的小组聚会中，小组工作者应该尽量鼓励小组成员独立地解决问题，减少他们对于小组的依赖，因为组员是要脱离小组而存在的，而小组的服务时间也是有期限的，最终还是要由组员自己独立面对以后的生活，所以要多鼓励组员，提高他们的自立能力。在此基础上，尽可能地为其提供支持和帮助，促成其更好地独立面对生活中的种种挑战。如一些养生小组，经常在小组结束时介绍一些养生的书刊和网站给组员，或是为有需要的组员提供一些专业人士的帮助。

三　活动设计的注意事项

因为是最后一次小组活动，很多工作者都觉得让组员简单总结下参加小组的感受，然后发放问卷进行评估，小组就算结束了。其实，在实务中，最后一次小组活动的内容含量还是很大的，真的需要工作者结合组员实际，切实做好收尾工作。

（一）环节设计科学，组员尽情参与

在实务中，总有工作者不能坚持到最后，将最后一次小组活动草草收场，导致组员怨声不断。如有一位工作者，在最后一次小组活动中，就是让组员轮流说下自己在小组内的收获，然后就对组员说，本次小组活动到此结束了，大家如有疑问可以加群等等。没有任何的情感交流，评估环节更是省略，还振振有词，认为所谓的评估已经心中有数，就不用组员参与了。还有的工作者将最后一次小组活动搞成了聚餐，大家一顿神吃，然后小组就结束了，据说是跟上目前的形式。于是我经常在课堂上强化最后一次小组活动环节设置的重要性，形式可以多样化，但一定要体现出社工的专业性和小组活动的独特性。即使是最后一次小组活动，也要尽量动员组员都来参加，强化他们的团队意识和参与理念。

（二）注意轻重缓急，充分尊重组员

虽然是最后一次小组活动，但工作者也要注意哪些环节放前面；哪些环节放后面，这样才能保证小组的有序进行。曾经有一位工作者，最后一次小组活动一开始就让大家写留言，弄得一些比较情绪化的组员当场失

控，后面的环节也就进行不下去了。还有一些工作者，觉得就像第一次小组活动需要破冰一样，小组的最后一次活动也要封冰，于是想当然在最后一次小组活动中也安排了冗长的游戏环节。当然这也不是说在最后一次活动中不能做游戏，但确实需要考虑下组员的感受和当时的实际情况，如果你面对的是儿童，或是需要通过特定的游戏检验下组员的小组成果，有些时候是可以的。但如果你面对的是成人群体，而且大家马上要分开了，我想一些没有必要的游戏还是可以考虑省去的，这样我们可以节省一些时间给组员进行充分的道别。当然，最后一次环节的设计，还是要充分尊重组员的，依据他们的需求进行调整。如有些组员认为评估环节不好在组内说，那我们就要安排在组后通过邮件或其他方式进行；有些组员甚至认为最后一次活动可以在户外，这样大家更能放得开，那作为工作者也可以适当地考虑一下。

（三）时间安排合理，情绪调动有度

有关最后一次小组活动的时间，经常有人认为可以随心所欲，因为这是最后一次了嘛，何必累人累己。于是，在实务中，有的不到半小时，有的则长达半天之久，其实关于这方面是没有严格的时间限制的，但作为工作者，还是要在这最后一刻做好我们的时间约定。如果你的时间过短，除了组员交流不到位外，还会给组员一个感觉，那就是你并没有尽心准备这一次活动；另外，他们还会觉得既然时间这么短，那就没有必要折腾他们来一趟。当然时间过长，也会让个别组员出现厌倦情绪，导致他们在最后阶段对小组产生反感。因此，作为工作者，你的活动设计一定要有适当的时间参照，避免尴尬局面的出现。另外，还要考虑组员的情绪问题，特别是在一些关系比较亲密的小组中，面对小组即将终结，一些感性的组员会表现出忧伤、低落的情绪。遇到这种情况，工作者的介入方法可以是与组员一起表达彼此对小组完结的感受，尽量表现出谅解、宽容的态度，并让组员明白工作者对他们的了解与理解，采取接纳的态度，而非忽视，导致“矛盾”激化。用以退为进的方法让组员有个缓解自身情绪的余地，使组员能静下心来，对自己的表现做出恰当的自我评估。

面对小组的结束，对于初次带领小组的工作者，很容易充满离愁别绪，这就需要工作者也要找适当的机会与组员坦诚地分享这种特别的感受。告诉组员，你的不舍，你的感激以及你在小组中获得的成长。此外，工作者想要让小组顺利地完成既定的目标，一定要全身心投入，因此，在小组结束阶段与组员分享喜怒哀乐时，多少都会表达出自己的一些情绪。但这种表达，一定要把握适当的度，不要组员没怎么样，你自己先哭了，所以情绪的把握也成为这一时段工作的重点。

第二节 星海拾贝

一 处理最后的离别

（一）讨论分享愉快的经验感受

由于这是最后一次聚会，一般情况下，小组工作者应该带领大家一起分享小组走过的心路历程。重新体会和感受大家由陌生到相知、熟悉，再到依依不舍的情感变化过程，回顾在小组活动中所经历的愉快的事情和场景。因为愉快的事情总能勾起人的美好的回忆，留下的也是精彩的瞬间，特别是小组中的朝夕相处，更是让组员欲罢不能。谁说离别就应该是感伤的，令人肝肠寸断甚至痛不欲生的，在小组中我们要强化组员别离是为下一次更好地在人群中的邂逅做铺垫，别离也同样可以是令人欣喜若狂的，欢声笑语不断的，以这样的方式结束小组工作总能给组员带来别样的收获和情感体验，收到的效果也是出乎意料的。

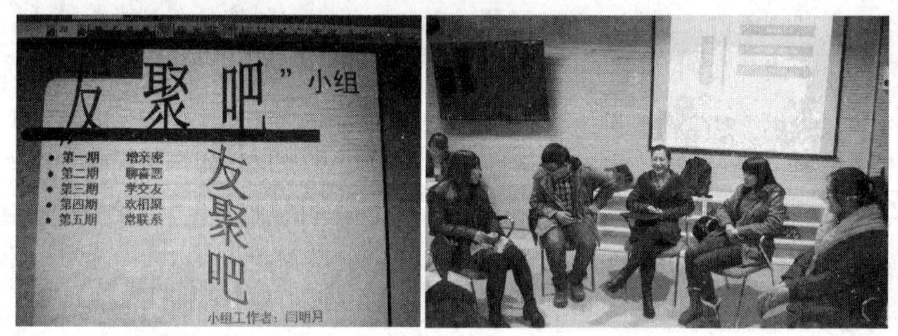

图 6—1 “友聚吧”小组的最后一次活动（工作者：闫明月）

如有的工作者将组员在小组内一些值得回念的事情通过照片和视频在最后一次小组活动时进行播放，使得组员重温在组内的美好时光，同时，帮助他们进行组内回忆和情感建设，也有利于排解他们心中的不良情绪。

（二）协助组员回顾所取得的成果

工作者可以通过语言上的简单回顾或通过 PPT 的方式和组员一起回忆他们在小组中学了些什么，收获了什么，邀请组员总结整理自己的学习收获和发生的改变，尤其是比较参加小组前后在认知、情感、态度及行为上的具体差异。通过组员互相回馈的方式，来确定他们是否已经克服了原来的心理障碍和困难，帮助从他们宝贵的经验交流中，获得成长的信心和勇气。回馈可通过不同的形式进行：开放式问题、小组分享、讨论和必要的游戏等等。当然，工作者也可鼓励组员就其不足之处做自我批评，而不是简单笼统的正面性回馈。必要时还要帮助组员维持已经取得的改变，因为有时候受外界环境中一些负面因素的影响，组员无法有效地将自己在小组中习得的新行为或新方法进行应用。他们在小组中的表现是理想化的，令人满意的，但是在现实生活中未必如此，这就要求工作者在小组的结束阶段，要组织组员一起探讨一些维持新行为的技巧或者进行情景模拟，反复强化，让小组成员能够最大限度地保持已改变的行为，并能应用到日常生活中。

图 6—2　成果展示（“友聚吧”小组，工作者：闫明月）

当然，工作者也可以就每位组员参加小组的表现情况做一回顾，以更好地帮助他们回忆在小组内的进步与收获。以下是“自我魅力”成长小组中工作者通过视频对每位组员的小组参与情况进行的解说，同时，也对他们在组内的成长历程进行了归纳和总结。

小李：作为本次小组中唯一的大一学妹，由于第一次有事不能来，但在第二次参加小组时显得较活跃，在做游戏时也显得很积极。这在一定程度上给予我很大的自信。通过这几次小组活动，看出来你是一个外表温柔，内心坚强的女孩子。能够很快地融入进新环境中。在第三次小组时，由于是刚下课便来参加小组，所以看起来略有倦意，在小组过程中显得不是很积极，但还是很感谢你的到来。最后一次小组，由于有事未能来参加，但是通过短信可以看出你在我们的小组中学到了不少，懂得了自信的重要性。这就已经够了。

小刘：给人的感觉一直是笑呵呵的，这也为小组增添了不少活力。第一次参加小组时略显内向和拘谨，第二次参加时便很随和了，尤其是游戏时，带动了不少气氛。作为性格本就开朗的你，在小组中充分地展示了自己的魅力，不论是读书方面，还是在外貌方面，均有属于自己的见解，进步很大。

小纪：只有第一次因为意外未能到场。在第二次小组中，由于组织者与组员均较健谈，所以性格内向的你在本次小组中表现得很积极，在一定程度上调动了整个活动的氛围。在第三次小组中，你不知什么原因略显沉重，然而在第四次小组中，表现得畅所欲言，发表了很多独到的观点。

小赵：由于你开朗活泼的个性，在前三次小组中一直起着领导者的作用，处于小组的核心地位。每次问题讨论时，你都是积极参与，踊跃地发表自己的见解和看法。

小张：总体来说，你表现得很随和，无论是表达方面还是外表方面，在小组中，对于我们抛出来的问题，基本上都是最后说的。虽然性格略显内向，但是在展示自我魅力环节，还是很健谈的。[①]

其实，作为收官阶段的最后一次小组活动，是对前几次小组过程和效果的一次大检验，是对前面小组的一次回顾以及充分展示小组成员成果的时候。这一次小组，由最开始的感谢，到大家一起回顾整个小组过程，总结大家在组内的收获，这实际上是组员对工作者的评估，也是小组精华成

---

① 整理自“自我魅力”成长小组，工作者：汪光寒。

果的展示。

（三）以欢送会等形式终结

小组结束形式要视小组的情形而定。对一个短期的任务小组来说，最后的离别相对来说简单一些，但对于一个关系亲密的长期小组来说，最后的离别内容则会丰富一些。为了缓解小组成员的负面情绪，最后一次离别时工作者可发动全体成员来组织小组送别活动，活动程序、内容由组员自己参与设计。如可以利用欢送会，让组员沉浸在欢乐的氛围中，脑海里浮现的是欢快的事情和浓情的氛围，自然而然地会转移注意力，不会表现出太多的悲观不舍情绪。这种轻松融洽的气氛会给组员一种持久的温馨与惬意，让组员在轻松愉悦中体会到小组的人性化建设。

面对即将的分别，组员之间还可以互送一些提前准备好的小礼物，也可以互相说句祝福的话，留下几句临别赠言和寄语，还可以借助一些回馈活动或游戏，提供更充分的交流机会，使组员之间彼此进行祝福、告别。同样，小组工作者为了表达组员对自己工作支持的谢意，在资金和能力所能及的范围之内，给组员准备小礼物或者祝福卡片，这个最好有针对性，不能千篇一律。如可以针对每个组员特点和其在小组中的表现，写下自己对组员的寄语和祝福或是根据自己的感受，为每位组员进行自画像的素描或是进行整体评价。

"你是本次小组活动的第一位报名者，这给我增添了很多的信心和勇气，你知道的，我虽然是一名工作者，但在决定开组之时还是很忐忑的，担心招募不到组员，担心没人捧我的场，你的到来真的让我很感动。在活动中，你一直是活动气氛的催化剂，每当活动中组员陷入沉默，而我又倍感无奈时，你总能主动打破僵局，分享自己的看法或是生活经历。你鼓励的眼神总能让我看到自信和希望，真的谢谢你，我的朋友"。（工作者，吴笑朋）

"你在小组活动中是典型的略显羞涩但却能勇敢表达的人，还记得活动开始时你并不是很喜欢发言，后来在我的鼓励和其他组员的激励下终于敢于发表自己的想法，并能真诚地和大家交流经验。没想到你的绘画这么好，经常主动帮我绘制版画，还帮我给组员绘制了大头像，使得我们的小组开展得别开生面，充满生机活力"。（工作者，杨香）

（四）提醒保密，信息反馈

保密是小组活动自始至终都要遵守的规范，小组过程中工作者随时提醒大家贯彻执行，但随着时间的推移，制定的一些小组规范都模糊不清甚至淡忘了，所以，在小组的结束时刻，工作者仍需再次提醒组员尊重他人隐私，其他组员在小组中分享的私人信息不要随意说出去。同时，活动的最后，组织成员填写团体意见反馈表，为小组评估做准备。可以进行概念的操作化，设计问卷或量表，或者通过两极情绪测验，看看小组目标的达成情况和组员对小组的真实感受。当然也可以请组员随意聊聊对小组的看法，对工作者工作技巧的评价等，以进一步了解组员参与小组的心得与体会。同时，也可以组织组员之间进行互评，以更好地展示组员的成长成果，巩固小组效能。

“我觉得参加这个小组对我帮助挺大的，活动中工作者能关注到我们的细微变化，给我们以鼓励与支持。在环节的设置上尽量考虑我们的要求，时间上也能与我们共同商量，我们感受到了被尊重，这是后来我能积极投身小组的最重要原因。特别是工作者能在我想说又不敢说的时候用眼神和话语给我鼓励，这让我备受鼓舞，但美中不足的就是觉得有时候时间太赶了，可否让大家在活动中再尽兴些”。（组员，郭答生）

“我觉得小组开得挺好的，特别是游戏环节，让我看到每个人的积极参与，它无形中形成了一种约束，即你是这个小组的，你就应该参与进来。而且通过参与游戏，看到了每个人的表现，为我们更好地了解对方打下了一定的基础。所以有些人你不需要问，只要通过他参与活动的方式和表现，就可以大概看出他是一个什么样的人了，这无形中锻炼了我们的观察能力。我原来对小李的印象不是太好，觉得他长得太秀气，没有男孩气概，但通过参加活动我才发现，原来他是那么爷们，是很担当的一个人”。（组员，周英）

二　为走进现实生活做准备

（一）共同计划离组后的安排

作为一名合格的小组工作者，要尽量让组员的小组经历与现实的日常生活间有一个理想的衔接，这就需要工作者与组员一起制订离开小组后的安排。由此在最后一次小组活动中，工作者一方面是协助组员巩固在小组中获得的经验并能将之运用到日常生活之中，从而更有效地应对生活中的考验；但另一方面工作者还要结合组员的能力与需要及其实际的处境，与组员一起制订今后的计划。工作者须同小组组员一起，探讨他们的兴趣与意愿，通过制定切实可行的行动方案，让组员有一个现实的、合理的期望值，并付诸行动。工作者可带领大家讨论将来可能会遇到的各种事情，释放组员对未来的担忧情绪，同时促成组员间相互的鼓励与支持，增强彼此的信心和适应能力，完成由组内到组外的顺利过渡，使他们能勇敢地面对未来。如针对拖延症的组员，工作者与其一起制订了如下计划，以帮助他在离组后更好地摆脱这一病症，有效地进行学习和工作。

摆脱“拖延症”计划①

早上6点起床，尽量不赖床，由同屋室友帮助监督；

利用10分钟洗漱完毕，然后到操场跑步、晨读；（如能坚持10天，自我奖励一次）

尽量提前10分钟到达教室，与同学进行聊天、交流；

上课认真听讲，按时完成老师的作业，由同屋室友协助进行监督；（没完成作业的话自我惩罚一次，完成得好自我奖励一次）

课后积极参加文体活动，可以选择一两项感兴趣的作为自己的爱好。

其他：每次做事的时间与原定时间的误差不得超过10分钟，要有效地进行自我激励和惩罚。

我们姑且不论这份计划是否能有效地帮助组员彻底摆脱拖延症，但至少可以看出工作者对组员认真、负责的态度，是真心希望他好，很真诚地去对待他，我想这就足矣。

（二）寻找适当的资源

小组工作结束后，组员将脱离小组，投身到正常的社会生活中，离组

---

① 整理自“今天你快了吗”小组，工作者：朱妍。

前对组外社会资源的联络与沟通，对于小组工作的后续跟进及小组工作成果的巩固，有着举足轻重的意义。由此，作为小组工作者，首先要了解组员已有的社会关系网络状况，积极寻求可能的社会资源来支持组员，同时也要让组员清晰地认识到自己周围存在的可利用资源，在有需要时主动寻求外力援助。所以，在小组结束后，如上所述，工作者可以寻求组员的家人或周围其他人的支持，帮助维持在组员身上已发生的改变。此外，工作者还可针对组员的需要，寻找适当的资源，提供给组员寻求帮助的资源线索，甚至替组员做一些直接的转介工作。要让组员尽可能掌握其身边的支持网络特别是所在社区资源情况，从而拓宽其可运用的资源范围，协助其离组后的成长与发展。如有些组员有兴趣或有必要继续学习，或想接受进一步的咨询、培训等服务，工作者便可根据自身所拥有的资源提供给组员，从而促使其进一步学习、巩固和提高。由于本校开展小组的招募对象多为大学生和研究生群体，因此有些工作者便积极将一些学习、锻炼的机会分享给组员，使得他们有了更多的深造机会。特别是由此所展示的社工魅力，也让更多的学生对此感兴趣而加入到社工的队伍中来，这无形当中也形成了系列的广告效应。

（三）协助组员面对不支持的环境

组外的环境未必能像组内这样，工作者可以针对组员的表现给予特别的关注和支持，组员之间也会无私帮助。离开小组后，很多时候组员面对的将是一个封闭的、排斥的或不支持的环境，导致组员在小组外应用其所学时感到受挫。当然，在对支持性环境的争取上，工作者可尝试做一些工作，例如，去争取组员家庭、社区环境的配合等等，但最直接、有效的解决方法，仍是锻炼组员自身面对不支持环境的适应能力，或者鼓励组员逐步改善不支持的环境。此时，工作者应与组员在一起，设想并设置一些外在环境可能存在的障碍，从而设计调整应变的行为和技巧，使其在心理上、适应策略上有初步的准备和积淀，逐渐适应外部环境的挑战。工作者可通过角色扮演、模拟练习、行为预想等简单的模式化方法来协助组员学习应变行为，锻炼其独立解决问题的能力。如针对一些家庭学习氛围不是很浓厚的学生，我们要着力训练他自我学习的能力，教给他如何在资源欠缺的情况下发掘自身的优势，以有效地提高学习质量。

总之，从组内到组外，都要求组员具有独立应对问题的能力，以适应外界的社会生活，这是最根本的也是最稳固的解决途径。在小组历程中，无论曾针对多少情景做过行为的模拟实践，组员都不可能预想到现实生活中所有可能遇到的问题，所以最理想的当然是让组员具有独立应对问题的能力。要让组员掌握一些解决问题的方法，懂得分析自身所遭遇的情境，并了解人们在特定情况下会出现的态度和行为反应，使组员对人的需要、特征以及人类行为的法则有所认识。不过，这些方面的培训会受到组员的素质、对小组的期望及问题的复杂程度的限制。总之，不间断的、有针对性的训练是重要的，工作者不仅在小组过程中要对组员进行相应的训练，而且在小组结束的时候，要使组员进一步消化所学到的东西并加以内化，才能使他们今后有能力将在组内所获得的学习成果及经验进行更广泛的运用。在小组工作结束之前，小组工作者应该关注并培养小组成员的独立意识，创造条件使其学会面对不具支持性的环境，使组员学会运用在小组内培养起来的自信和学到的技巧与方法，面对困境，解决问题，还要有意识地培养组员理智地分析、判断所遇到的难题及其相关因素的能力，使组员摆脱对小组的依赖，真正实现小组目标。

第三节　我们潜逃吧

其实，关于离别情绪，一直都成为小组后期工作的重点，但到了最后一次小组活动，更是需要工作者给予关注。因为它是每位组员小组历程的情感表征，是工作者与组员做最后交接的结束阶段，对组员来说真的是悲喜交加的复杂心绪经历。

带着曾经的迷茫、恐惧、彷徨，我们潜逃吧；带着对小组的不舍、依赖和眷恋，我们潜逃吧；带着对未来的憧憬、向往、期待，我们潜逃吧。面对小组的解散、组员的分离，小组成员的情感是复杂的；心绪是纠结不清的；情绪是变幻无常的。这些变化有的是组员对工作者的依依不舍；有的是对组员的恋恋惜别；有的是对这段难忘的小组记忆的难以割舍。归根结底，在小组的结束之际，组员主要有正面的和负面的两种感觉。正面感觉往往来自于小组成员自身成长的经历、进步、变化的喜悦，组员对自己在小组中取得的成就的肯定，这是一种成长的蜕变、心灵的升华、意志的磨砺。正面的感觉倾向于一种积极向上的、乐观阳光的、豁达的人生感悟，是组员在参加完小组之后，对自我有了一个新的认知和界定，对自己的能力、气质、品格等有了一个全方位的品味和鉴定。面对未知的将来可能出现的突发状况，处理问题的方法或策略，能做到心中有数，胸有成竹。同时，通过小组增加了其面对社会生活的勇气，因为在小组中，他获得了小组工作者的全然接纳、尊重、理解和关心，同样也获得了组员的信任、尊重和关怀，在小组中，收获了沉甸甸的一份爱和情谊，这些灿烂如樱花般的记忆足以支撑组员面对以后的生活。正面的心绪总是催人向上的、给人力量的，让人对未来充满希冀，在这份激励里，有其他组员对自己的祝福，有社会工作者的欣然寄语，同样还有组员自己对在小组中习得的方法和技巧应用于组外生活的迫不及待和对自我形象塑造的重新体验。

但毋庸置疑，情绪具有两极性，有正面的就有负面的，这种负面感受通常是小组结束带来的分离的悲伤和失落的情绪。在小组结束阶段，处理组员正面情绪的重点是强化，但对负面情绪的处理，则要小心谨慎，注重细节。要帮助组员做好结束小组的心理准备，如前所述采取合适的方式提前告知组员小组结束的日期，让组员逐步接受分离的现实，避免唐突和突变。在最后一次小组活动中，在环节设计方面尽量淡化、弱化分离引起的组员内心的焦虑不安，增强组员处理离别情绪的能力，促进小组最后任务的完成。在处理组员离别情绪方面，目的并非是消除组员所有的负面情绪，而是协助组员认识及面对客观现实，建立对事实和即将面对的新环境的正面和积极向上的态度，以更好地运用自身的能力和资源去适应新环境。这里结合实例进行相应的介入研究，以供初学者参考。

一　达观泰然的离组情绪

面对即将解散的小组，一些组员抱着“得之坦然，失之淡然”的态度，因为他们知道小组最终会结束，这是常理之情，也是意料之事。小组不是家，不是长久的逗留之地，小组工作者也不是自己永远的依靠。只有自己由内而外地彻底改变了，自身的生活才有可能进行全新的蜕变，说白了自己才是自己的救世主。这类组员在小组开始时就比较清楚，组员和小组工作者建立的只是职务关系和专业联系，而不是私人关系或雇主关系等等。小组工作者是要帮助组员解决问题，带领组员共同成长而不求利益回报的，但当小组目标达成，组员的需求得到满足，并且能脱离小组独立行事，这时候就意味着小组工作者已经尽职尽责，完成了自己的义务。小组分离的时机已到，如果还有想进一步接受帮助的组员，就需要小组工作者帮忙联系转介到其他服务机构中去，以便进一步接受更优质的治疗与服务。

此外，也有些组员在一开始进入小组的时候，移情控制有度，对小组没有太多的情感投入和个人内心情感的流露，他们清楚自己的要求和目的，能积极配合小组工作者的命令与安排。如游戏环节，会积极参与进来；分享环节，也主动参与探讨，但关于情感流露却非常有限，能很好地控制在一定的范围内，感觉这样也是对自己的一种保护。还有一种可能是这类组员的骨子里有着乐天的本质，浑身充满阳光与正气，自己也是有能力去面对生活中突发事件的，只不过暂时应对不了面前的情景，需要别人指点迷津，给出建议。在面对小组分离的时候，对他们而言与其说是一种挑战与尝试，还不如说是一种机遇。小组的解散，他们与小组工作者签订的协议书和小组规范到此终结，他们拥有了更广阔的天空，更多的自由选择空间。他们在小组中取得过进步，小组也见证了他们的成长，他们在小组中习得的一些新技能和新方法，现在就要到社会生活中去检验其可行性，这是一个好时机，何乐而不为呢？离开小组之后，他们会适应得更好，生活得更舒心，这和小组的最终目标是一致的。所以小组工作者在面临这样的离别情形时，应该感到欣慰和安心。我们所要做的就是强化小组已经取得的成就，提高他们的自信心，还有就是让组员自己在小组中大声说出对未来的憧憬，然后让组员之间相互鼓励，振作士气。

二　逃避、否定的离组情绪

面对即将分离解散的小组，一些组员不知道如何处理这种纠结的情绪，不知道怎么克服这些悲观的情感，会对小组的终结采取回避态度，用缺席、沉默不语、不愿讨论有关小组终结的问题等来掩盖负面感受，以开展一些新计划、新话题等行为表现来对抗小组的分离。具体表现在小组成员对小组工作者引出的话题避而不谈，或者仅仅限于敷衍的状态，他们的回答闪烁其词，不给明确的答复，故意说一些与小组主题无关的话语等。这种情况下，工作者除了设计好最后一次小组活动的环节外，还要安排一定时间给组员们进行情感交流和互动，同时在组内强化小组的正能量及每个组员在小组中的收获。对于一些实在无法排解的不良情绪，可以通过心灵寄语，为其他组员制作分别卡片等形式来帮助他们进行情感转移和情绪发泄。

由此，在表达自己对小组成员的期待方面，工作者应该首先表扬组员在参与小组中取得的进步，肯定组员的成长，善于运用同理心等支持性技巧。比如社会工作者可以这样说："这些天我一直关注你在小组中的表现，我发现你更具管理方面的潜能和优势，只要自己不断努力，一定会做得很好"；"通过你在小组中的表现，你是很有发展潜力的，其实你并没有自己想象的那么糟糕，有很多事情你是可以自己处理解决的，而且你也能处理得很出色"。在表扬肯定组员的时候态度要诚恳，眼睛要看着对方，语气要柔和，最好身体前倾，表示友好和接纳，让组员能够准确接收你所要表达的信息。即便是这样，也有组员到最后一刻也没能认同小组，甚至破坏小组规则，挑战工作者的权威，与其他组员发生争执与冲突，这就需要工作者更要放低姿态，宽容大度。充分理解组员，站在组员的角度考虑，充分尊重对方和他的价值观念、思想行为，并坚持相信人都是有潜能的，人都是有努力变好的欲望的。要给组员一定的时间和空间，相信他会变得更加优秀。

工作者还可以利用一定的时机指出组员需要进一步改进的地方。组员在小组中肯定有一些目标没达成，有些情绪没能正常克服，有些举止行为还未能差强人意，甚至有些不良想法组员还在继续坚持，这就需要工作者真诚地说出自己对他的担忧及这样可能会造成的后果。当然工作者不要贸然做出不利于组员发展的判断，你只需要帮助他分析利弊，理清前因后果即可，千万不要抑制了组员的自觉权。

人与人之间都是靠感情维系的，时间投入的越长，精力投入的越多，感情也越来越深厚，越来越稳定。面对突来的分离，难免会让人措手不及，小组工作者和组员之间更是如此。从初次交谈，小组工作者表现出百般接纳，万般欢迎，但由于人的自我心理防卫机制在起作用，在陌生的环境中自我安全感缺失，出于自我保护的目的，组员一般不太容易融入。所以初次见面想要取得彼此的信任是要做一些努力与尝试的，工作者和组员一样都需要做出一些努力，克服一些困难。随着交谈见面的频率增多，交往的程度加深，组员和工作者双方都倾注了自己的感情和心血，组员对工作者逐渐信任、接纳，愿意披露自己更多的心里话和不为人知的想法，组员对工作者也更加依赖，严重的可能还会有个人崇拜。小组工作者对组员的影响已经深入骨髓，工作者的一些价值观、行为方式，处理解决问题的方法等可能都在不同程度地感染着小组成员。但组员并没有把注意力放在自己上面，其实一些困难的克服，工作者仅仅是点金石开，真正有潜力的还是组员本身。特别是组员自身存在的难题和困扰，在小组工作者的辛勤努力之下，都迎刃而解了，使得他们更是万分崇拜工作者，无条件相信工作者，甚至把工作者看成具有超自然力量的存在。这就导致组员对工作者更加依赖，俗话说得好“有困难，找社工”，觉得社工是万能的。在现阶段，受到我国社会主义初级阶段基本国情的限制，社会工作的发展还处于刚起步，未成形时期。由于主要是政府出钱购买服务，所以社会工作者的服务是免费资源，不需要付费，所以这也在一定程度上加深了组员对工作者的敬仰。

同样工作者也是情感动物，在受了专业价值观、助人理念还有社会工作伦理熏陶之后，社会工作者的感情其实更丰富、更细腻，更能体会到人与人之间细腻微妙的情感联系。每一个案例、每一份任务，都是小组工作者倾注心血去完成的，对于组员可能更容易动情，特别是那些具有特殊背景（家世不幸、遇人不淑、遭遇天灾人祸、命运悲惨）的组员，更容易产生反移情。说的是价值中立、价值无涉，其实在实际操作的时候潜意识里或多或少的都会有自己的价值介入，情感牵绊。那么怎样克服这样纠葛的情感关系呢？这是一个发人深省的问题。首先小组工作者和组员都应该保持清醒的头脑和理性的思维。在小组中，工作者和组员之间建立的是一种专业关系，并不是实质意义上的亲情、朋友关系，更不是恋人关系，目标达成了，任务完成了，这种关系也就终止了。社会工作者还有其他的工作要完成，还有其他的案主需要去接纳，而组员也应该返回到自己正常的生活轨道中，不需要与小组有太多的情感牵扯。社会工作者的价值理念就是助人自助，对于参加小组的成员，小组工作者竭尽全力帮助他们克服阻碍，为他们提供最大化的帮助，这是每一位社会工作者都应该做好的本职工作，没有什么感情亏欠之分。相反的，组员的成长和自身的改变才是对小组工作者最好的回报。其次，在小组结束的时候，对于小组成员取得的成就，小组工作者应该把握时机，创造情境，转移组员的注意力、聚焦点，着重强调是组员自身的变化在起决定性作用，弱化自身的重要性。最后，作为社会工作者应该经常进行自我反省，经常审视自己的价值介入，听取督导的意见，通过督导反馈自己在小组中的情感表现，或者观看小组录音、录像资料，自我总结、矫正，以正确的方式处理与组员的情感纠结。

三　请记住我

其实，除了以上两种离别情绪外，部分组员包括工作者还希望能在组内留下自己的美好印象，与组员乃至工作者保持长期的联系，能将小组的经验延续到生活之中。请记住“我”，这个我是符号化了的我，不单单特指具体的某个人、某件事、某个物，对于最后一次小组活动，它主要涵括了三方面的内容：（一）小组中分享、总结的与主题相关的内容。在小组结束时，主要是指协助组员回顾小组历程，回忆他们在参加小组过程中的表现，发生的转变（转变可以是态度、情感或行为上的）以及巩固小组已经取得的成就。（二）工作者和组员离组后对彼此的期待和寄语。（三）组员对小组的情感依赖，对工作者工作的支持与肯定。

> 例：“大家好！这是我们小组的第六次活动了，也是最后一次了，前五次的小组活动经过大家的共同努力，我们实现了既定的目标，发掘了组内的很多资源，这是值得我们骄傲和自豪的。真心的感谢大家的积极参与和支持，让我们的小组如此精彩，如此感人，在整个小组活动中，每位组员都能尽心尽力地参加活动，给小组带来了最好的助力”。（社工，肖雄）

接着工作者带领大家就前几次的小组活动进行了回顾，引导小组成员反思自己的收获和变化，让他们表达自己的心声。于是大家逐一叙说了自己参加小组之后思想上的变化，在小组中收获的思想认识，小组成员之间的互动也很多，大家彼此交流参加小组之后的心得和感受，还相互提出了很多具有建设性的建议和在小组结束之后的打算，对工作者的工作和组内其他成员所提供的支持给予了相当的肯定并表示了由衷的感谢。但是也有个别的小组成员表示不想离开，特别希望还有类似的小组活动多多开展，好有机会更多地参与到其中来。作为小组工作者也就此类的问题进行了分析和处理，使得组员们在最后的这次小组活动中倍感轻松，带着收获的喜悦迎接他们的未来。对于即将面对的生活，也许有部分组员会感到心情比较压抑，没有更多的安全感，这种情况下，工作者的跟进非常重要，由此，工作者要强化说明在小组结束之后彼此之间要经常保持联系，以便相互鼓励和支持。

可以说，整个小组活动的气氛是比较融洽的，表现更多的是一种浓浓的依恋情绪。与前几次的小组活动相比较，大多数的小组成员无论是从外在仪表还是内在精神风貌都呈现出更加的自信和爽朗，通过多次的小组活动让他们彼此建立了深厚的关系，也学会了规划自己的生活，这样的小组无疑是成功的。

第四节 典型案例分享

在最后一次小组活动时，作为初次带领小组的工作者，由于情绪的困扰或其他原因往往不知道如何规划自己的活动程序，经常出现一些问题。这里简单介绍一些实例，以供借鉴。

一 组员成果展示

对于一些培训类的小组，有时最后一次小组活动往往让组员进行成果展示，通过这些成绩肯定组员在小组内的成长和收获。如在“浓妆淡抹”小组中，工作者就在最后一次小组活动中让组员搞了一个化装舞会，让组员身体力行，进行一次比拼。

为了更好地检验组员对基本化妆品的认知，工作者先把组员分成两组，让每组分别说出所知道的化妆品数量、用法和功效，多者为胜。然后进入个人才艺表演阶段，工作人员给每人分发了一张便利贴，上面写着可以制作面膜的材料。主持人说出面膜的功效，组员根据自己手中材料的功效自由组合，最快者胜出；第三个环节是回顾护肤过程：每人说出一个注意事项，内容可以涉及洁肤、护肤以及彩妆、卸妆、保养等；最后为每三人一组，分发彩色笔和白纸，共同设计一份彩妆妆容，同时，选定模特进行成果展示。

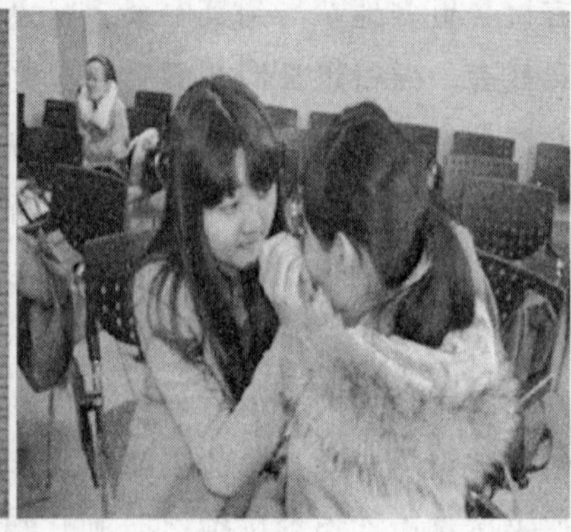

图 6—3　组员给模特化妆

通过这几个环节，组员之间巩固了小组的成果，同时，也增强了她们的自信和互助合作的精神。这种活动方式实际上帮助组员和工作者进行了小组成效的评估，同时融合了组员之间的情感，让她们的关系更加紧密和团结。特别是在团队合作环节，组员们彼此支持，即使失败了也能彼此鼓劲、加油，体现出了一定的宽容和包容。在妆容展示环节，很多组员主动当模特，给其他组员表现机会，还不时鼓励化妆师不要紧张。有些人看到自己最后的成果，居然流下了激动的泪水，和模特紧紧地拥抱在一起。这时候工作者即使不做小组评估，也可以看出本次小组活动是成功的，更是震撼人心的。一位组员在交流环节很有感慨地说：

> "说实话我不怎么喜欢化妆，觉得每天化妆真的很烦，但今天经过化妆师的妙手，让我感觉自己像变了一个人似的。当初之所以加入这个小组是因为同屋室友来了，非要拉着我，所以我也来了，几轮小组下来，我发现我好像爱上这个小组了。对化妆也开始感兴趣了，但从没像现在这样激动，我居然变得这么靓丽，简直让人不敢相信。"

另在"大手牵小手"绘画交流小组中，工作者也采用了这样的方式。由于该小组活动面对的群体为幼儿园 2—4 岁的小朋友，所以工作者就在最后一次小组中，让大家以"我爱我家"为题做一幅画，然后请小朋友分享自己画画的内容。

虽然当时秩序有点乱，但小朋友都在用心画着自己的家，有的画了一个大大的房子，觉得这样玩的空间大些；有的画了爸爸妈妈牵着自己的手，认为一家三口人在一起真的好幸福；有的将妈妈画得很大，爸爸画得很小，因为在生活中很少有爸爸陪自己玩耍；有的画了一个大大的玩具堆，希望家里再多些玩具等等。虽然他们画画的技艺非常有限，但通过小朋友们的表述，我们还是可以真切地体会到他们的内心渴望。当初之所以设计这样一个小组，就是想提升孩子们的沟通交流能力，增强他们爱的能力。但是考虑到孩子们的年龄，可能有些话不怎么会表达，于是便想通过画画的方式，激发起他们说话的动机和表达的欲望。活动结束后，我们将这些画拿给家长们看，好多家长都感动得哭了，特别是一些年轻的爸爸妈妈们，觉得自己真的陪孩子太少了，以后一定要补回来。

其实儿童的世界是最质朴的，你给他一杯水，他会回馈给我们一桶水，只要我们多爱他们一点点，他们就会为我们提供更多爱的资源。这样一次小组活动，实际上也帮助我们更好地了解了儿童的需求，这些都不是说教和纯粹的物质提供就可以满足的。

但即使这样的结束形式，工作者也要带领组员善于发现问题和他们的潜力，如小组结束后还有哪些问题是我们所没有解决并要在今后的生活中给予注意的；还有哪些组员的潜力是我们在开小组时所没有关注到的，如何在今后的生活中帮助他进一步发掘等等。

二 小组历程回顾

在最后一次小组活动中，为了更好地帮助组员进行评估和总结，工作者可以通过带领组员进行小组历程回顾，让大家在回忆中体会到自己在小组内的成长。如在职业生涯规划小组中，工作者便采取了这样的方式，具体如下：

最初的梦想：我对小组的期待

第一次 相见欢——认识你我他：

1. 让工作者与组员、组员之间相互认识。自我介绍、我的职业梦想。

2. 明确小组目标。

3. 与组员一起制定小组规范。

第二次 与你同行——职业规划

1. 让组员制定自己在近期职业规划方案。

2. 对组员进行职业性格测验。

第三次 心灵独白——认识自我

1. 使组员对自己有较全面、客观的认识，发现自己的问题所在。

2. 通过集体的力量帮助组员找到解决问题的方法。

第四次 模拟面试

1. 通过亲自参与面试，让组员总结各自的长处和不足之处。

2. 通过“他山之石”获取择业灵感。①

在这个过程中，工作者还就每次小组活动中的花絮进行播放，如在第一次小组活动中，有组员对小组的主题理解得不够透彻，以为职业就是自己的理想，居然说出了想当科学家的梦想，于是有组员戏谑地说：“你都一大把年纪了，还当什么科学家，你是不行了，还是指望下一代吧。”好在这名组员没怎么介意，在工作者的解释说明下就又进行了重新的选择。在第二次小组活动中，有组员说想开一家咖啡店，有组员说考公务员，但职业性格测试结果一出来却发现自己不太适合做这些工作，于是就出现了质疑、失落、不满等情绪。这时工作者及时进行了跟进，让两位组员分别说出了自己在这方面从业的准备，同时，请其他组员帮忙参考，使这两位组员对自己的职业意向有了明确的思路和想法。在第三次活动时，在内心独白环节，有组员表达了对自己的不自信，居然出现一些伤感的情绪，于是工作者调动组员进行性格测试，帮助他们发现自身的优缺点。一位组员开玩笑说：“要是我将来发达了，一定请大家吃饭，这次测试带给我一种鼓舞和勇气，我要坚持我的信念，否则对不起这次的小组活动。”特别是到了模拟面试环节，组员分别扮演面试官和应聘人员，于是各种搞怪的表情引得大家捧腹大笑。而在集体面试环节，很多组员还不知道如何去应对，但一些机灵的组员就已经被确定为公司的精英人选了。

到了分享环节，很多组员还沉浸在回忆中，觉得这些小组活动仿佛就发生在昨天一样，真的挺让人难忘的。“加入小组感觉挺好的，特别是模

① 整理自职业生涯规划小组，工作者：王波。

拟面试环节，虽然不是那么正规，但是可以体验一下也很不错”；“我原来也参加过很多用工面试，但我们的那一次面试确实给我留下了深刻的印象，感觉还没反应过来似的就已经结束了”；“我当时真没想到像他这样的性格，居然想去当公务员，于是便口无遮拦地说他不合适，没想到人家身上具备这么多资本，实在汗颜”。

其实像这种回顾性的小组形式，也算是帮助组员巩固成果，让他们切实体会到工作者的用心良苦和小组带给他们的收益。当然这种方式，也可以更好地帮助组员进行更深一步的了解，作为旁观者和评估者，重新对组内的成员和工作者进行形象化的浏览，这对更好地发现问题提供了相应的便利。如有组员通过自己在小组内的活动回顾，便觉得其实自己也没有那么糟，讲话也是挺溜的，不像以前那样总是羞于表达；另有组员通过这样的回顾，发现自己原来说话这么不顾及别人的感受，以前还真没意识到，这回通过小组活动才知道；还有的组员通过这样的回顾，发现了别人对自己的关注度，感觉真的很意外，原来他关注了我这么久等等。

三　评估总结

作为最后一次小组活动，工作者需要组织组员进行评估，因此，有些工作者便将评估作为重要的环节来进行。如在“早睡早起”小组中，工作者便将评估作为最后一次小组活动的重头戏，运用穿针引线的办法，逐渐帮助组员梳理脉络，理清逻辑关系，从第一次小组活动内容到结束最后一次小组活动。首先抛砖引玉，工作者做了简单的总结，然后让组员说出自己参加小组以来的心得体会，发生了哪些转变，小组给组员留下了哪些深刻的印象以及组员对以后的期待；其次工作者逐一总结小组成员发生的变化，取得的成就，给予组员充分的肯定，鼓励组员，重新树立信心，增强其离组之后独立解决问题或各种突发事件的能力。主要是以组员在小组中点滴的成长为切入点，把组员的优点，取得的成就扩大化，并与离组后的现实生活相联系起来。具体如下：

（一）工作者、组员的自我评估

在这个环节中，工作者主要就小组的目标达成，自己的工作能力、技巧等做一个简单的总结。首先工作者是整个小组活动的发起人、倡导者、引领者和组织者，小组活动从雏形到发展再到稳定直至最后解散，在这个循序渐进的行程中，工作者身体力行地见证了一切，感悟和体会也是颇多。从刚接触组员到逐渐建立起信任，评估组员的需求，初步考虑开展小组工作的必要性、可行性到小组真正地开展这一过程中，工作者对组员的表现，组员参加小组前后的转变是胜券在握的，在小组结束的时候，更是要对小组目标的达成做出一个前后对照，哪些目标已经达成了，哪些目标现阶段还没有实现，尚未达标的原因是因为组员不愿意做出改变还是因为小组工作者缺乏精深的专业知识储备、标准的能力素养、多元化的文化理念或是因为通过小组达成目标的方式本身就存在很大的局限性等等。比如说，小组内可供开发的资源有限，而联络机构、社区建立社会支持网络需要克服重重阻碍，这就需要工作者要对目标实现与否做出清楚的辨别与界定，依据可以是开展小组的过程中对组员情感、态度、语言的知觉与观察，包括非言语（组员参与小组时的面部表情、姿势、体态语、着装打扮等）和言语上的（组员表达自己态度观点的语言流利程度、语调、语义、声音的高低等）。也可以是志愿者的建议与反馈还可以是小组开展过程中的脚本记录、录音录像资料以及督导的建议与指导等。

“我们的小组总体上来说还是比较成功的，大家的配合也很好，真的很高兴每个人在小组内都收获了很多。但由于这是我第一次带小组，可能在活动气氛的调动上还存在一些欠缺，对于一些突发事件也没有提前做好准备，甚至有时会出现赶场的现象，这都是我在以后的实践中要注意的”。（社工，韩小磊）

作为组员来说，每个人在小组中都会有不同的感悟，这也成为评估小组成败的关键所在。

“我觉得还行吧，自己自从加入这个小组以来，感觉生活上还是发生了一些变化，不再睡懒觉，生活也规律了不少。特别是一想到不健康的生活方式会影响身体发育，我就更得强化自己了，还是挺有收获的”。（组员，杜力峰）

“个人觉得身体健康与合理的生活安排还是分不开的，特别是到了我这个年龄，很多时候就得储备资本了。加入这个小组后，我觉得我表现得还行，能按照组内的要求，每天按时起床，做些运动，精神也比以前好了不少”。（组员，詹黎）

（二）工作者对组员的看法

一般来说，工作者对组员的成果总结往往是组员最想看到的，在他们心中，毕竟工作者是小组的组织者和评估者，往往是比较有代表性的。工作者可以像如数家珍一样，对每个组员在组内取得的成果进行一一列举，也可以进行群体性的分类评估。“小王以前说他有赖床的问题，经常到时间了还不想起来，但最近一段时间表现得特别好，能在早上闹铃响起的时候就及时督促自己起床，这是很不错的”；“李兄以前习惯熬夜，加入小组这段时间，他意识到了熬夜的坏处，最近开始尝试晚上 10 点以前入睡，虽然还不太习惯，但他已经在努力了”；“小胖以前不喜欢晨读，但我看最近一段时间也加入了晨读的行列，而且每次都挺早到的，这是一个好现象”；“在我们组内，有很多人都习惯了早睡早起，可以看出我们小组的成功之处，特别是一些人还加入了各类健身行列，这些都是值得我们点赞的”。

（三）组员对小组和工作者的评价

小组结束，组员对小组和工作者都要进行一些评估，所以在最后一次小组活动时，工作者要适当引导组员畅所欲言，表达对小组及工作者个人的看法，以更好地完善小组模式。“感觉还行吧，主要是小组的主题挺好的，让我们养成一种健康的生活方式。活动设计也都是根据我们的实际需要，能合理安排，在组内也没有强迫现象出现，大家在一起互相监督挺好的。工作者也挺负责，每次活动都精心设计，能及时关注到每个组员的感受，就是感觉腼腆了点，下次再放开些就更好了”；“对小组我还是挺依恋的，小组这种形式挺好的，要不我都不知道早晨可以做这么多事情。特别是一些游戏和情景剧，让我们在愉悦的氛围中领略到了很多书本上学不到的道理，而且就像一面镜子一样，照出了我们不一样的面貌。工作者也特给力，自己亲身示范，让我们感同身受，最深刻的一次是有组员实在不愿早起跑步，工作者就及时打电话催促并亲自陪跑，真的挺难得的”。

（四）组员之间的评估

为了更好地看到组员在组内的成长效果，我们一般也会让组员之间进行互评，群众的眼睛是雪亮的，这样往往更能见证小组的成效和问题。“我最开始见到小王的时候，觉得她懒洋洋的，就像一只小猫那样，但通过几次小组活动，我发现她比以前爱动多了。做事比较积极主动，有一次还主动承担组内角色的扮演，真的让人挺吃惊的”；“小张给我的感觉就是不动则已，一动就很激烈的那种，而且感觉做事也没什么规划。但通过上次那个健身规划我才发现，原来他也是挺靠谱的一个人，特别是能善于吸收别人意见，这是我始料不及的。我觉得整个小组就属他收获最多，还成功减肥了，真的挺羡慕的”。

除了通过这些言语上的评价外，工作者也可以设计一些问卷，让组员作答，以更好地进行评估。如工作者根据小组的性质设定一些量化的指标去检验小组目标达成的程度，进行概念的操作化，具体指标可以是指数也可以是量表，如果想检验组员达标的程度，还可以采用李克特量表，可供选项分成非常满意、满意、还可以、不满意、非常不满意。参见下例：

扬帆未来，成就梦想小组意见反馈表

小组名称	扬帆未来，成就梦想职业规划小组	小组节次	第五节
日期/时间	2014 年 12 月 3 日 10：30—11：20	小组地点	田家炳 330 教室
负责社工	王波	联系方式	15702438568

亲爱的组员朋友们：您好！首先非常感谢您参加本次小组活动。为更有效地对活动进行评估，便于我们服务的完善，请您协助填写此份问卷，问卷采用无记名方式。谢谢您的积极配合！

1. 满意度量表

调查项目	非常满意	满意	还可以	不满意	非常不满意
您对本小组活动的内容	62. 50%	37. 50%	0. 00%	0. 00%	0. 00%
您对本小组活动的形式	50. 00%	37. 50%	12. 50%	0. 00%	0. 00%
通过参与小组活动使您对自己的职业性格有了一定的了解	25. 00%	62. 50%	12. 50%	0. 00%	0. 00%
通过参与小组活动使您确定了自己大致的就业方向	25. 00%	25. 00%	50. 00%	0. 00%	0. 00%

续表

调查项目	非常满意	满意	还可以	不满意	非常不满意
通过参与小组活动使您能够自主进行合理的近期职业规划	25.00%	37.50%	37.50%	0.00%	0.00%
通过小组活动您认识了很多新朋友	75.00%	12.50%	12.50%	0.00%	0.00%
您对工作人员的工作态度	75.00%	25.00%	0.00%	0.00%	0.00%
您对工作人员的工作表现	75.00%	25.00%	0.00%	0.00%	0.00%
您对活动时间的安排	75.00%	12.50%	12.50%	0.00%	0.00%
您对活动场地的安排	75.00%	12.50%	12.50%	0.00%	0.00%
您在小组活动中的投入程度	50.00%	37.50%	12.50%	0.00%	0.00%
您对此次活动的综合评价	37.50%	62.50%	0.00%	0.00%	0.00%

2. 请用简单的话语概括您对本小组活动的感受

温暖、和谐有意义的小组；很开心；有成长，有收获；很有用，内容多样、丰富；第一次从头到尾参与小组感觉挺好，小组主题也不错，从中也有收获，如果有类似的活动还会参加；气氛很融洽，大家相互学习，都收获了很多；大致了解了今后的路，还要努力。

3. 您对本小组活动的其他意见或建议

小组活动氛围不够热烈，分享过程设计不够完美；多设计些游戏；活动设计还可以更有意思一点；分享之后应该给点建议；由于课程设置时间不够紧凑，内容要更丰富一些；在形式上可以有更多的创新；对小组活动的要求应该解释得更清楚一些。

4. 您希望今后还能参加哪些方面的小组活动？

心理小组；减肥、失恋、美容小组；兴趣小组；技能培训交流小组；户外或者技能学习小组；影视、医疗、情感小组。

由此，在最后一次小组活动中，工作者可以通过各种方式进行小组成果的总结和评估，同时，引导组员进行分享，以更好地结束小组。特别是一些情绪化比较重的组员，以这样的方式结束小组，可以更好地帮助他们转移注意力，缓解离组带来的负面影响。在此基础上工作者也可以更好地评估小组的得与失，为今后的工作打下良好的基础。

第七章　小组工作的评估及心得

评估是对小组工作过程或成效的检验，很多小组工作的初学者往往会忽视这一环节，觉得小组开展完了就万事大吉了，认为评估是一个可有可无的东西。不过，只要了解了评估的意义和功能后，我们就会发现小组中评估的重要性和必要性。可是评估该怎么做呢？用什么方法评估？由谁进行评估？评估的具体内容是什么呢？这些问题各种教材上虽都有涉及，但又讨论得不够充分，这也是初学者对此不太重视的原因之一。

小组历经几次活动，从初期、中期走到结束，基本上完成了它的生命历程。这时，组员会觉得结束了自己的小组工作之行，达到了参加小组的目的，又结识了一群志同道合的朋友；工作者也会深吸一口气，庆幸着终于把这几次活动顺利地坚持下来，看到组员成长的同时，感叹带领小组的种种不易，忙着总结经验供以后借鉴；督导对于工作者的表现和活动过程中的问题说出自己的看法，帮助改进小组；指导老师则就参与小组活动的三方人员在整个过程中的表现来个大包大揽，一一进行点评。于是我们的小组评估就这样出炉了，参与小组的各方都有机会表露自己对小组的看法，保证了小组工作评估的全面性和有效性。

第一节　评估知多少

小组工作者陪伴小组一路走来，其中的艰辛只有自己知道，从准备开小组的那天起就已经给自己无形的压力了，因为工作者深知带领小组的种种不易。这种不易不只是计划书的反复修改，不断查找资料，细致到每一个环节；更是惧怕自己的能力不足让组员失望，做得不够专业，以至于小组不能顺利进行，这种情况下，工作者的精神会一直处于紧绷状态，直到小组最后一次活动结束。初次带领小组的人，更是想每天用来查资料、搜信息，生怕错过每一个好的素材，希望在开展小组时更游刃有余，在小组结束时可以放松地肯定自己一句：我已经做得很好了。只是工作者有一个疑问：为什么每次评估时，不管工作者采用的形式是什么，督导都会提出质疑，这让他们不知如何是好，而且这种感觉给很多初次带领者带来了很大的困惑。由此，作为小组带领者，除了在最后一次小组活动中将其作为工作重点外，还要对评估有一个大概的了解并能在实务中给予重视。因为评估作为最后一次小组活动的重点已经在小组的结束阶段进行了详细的阐释，这里仅就一些要点做一些补充和说明。

一　评估的价值和意义

小组工作的评估有难度却又具有极高的指导性。评估对于小组工作的其他环节来说似乎是无足轻重，但这个环节却不是工作者在单打独斗，它需要参与小组的各方都尽其所能地帮助工作者总结带领小组的经验，尽量真诚客观地指出优势和不足，因此它的意义非同一般。对于小组来说，成为小组动力机制形成的来源之一，为小组的良性运行提供了支持和保障。

首先，完善工作者的观察视角。工作者一个人很难做到最全面的评估，当他置身于小组时，组员所处的位置有时会成为工作者的死角，容易对其关注不到位；尤其是当工作者完全沉浸在组内，把自己看作组员之一时，就会忽略一些东西，因此工作者看待小组的角度就有了局限性。这就有点像古诗中所说的“不识庐山真面目，只缘身在此山中”，有了各方的评估，工作者了解小组进行过程中存在的各种问题，这促使工作者在带领下一次小组时可以尽力避免类似问题的出现，整理小组工作报告时有了更多的信息来源，这不论是对于小组成员还是工作者来说都是件好事。

其次，带动组员的互动和交流。在评估时，评估方会针对某些组员的行为进行再现，组员会从他人的言语中了解到自己的表现，从而决定在下一次活动时要不要调整自己的言行。特别是当小组进行到最后一次，组员即将分开，评估的环节正好可以将组员之间的感情升温，增进彼此的更深一步了解。组员一起诉说对小组的种种感受，提出对小组的种种意见，这实际上也就对小组产生了很强的归属感，说明他确实对小组活动上了心，而且能积极投入其中，思考它的成败得失。

再次，见证小组工作的成效。小组工作除了计划书的撰写、前期准备工作、几次活动的开展，最重要的就是小组的评估了。如果只是简单地开展活动而没有对整个活动做一个详细深刻的总结，那么小组工作的意义就无法体现，也不能在后期有任何的改进，演变到最后就变成纯粹的娱乐活动了。由此，每次小组活动结束之时，我们都会进行评估，让组员结合自己参加小组的感受来获取下次小组改进的意见，这样他们参加小组的满意度和效率也会提高。因此，对小组活动进行评估既是专业性的要求也是对组员负责任的体现，同时也是工作者进行工作总结的必要条件。

工作者可谓是小组活动的灵魂人物，也承担着小组中最繁杂的劳动，他们最在乎小组开展的成效，因为这象征着小组的成败，意味着他们的努力是否有结果。同时，工作者也是对小组开展情况体会最深刻的人，因为这一切都是在他们的操办下组织起来的，每一个带过小组的人都能切实感受到这种体验，尤其对于初次带领小组的工作者来说，更是铭刻在心的。在这个过程中，他们遇到了很多第一次，更是碰到了许多未曾预料到的困难。小组工作是一个循序渐进的过程，它的开展包括很多步骤、涉及诸多专业知识，如何进行有效的评估，更是成为小组的关键。因此，初学者在学习的时候首先需要掌握书本知识，这对于他们来说也是一片新天地，而对于教材知识的掌握和领会程度则全在个人的努力了。实务中，学生们在带完小组后，我会要求他们上交一个小组工作报告，这份报告能展现小组的整个框架，其中包括小组招募、计划书、小组活动记录以及评估报告等几部分内容。这样做可以帮助工作者对整个小组各项环节进行一次反思性的回顾其实也就是进行评估的过程，我希望他们能透过这个过程进而对自己开展的小组有更深刻的体会和感悟。由此，对于小组工作者来说，评估的意义在于：(一)评估可以满足工作者对他们在小组中某些介入手段是否有效的好奇和专业关心。(二)从评估中得到的资料，可以帮助小组工作者完善其领导技巧。(三)评估可以帮助小组工作者获知小组成员和小组本身在完成目标上是否达到预期的效果。(四)评估也给小组工作者提供了扩展经验的机会，特别是初次带领者，评估也是他们检验自己专业能力的良机，可以通过与其他相似目的、相似情境的人分享其使用的小组工作方法。

二 工作者需要评估的内容

有人把小组工作评估仅仅看作一种事后评估，认为评估是在小组完全结束之后才需要进行的，这是不正确的。评估是一个系统性的工作，它包括事前的需求评估、活动中的过程评估以及刚才提到的事后评估等，评估是一件贯穿于整个小组的事情。每期小组结束后工作者既要对这一期的活动进行整体评估，也要对其中的活动环节、组员的参与性、工作者介入的技巧甚至某个游戏和情景剧的设计等进行细节性的反思与总结，从而为下一期的活动调整做准备。在此基础上评估小组的成效，总结经验和教训，以提升工作者的带领能力。评估涉及每个环节，关涉方方面面，在实务中，工作者主要进行以下评估：

（一）需求评估。主要评估小组的需求有哪些，具体解决什么问题，达到什么目标，同时，需求评估不仅仅要面向小组整体，也要配合着个体需求。如作为工作者所确定的主题是否是潜在组员的主要问题和需求，他们目前解决的途径和方法是否有效，他们是否有意愿进行改变等。

很多初学者觉得为什么要做需求评估呢，自己给出一个小组主题让组员来参加不就好了吗，何必这么麻烦？在实务中，如果工作者不对自己的小组进行需求评估，那么他所追求的小组目标一定是主观想当然强加上去的，这不科学，也不符合社工的精神，还会给组员造成一种被胁迫的感觉。组员会觉得这是你工作者一个人的小组，和我们没什么关系，那也就没有必要完全投入进去，造成小组动力的缺失。

（二）资源评估。主要是关注一下工作者自身和小组成员身边都有什么资源，哪些是可利用的。如是否有机构愿意提供支持，工作者自身是否有能力带领这样一个小组，组员是否会提供帮助等。如前所述，工作者在开展小组的过程中是不能缺少资源的，即便是组员招募，它也是一种善用资源的结果。对于初学者来说，可以从以下几个方面考虑：怎样有效地招募到组员、小组的志愿者怎样获取、小组开展的场地如何选择、如何联系小组督导等等，通过思考这些问题，工作者能对身边的资源有一个很好的评估。我的学生们在开展小组活动时，我一般都会将有小组工作带领经验的研究生介绍给他们做督导，学生们自己也能充分运用资源，在教学楼教室空闲或者学校小组工作室开放的时间开展活动，并且利用班级每个人都在开展小组这种人力环境资源优势将各自的小组进行大肆宣传，以扩大影响力。

（三）过程评估。主要是对小组的全程进行检测性的评价。包括组员的融入度、工作者的表现和介入技巧的有效性等。特别是初次带领者，一定要具备一定的敏感度，切实感知组员对小组的热情和投入力度，及时和他们进行沟通，以更好地完善小组的带领模式；同时，积极发掘组员的资源和支持网络，实现资源的利用和共享；强化特殊组员的处理方式，引导他们积极投入小组的建设中，发挥核心组员和领袖人物的优势，形成小组动力。就工作者自身而言，除了可以反思自身运用技巧的有效性外，还可以从中开发新思路和新想法，不断创新带领模式。

（四）成效评估。主要评估小组开展的效果如何，组员的改变情况，小组目标有无实现等。

小组有很多类型，无论哪一种小组，都是为了达成组员的转变，在小组完成后，通过比对组员在进组之初和小组结束时的表现，可以发现组员是否有进步，从而对小组开展的成效有一个清晰的认识。另外还要关注下小组目标的实现程度，如果目标达成，要注意的是工作者带领的成效还是组员之间互相影响的结果，特别是对于工作者而言，还要反思一下自身的带领技巧对小组目标达成的有效度。

（五）其他方面。除了上述这些评估外，在实务中，我们还要求工作者要对以下内容进行日常评估。1. 小组计划书的评估。其实，工作者在小组未开始前，就已经将计划书修改了无数次，任何小的细节都不会放过，但是在执行结束后，依然会看到计划中的不足，这其中包括小组计划的全面性、完整性和目的性。在全面性方面，除了完整的每节活动计划，还要看看是否罗列了一些应变计划来应对紧急情况；是否在招募组员时了解到了每个组员的真实状况；活动过后的评估方法是否全面科学等。同时，工作者也要看下自己的计划书写的是否完整，是否能给人一种很有条理、内容充实的感觉；尽量不要仅停留在表面上的创意层面或者只顾形式，尽量要考虑到组员的接受程度和实际的执行效果；还要看一下设计的每个环节是否达到了本节活动的目的以及每次活动的目标设置地是否合理等。2. 工作者要对组员每次的出勤情况以及在组内的表现做一个评估。组员每次的出勤率不只是单纯的人员出席，工作者要特别留意未到人员的情况并能从中感知他们参与小组的热情程度。此外，工作者在带领小组时不是单纯地完成每个环节的活动，而是要注意观察每位组员的表现，哪个沉默，哪个积极，以及组员言语之外透露出来的对组员和小组的看法等，都要在小组结束之后做一个简单的总结。3. 对自身带领小组的技术性评估。所谓技术性评估包括工作者对小组前期的准备工作是否充分；工作者带领小组的技巧熟练与否；工作者在每次小组活动时帮助组员连接的资源是否满足组员需要；是否关注到了每位组员等。比如，在开展活动时，工作者是否综合运用了倾听、同理、澄清等小组工作的技巧来帮助组员厘清思路或者在遇到组员否定自己时，工作者是否会鼓励他说出自己的心声；是否能在组员之间发生争执时，将冲突最小化等，这些都需要技巧。特别是在组员需要一些学习方面的资源时，如果组员之间的分享不能满足他们的需求，这时工作者就要积极提供连接，帮助组员去获取。此外，虽然组员之间的交流信息量很大，工作者还是需要在组员讨论之后对重要的内容进行梳理和强化，避免信息的杂乱和遗漏。4. 要保证每次活动的准备工作及时、到位。比如，做活动用的课件和做游戏用的道具（气球、纸张、彩笔、小贴纸等）数量是否充足，是否能正常使用；给组员留的作业他们是否按时完成等，都要在小组开始前做好确认工作，以保证活动的如期开展。

三 评估的方法及原则

对于小组来说，评估是重要的“点睛之笔”，而评估方法的选择，则称为重中之重。没有评估我们就不知道小组开展得怎么样，而没有合适的方法我们就不能有效评估。很多学生在初次尝试开展小组的时候不知道如何评估，不知道具体该怎样操作，虽然书上也列举了很多方法，但是，对于他们来说，书中的介绍单薄且缺乏可操作性，他们仍旧会感到困惑不清。评估是系统性的工作，工作者要从小组的最初阶段开始进行，并且将评估贯穿小组过程的始终。在实务中，按照不同的分类标准我们可以有很多种评估方法，工作者可以结合实际进行选择，这里仅是介绍一些较为常用的方法以供初学者参考。

评估时可利用的方法是多样的，工作者可以通过时常查看工作过程记录，对自身和小组成员进行日常环节的评估；还可以通过比较预期目标与实际达成情况看一下小组的成效到底如何。在这过程中，工作者可以通过设计一些问卷和量表、组员和工作者的自我总结、日志、观察记录、书面评估表、组员的作业或作品等进行评估，结合定量和定性的方法同步进行，以确保评估的客观性和相对准确性。学生们在进行小组实践的过程中，每进行一个环节或每进行一期的活动后，我都会要求他们做相应的评估，这方便他们及时总结得失并进行调整，也能防止信息遗忘从而为后期的总结评估工作做准备。

其实，工作者对小组活动记录的整理也算得上是一种评估方法，通过对记录的审视，工作者可以厘清小组开展的脉络，详查计划书的设计有无遵照小组目标，比较小组开展实际情况和预期有什么差距，思考小组中的某一个活动或游戏是否设计合理，这可谓是一种理性评估。所以，对于任何一位小组工作者来说，无论是初学者还是经验丰富的工作者，对小组记录进行认真的整理都是很重要的。

在评估中，尽管工作者对小组成效的判定占据绝对分量，但工作者不能把自己的主观感受当作小组评估的全部，工作者还要多方面地收集信息来客观地评估小组。有些工作者在小组的整个组织策划中花费了不少心思，投入了不少精力，对于小组开展的情况也自我感觉很不错，但有时组员们的反应、督导的评价则与其自我评定相左，令工作者感到困惑和失落。这种情况的出现有时便是因为工作者在评估小组成效时没能全面收集反馈信息，而是想当然地自以为是了。而于组员和小组过程和效果的评估，则是需要多种方法共同运用的，在此基础上结合组员自身和督导的意见，做出如实的评价和分析。

在实务中，小组的每次活动都要进行评估，用来了解当次活动的效果，以便在最后一次活动总结时用作参考，当然也可以针对某次活动开展前后都进行评估，专门用来了解本次活动的效果。在这里用到的评估工具可以有问卷、量表、每次活动结束时组员的口头评估素材、小组活动记录及工作者自身的观察和体会等。当然并不是每次小组活动过后都需要将这些方法进行运用，工作者可以结合实际情况，依据小组的进程而选择不同的方式和方法。如在小组初期，主要运用小组记录、组员的反馈及工作者自身的观察等；到了中期，可以适当加入一些问卷和量表测试，看看组员对小组的看法；到了后期，工作者和组员已经非常熟悉了，可以适当运用一些深入交流的方式获取评估信息。由此，小组结束后，工作者要根据小组总目标达成情况以及组员个人目标完成情况对整个小组工作的效果做一整体性的评估，这就要综合运用访谈和评估量表等评估工具，特别是评估表要有前测和后测的对比。工作者对于自身的评估，则主要根据观察和组员的回馈评估自己带领小组的效果，当然，这里用到的评估工具也可以是多样化的。

工作者在对小组进行评估的时候，除了多种方法的综合运用外，还要遵循一定的原则。首先，要遵循客观性的原则。不能只看到小组好的一面，也要发现小组开展过程中的不足之处，工作者要依照小组开展的实际情况，诚实地评估，是什么样就是什么样，不要弄虚作假、更不能自欺欺人。有些初学者在对小组进行评估时为了显示自己是有能力的，希望得到肯定的评价，不愿看到批评否定而没能向指导教师、督导、组员回馈小组的实际开展情况，夸大小组的优点和成效，从而影响了自身工作技巧的提升和小组的改进；其次，要遵守全面性原则，也就是说工作者在评估的时候既要对小组带领的技巧、组员的参与积极性、活动设计的有效性、小组目标的达成情况等进行评估，又要从多方面入手，收集小组组员、督导等的反馈信息，全面、多角度地评估小组；最后，工作者还要积极主动地获取信息，不要坐等别人的批评指正，而是要利用多种渠道，主动寻求组员和督导的意见，以更好地完善小组的带领模式。

第二节　工作者的心路花语

除了评估之外，有时作为初次带领小组的工作者，他们往往有很多心里话，表达了他们带领小组的收获、欣喜、疑虑和不解，特别是由工作者每次带领小组的心得体会中，更是可以看出他们的坚持和努力，这也是社工在中国生根发芽乃至开花结果的动力来源之一。

一　协同领导和单独领导

小组工作者可以独自领导也可以协同领导，所谓的协同领导，往往是以老带新或是两名工作者共同带领小组。但在实务中，有些工作者为了图省劲，往往会一人写计划书，一人负责带小组，如果他们之间进行了有效沟通还好说，就担心各干各的，从而影响了小组的实际效果。如有一个小组便出现了这种状况，负责写小组计划书的光是自己在那写，负责带领小组的人则坐等计划书出炉后好开展小组活动。可是负责带领小组的人没有写计划书，根本没能深刻理解每节活动的意义，而且每个活动怎么开展，想要达到什么效果他也没有把握住，因此，问题就出现了，写计划书的人在小组开始后才明显意识到自己的计划书没有被带领者领会到位，造成组员怨声载道。因此，在实务中，如果需要协同领导，一定要让他们在每个环节都参与，强化彼此之间的合作性。对于多数初学者，我们一般要求他要单独带一个小组，这样他自己设计小组计划书并带领小组，对于如何开展活动、时间如何安排等都在他的脑子里，可以更好地把握小组的进程，也知道如何应对意外情况的发生。虽然在初学小组时，协同领导会相对轻松一点，工作者之间可以分担工作，压力不至于太大，可是对于组员的锻炼程度而言，没有一套完整的工作模式演练，没有足够认真地准备一次完整的小组，就失去了小组工作实践的意义。而且协同领导很容易产生一人做主的局面，这样很多想法将受到束缚，对于小组的积极发展是很不利的。个人觉得单独领导虽然难度很大，时间耗费很长，但是在这个过程中你会学到很多东西。当然也会有些工作者会觉得自己孤立无援，没人帮助自己，但实际上很多时候我们可以向督导或有带领经验的工作者多请教，没有人一开始就会做得很好。这种情况下等到小组结束时，虽然工作者会觉得很辛苦，但心理还是很满足的，因为他们再一次挑战了自己，成就了小组的辉煌。

> 我个人还是觉得自己带小组比较好，免得到时分工不明，造成小组效率的低下。当然这是要劳心劳神的，于是我一般请两个志愿者，帮我做一些杂事，这样我就能心无旁骛地专心带小组。否则你一个人既要放 PPT 又要做记录，还要观察组员的表现，这是不太可能的，而且也不太现实。(社工，王丽)
>
> 我并不排斥协同领导，但两个人必须通好气，做好任务分工。如果要一起带小组的话，那就做好单元活动的分工，谁负责开场，谁负责游戏环节等都要明确。当然也可以一起带，但就要有一定的默契，免得出现抢场的现象。但就我们这些初学者来说，我觉得还是自己带

比较好，毕竟这也是检验自己学习效果的一次机会，和别人一起带容易养成依赖性。（社工，陆鹏）

二　有关工作者的情绪

在小组中，工作者也是有情绪的，他们也是有牢骚的，特别是初次带领小组的工作者，有时很难把握小组的一些标准，容易出现倦怠。

（一）活动设计的苦恼

对于工作者来说，每次在带小组时都会为了活动设计伤脑筋，因为你要设计一些有意义而又不失趣味性的活动来让组员对你的小组产生兴趣。同时，各个活动还要围绕小组的目标进行，不能为了活动而活动，一定要体现出它的专业价值。虽然工作者如此费心尽力，但有时组员并不买账，甚至还会泼冷水。

我们在尽心尽力地做好小组，我们在找最好玩的游戏，最有意义的视频，绞尽脑汁地设计情景剧，可是到了组员那里还是问题百出，我们很难去满足每位组员的口味，我们又要照顾每个人的感受，我们怎样做才是比较好的呢。（社工，王翰）

开小组真的是很累的，当我将自我感觉设计得很完美的小组计划书拿给组员分享时，没想到被他们批得体无完肤，我在苦恼的同时还是不忘继续修改，毕竟它要面对组员。但是在和同学聊天时，他们说想要照顾每个人的感受几乎是不可能的，你只能拿出一份相对客观的计划书来，这样就行了。但我始终坚持认为好东西需要一遍遍修改，我要努力，小组也是一样，不断完善之后的小组活动才能收到很好的效果。（社工，张力）

其实，在实务中，没有现成的小组模式可供借鉴，我们更多的专业意见来自督导和指导老师，我们从计划书的撰写到活动开展乃至结束都在督导和老师的指导下一步步进行。但实际上真正能对你的活动开展起到实际效果的还是你自己，如当你不太满意计划书中的活动设计，总觉得不太妥当的时候，你便希望督导或老师帮你确定一个好的形式，但他们也不敢贸然决定，只能结合实务经验给出一个所谓的参考方案。然而有时你还是会觉得不妥，于是就在那里绞尽脑汁地修改

着计划书，那种感觉真的是挺熬人的。（社工，李丽魏）

（二）应对特殊组员

在小组中，如前所述，有一些组员就是沉默，就是不说话，不论你怎样动员都毫无效果；而有的组员则是喜欢讲话，什么事都霸场，整个小组活动中他占用的时间过长，影响其他组员的交流和分享；而有的则在开小组时经常和别人唱反调，美其名曰与众不同。这就要求工作者一定要针对他们采取有效的措施，否则就会影响小组的顺利开展，但这些年轻的工作者们毕竟也是血气方刚，他们的耐心和经验还需要一定的磨炼，于是有时便会有无奈、气愤等不良情绪表现出来，甚至放弃小组带领。

> 我以前也是不太爱说话的人，后来带小组时发现别人不爱说话，我便尊重他的选择。但没想到每次开小组他都这样，往那一坐，也不说话，问多了就显得不耐烦，让我很是苦恼。后来咨询了督导，也找他谈了话，但效果也不是很明显，没办法，只好将他劝退了，但我自己心理还是挺不舒服的。总觉得第一次带小组就出现这种情况，而且人家也没犯什么大错误，真的挺无语的。（社工，官敏）
>
> 其实第一次带小组时，老师和督导都说了如何应对特殊组员，我当时没怎么往心里去，觉得我开的小组是兴趣小组，组员一定会感兴趣的。而且大家都是年轻人，有的又是本学院的，怎么的都得给个面子，帮我完成第一次小组的带领。后来真的带上了，才发现冷场的现象倒是没有出现，但是有一个组员太能说了，我都整不住了。没办法，后来我就做出了限制，每个组员发言最多不超过10分钟，但他每次都超时，真让人头疼。（社工，郝文）

而且也有个别组员在生活中遭遇了不开心的事情后便对小组吹毛求疵，不断挑刺，以至于小组活动无法继续，工作者无奈欲哭。这种情况下，其实工作者并没有过错，即使有做得不到位的地方，他也在积极地改正。组员把个人情绪带到小组中，既是不尊重自己的选择，也是不尊重其他组员的表现，工作者可以心平气和地说服他改变这种行为，提醒他遵守小组规范的必要性。由此，工作者在第一次小组活动时，一定要把小组的目的和小组规范讲清楚，让每位组员知道参加小组时所应该遵循的原则。

> 有时你遇到那些特别以自我为中心的组员其实是很闹心的，特别是一些女孩子，经常将生活中的情绪带到小组中，对你说这说那，你怎么做她们也是不满意。有时我真想让她们退组算了，但又觉得这毕竟是自己第一次带小组，如果对组员连这点包容都没有，那以后怎么开展活动啊。而且也担心其他组员会对我有看法，所以就忍下来了，尽量去满足她们的要求。（社工，刘鹏）
>
> 记得有一次开小组时，有一位组员让我特生气，他最开始说要和谁谁一组，后来又说今天看他不顺眼，又不想在一起了。虽然在开组时已经强化过了，大家在小组内尽量遵守我们的约定，但到时候还是有组员让你不省心。后来我也就不搭理了，觉得这是小组，是大家的，不是你一个人的，你想怎样就怎样。（社工，刘欢）

（三）与督导的关系

在实务中，我为每位工作者都配备了督导，当时因为条件所限，所以只能选用研究生做督导。可能研究生们在鼓励和支持这些工作者方面的技巧还不是很到位，也有可能是工作者们觉得本身第一次带小组已经很累了，督导不说安慰还净提意见，因此便有很多不满。

> 我的督导是一名女研究生，总说我活动安排得不是很好，问她怎么安排，她又说我自己的小组，应该让我自己组织。记得有一次我感冒了，却仍然坚持开小组，但可能状态不好，整个人蔫蔫的。她不但没表扬我带病开小组的这种精神，还把我批了一顿，说状态不好会影响组员的心情，这种情况下就应该转换形式，放个小电影或是请组员自行组织活动，实在不行就将小组时间推后。我当时心里那个气啊，挺不服气的，觉得人家督导都能为工作者考虑，我的这个竟挑毛病了。（社工，杜娟）
>
> 我对督导的感觉一般，觉得他要求太高了，基本上是拿专家的标准来要求我这个初学者了。反正不论你怎么自我感觉良好，他都能给你提出意见来，弄得到后来我就不吱声了，爱说什么说什么，反正我

有我的规则。谁第一次就能带好啊，我希望从督导那里得到有效的建议不是一些对与错的判断，不过他的一些想法真的是挺好的，但就是要求太完美了。(社工，张晓丽)

三　工作者的收获

工作者在整个小组中应该是最辛劳的人，一个成功的小组可以说是工作者智慧和汗水的结晶，对此，每个开展过小组活动的工作者都有深深的体会。尤其是初次开展小组的工作者们，他们在这个过程中所付出的辛苦可能会更多，因为一切都在进行探索，没有任何这方面的现成经验。我的很多学生在开展完自己的小组后都深感组织小组的不易，但是，对于他们来说，第一次的经历是宝贵的，有了第一次的经验后，再开展类似的甚或是别的小组便都会驾轻就熟许多。

真的非常感谢我的组员们，在我每次做完活动进行总结的时候，他们都会提出宝贵的意见。有时我自己觉得做得不好的地方，便会主动提出来向他们表达歉意，他们总是安慰我说没事的，不是什么大问题，下次注意就好了。而且他们会通过言行告诉你他们学会了很多东西，这让我很有成就感，更加觉得应该信心百倍地去做好这个小组，因为组员对你的信任，会让你变得强大。有时也会有组员不顾我的面子直接说出了很多人不敢直言的弊端甚至有个别组员进行刁难，但我还是以感恩的心态来看待他，小组需要这些人，这说明他没有把我当外人，也愿意帮助我成长。工作者要做的就是尽最大可能为组员提供服务，因为没有工作者付出的小组不可能让组员认同，在工作者付出的同时，组员也会受你的影响去努力付出。但我还是有点疑惑，个别组员既然加入了小组，为什么不能在组内和组外保持一致呢，在组内非常活跃，在组外就完全变了，这种情况下，组员真的能成长起来吗，我的小组带领还有意义吗。(社工，安笑笑)

小组带领让我获得了很多成长的经验。不管你之前是个什么样的人，你或许粗心大意，做事没有条理，不善于总结，但是在小组里，总有机会让你锻炼这些方面，为了总结每次活动，你要敏感地观察活动进行中的细节，去聆听别人的意见，去有目的地记录一些话语，慢慢地你不再粗心大意，也会总结得很有条理。其实你在成长，你自己都没有意识到，以后的你也许会期待继续带小组吧。（社工，刘丽）

通过开展小组活动，我从中感受到了许多，首先我带领的小组主要是班级内的群体，相对来说由于组员都比较熟悉，整个小组活动相对比较容易，但是过程中还是会有许多问题存在。例如，在处理组员迟到现象、时间把握或是处理冷场问题等方面存在不足之处。（社工，张美璐）

虽然小组工作存在许多不足之处，但是还是从中学习到了许多，就是通过小组工作的策划和主持，我在一定程度上掌握了一些写作技能和人际沟通的技巧。这也是通过小组获得的成长。（社工，吴锋）

四 工作者的反思和疑惑

作为小组本身来说，所谓的理念、方式和技巧都是相对而言的。在实务中，你毫无底线尊重组员的后果会导致你在带领小组的时候毫无权威感而言，组内的冲突矛盾不能有效解决；组员各行其是，毫无凝聚力；小组的决策也会浪费很长时间，不能进行有效决断。而关于方法技巧，有些时候也是分情境来进行，有时你的概括可能在组员看来是画蛇添足，有时你的澄清他们会觉得多此一举，有时甚至觉得你的同感是无病呻吟。所以一名成熟的小组带领者，不是在刻意地应用这些技巧，而是将这些方式、方法巧妙地融入小组的活动中，成为小组的有机组成部分。

作为第一次带小组的这些工作者们，他们有时会过分地刻意追求一些方式和模板，觉得带小组就应该充分体现自身的专业性，反倒拉开了和组员之间的距离。于是在小组结束时，我强化他们对自身角色的反思，其次才是专业技巧方面的。

我觉得在带小组的时候我更多充当了一名组织者，我的组员才是真正的主导，他们就会教给你应该怎么做。他们会在每次小组结束时聊聊自己对小组的看法，并提出对小组的期待，这样我就有了活动设计的重点。但因为我带的是熟人群体，很多时候就很难放下面子去以

专业带领者的身份去探知他们内心真正的想法。（社工，刘晓）

我本身便是学生会主席，这样的身份让我在小组内很难确定好自己的小组身份，甚至有时我会觉得我的组员之所以加入我的小组，更多时候是冲着我的职位来的。但我尽量在组内以小组带领者的身份融入他们，让他们在参加活动时不要考虑我的这重身份，使我们能在一种平等、尊重、和谐的小组氛围中共同成长。（社工，张纯生）

甚至有时候有工作者在辛苦地开展完小组后会反过来追问，小组工作开展有必要吗，怎么有时觉得它的效果还不如普通的日常小组活动或者课堂授课呢。其实，在实务中，小组工作的效果有时确实不如其他形式能够给人一种立竿见影的成效，但我认为，我们要把小组工作看作是一种交流信息的平台，组员资源共享的纽带，不要把它神化，不是说别的形式解决不了的问题它就能解决好。和课堂一样，它也只是一种组织形式，我们通过课堂的形式学习知识，现在我们一样可以通过小组的形式解决问题，课堂的意义不容怀疑，同样，小组也具有自己的价值。我们不要对它抱有非比寻常的期望，但我相信它会“润物细无声”地改变着它的组员，践行着它的行动理念。

第三节　小组成员的闲言碎语

在小组中，组员是小组的核心人物，他们的收获与感受是衡量工作者带领小组成效的最终标准，因此，聆听他们的心声对于小组的评估也是至关重要的。小组本身对组员而言，也成为他们检验自身的一个最佳场域，成为纠正不良言行的有效措施。多数组员在参加小组之前，往往会表现出对自己和周围环境的很多不满，如觉得自己拖延症太严重，校园氛围不好，别人不能理解自己等等。经过小组的洗礼后，他们发生了相应的改变，能够正确对待自己和他人一些问题，能设身处地地为他人着想，这都是组员成长的表现。

一　小组动力的来源

一个小组的成功与否除了要看工作者的带领技巧外，很大部分则取决于组员的互动性如何，尤其是在小组后期，工作者逐渐抽离出小组后，组员之间的关系好坏就决定了小组后期进展得顺利与否。在一个动力足够强的小组内，组员之间相互理解，相互支持，会提供很多资源来分享。比如，在自信心提升小组中，大家都在讲自己最不自信的地方，有组员就讲出自己的个子小，所以不自信。但还没等她说完就有组员说："邓小平还个子小呢，人家不照样领导了中国的改革开放，而且有的工作个子高的还干不了呢，比如体操运动员。我还挺羡慕你娇小的身材呢，显得多年轻啊。"在这样的小组氛围下，组员之间便已经形成了互相支持、鼓励的机制，使得组员就更容易说出自己的缺点，因为他们觉得自己说出来的缺点根本不算什么缺点，而且还有组员会结合实际帮助你调整看问题的视角，帮助你从自卑的心态中走出来。又如在情景剧表演时，需要组员自己设置剧情，很多组员会觉得没有思路，这时小组动力又来了，组员之间会共同想办法，搬出脑海中所有的资源来为所属团队设计一个很好的剧情，然后大家共同努力完成，而不是各司其事。相反，小组动力缺乏的小组，组员之间关系平平，没有凝聚力，在做小组活动时很难团结在一起顺利地完成任务。彼此之间漠不关心，互不干涉，这种情况下组员想要表达自己想法的冲动就很少，这对于实现小组共同的目标是没有益处的。小组是一个团体，如果没有共同一致的行动来达到目标，只是关注个人自身的改变，是很难获得最终的满足感的，这对于小组的发展来说也是重大的致命伤。

小组动力从一开始就要培养，这就需要工作者的引导和暗示，发挥组员的主观能动性和热情。如在小组的初期，工作者应该做好示范作用，让组员明白在小组中鼓励和支持他人的重要性。当有组员不敢表达自己的想法时，工作者可以适当地引导其他组员先说，以此来带动组员们的表达欲望，做到了这一点，不仅组员之间的感情会很牢固，而且小组气氛也会很融洽。小组进行到后期，如果没有形成很好的小组动力，小组就会很散，组员不会真诚地分享自己的观点，组员对于小组可能没有一丝归属感，很难共同完成小组目标。

组员是小组的主体，他们对小组的评价至关重要，由此，工作者要非常重视小组成员的感受，因为只有透过小组的服务对象，我们才能真正看到小组的成效，应该说小组成员是小组得失的一面镜子，工作者要善"照"这面镜子，从中全面地了解问题。

二 组员初体验

一般来说，组员都是第一次参加我们的小组，所以在带小组时，我经常强化工作者要做好与组员初次见面的准备工作。这样才能让他们对小组有归属感，愿意在以后的小组生活中积极融入进来，以提高小组的效率。

我第一次对小组感兴趣是因为看到一个招募小组成员的广告，主题是如何战胜自己，觉得很感兴趣，就报名参加了。第一次见面工作者很热情，对我问这问那的，感觉很受重视，其他组员也都还行，可以融洽地相处，所以就决定参加了。活动进行中的气氛很好，会有不同形式的内容，比如游戏、情景剧、视频观赏、讨论环节等。感觉内容很丰富，但没太注意组员参加完活动后有哪些改变，但是记得只参加了四次就结束了。对于参加小组热情高涨的我来说，四次根本满足不了我，而且我感觉自己没“玩够”。因为参加小组是件很愉快的事，你可以玩得开心，又能学到东西；你不用担心说错话，因为没有人会嘲笑你，这是个氛围极好的小组；你可以了解更多人不为人知的另一面，没准就成了好朋友。现在想想参加了几次小组后，我的话越来越多，几乎每次都要在小组中发言，因为有人会倾听。（组员，赵廷）

当然糟糕的小组经历也不是没有的。初次见面工作者就没主见，组员沉浸在一片娱乐的氛围中，我们的小组到最后真的成了游戏小组，而且一个游戏可以玩一节课时间。最后同学们评选最喜欢的专业课程竟然是小组工作，因为它轻松、有趣、好玩。现在回想起来这个小组之所以失败是因为从一开始就没有使组员认识到小组工作的意义，也没有在初期建立起对小组的认同感。工作者没有交代清楚每节活动内容，而且组员对于游戏之外的形式完全没有兴趣，工作者到后期没有办法，只好让组员代替了自己的位置，主导整个活动的进行。同时，我觉得工作者没有就出现的问题及时和督导沟通，认为可以糊弄过去。（组员，邓兆光）

之前对小组的印象可能更多地停留在游戏，还有工作者的付出上，在参加完第一次小组之后，这种印象似乎改变了。一、我们原来说不太喜欢参加小组，但是第一次活动下来我们仍笑着讨论今天的小组活动，回忆着对每个组员的印象，我们对小组明显已经有了依赖；二、我们都怀着一丝期待去参加下一次小组活动，期待工作者会带来一些不一样的体验，我们已经准备好参加下次的小组活动并积极做好了工作者留给我们的家庭作业，因为有了准备才能更好地与其他人交流，才能实现小组的目标；三、参加完这次小组，我们收获了很多资源，也结识了很多朋友，我们其实很讨厌写东西，但是在这次小组结束时，我们都写了对小组的感受，这将是我们之后的回忆；四、有些活动给我们的感受是我们一直在被剖析，一层层地把自己暴露在其他组员面前，其实不是很喜欢这种感觉，但同时又非常期待和震撼，原来我在别人眼中是这样的。（组员，崔东方）

小组成员对小组的感受从进组之前就会产生，直到小组结束他们才会完成这样一个认识的过程；他们对小组的认识也是在不断地探索中的，从而逐步形成对小组的评价。进组之前，没参加过小组的成员可能会不断地思考小组是什么、怎么开展的、加入这个小组有什么作用，并感到满怀期待；在开展每期小组活动的过程中，小组成员会慢慢进入状态，融入小组中，同时他们依旧会思考很多问题，比如下期会开展什么活动呢，我要不要继续参加呢等等；而在结束了小组之后，他们会对小组有一个整体的评价，更会对小组是什么有一个自己的定义。如有组员便曾向我反映说："老师，小组不就是做做游戏聊聊天吗，很简单呀，我也学会了。"还会有组员和我交流道："老师，小组跟普通的活动好像没什么区别，我没感觉到它有什么特别的。"是的，这些就是组员们可能的想法，对于这些问题我们该如何认识并如何回答呢，在这里暂不给出答案，因为，我们只有将上面两个问题自己想清楚了才能真正理解到小组的魅力。

三　组员的心声

小组成员参加小组总是带着一定的目的，也带着对小组的信任，希望会给自身带来成长。小组成员感受着每节小组活动，对于活动的连贯性、目的性都有真切感受，所以组员的感受对于小组评估至关重要。

对于小组，组员们可能产生的不良想法有：1. 太累了。要连续参加好几期，每期时间也都不短，坚持不下来。2. 小组没意思。有的组员会感到工作者主持技巧不佳，没有吸引力，或者活动设置老套、没新意。3. 觉得没什么作用。有的组员会感到通过小组并没有什么收获，从而对小组产生怀疑。4. 不喜欢工作者。工作者的外貌、主持风格或者言语方式不是组员所喜欢的，让组员不感兴趣。5. 没有参与的积极性。可能由于各种原因，组员们会对小组敷衍了事，在小组中处于被动状态。

这种情况下，他们在参加完小组之后，便会有不同的声音出现。作为工作者，也一定要多加留意，做好组员的安抚工作。如有些游戏的设计，组员会觉得超出了他们的能力范围，挑战了他们的底线，这种情况下工作者就该考虑组员的意见，重新思考设计；也有的组员由于种种原因，就是看某个组员不顺眼，甚至在组内起冲突，影响了小组的正常进程，如果工作者不能有效处理，也会降低自身的专业魅力。

> 我到现在为止仍然觉得当时工作者让我们做的那个游戏有点太过了，因为所谓的拓展也应该充分尊重组员的意见，反正我当时是不太喜欢参加的。但看到别人的积极性很高，所以我也就参加了，但我不是一个喜欢冒险刺激的人，所以希望下次做游戏时不要全员参与，有些不想做的像我这种，是不是可以选择不参加。（组员，杜晓）
>
> 其实当时我和小李之所以冲突是因为我觉得她太嘚瑟，有什么了不起的，不就是因为家里有点钱吗！虽然工作者在这方面做了很多工作，声明小组内平等、尊重的重要性，但我就是觉得不应该让这样的人加入小组，不然我们压力太大了。总觉得她在我们身边就是很不舒服，很难和她和平相处。（组员，钱莉莉）

这种情况在工作者的有效处理后，是可以避免的，但在日常生活中，工作者还是要关注组员在组内的表现，以更好地了解他们的感受和需求。比如，组员想要表达的欲望没有被注意到时的失落神情；对某个游戏提不起兴趣时表现出来的懒洋洋的样子。工作者不用刻意找组员了解情况，更多的是要营造一个良好的交流氛围，让组员更倾向于去表达自己的感受。

当然，更多时候组员们对小组的成效感是比较强的，还有一些组员在这里收获了很多朋友，链接了一些资源，深感加入小组的难能可贵。1. 感到小组形式很有新意。有时为了增加小组的趣味性，工作者会设计一些游戏或情景剧，寓教于乐。2. 小组活动很吸引人。在工作者的主持下，组员们积极地参与到活动中，畅所欲言。3. 感到收获颇丰。在小组中组员们深入交流，在这个过程中增长了见识，收获了友谊。4. 对小组的结束感到不舍。希望继续维持和小组的关系，不希望小组结束，感到很不舍。5. 希望再次参与小组。对工作者下次开展的小组感到期待，或者希望工作者能为其介绍新的小组。

> 我最开始参加小组是因为我的四级考了几回都没过，自己觉得很纳闷，我也考上大学了，怎么就一个英语考试过不去。说实话，自己很不甘心，觉得别人能过，我也一定要过去。当时参加这个小组挺不好意思的，毕竟自己没过去，但进组之后才发现，原来这么多人和我有相同的境遇，心态一下就好了不少。通过工作者的介绍和组员的分享，我发现了自己的很多问题，在技巧方面还是要有待加强的。（社工，王婷）
>
> 我之所以加入进来是因为同宿舍的人都来了，所以我也就来了，本来不抱什么目的，但发现这个小组的主题和我们目前的生活很贴近，于是便很感兴趣了。工作者和我们是同龄人，大家可以毫无拘束地敞开心扉，那种感觉真的挺好的。（社工，刘晓满）

四　不同时期组员的反应

除了听取组员的心声，工作者也要结合小组各个阶段组员的不同表现，衡量小组的进程和功效。在小组初期，由于组员们第一次见面或是第一次参加小组，他们会感觉很新鲜，安静地听从工作者的指挥行事。即便在发言环节，组员们也都在彼此试探着，等待着，甚至要等到有人发言后，自己才会有选择性地发言，组员之间的交流很少，甚至没有，因为大多数组员不想把自己过早地暴露在其他组员面前。

到了小组的中期和成熟阶段，组员之间比较熟悉，每位组员的性格都凸显出来，相互交流的话题变多，不用工作者从中引导，组员之间就能很好地交流；不同的观点也渐渐增多，因此，组员之间的冲突也出现了，大家似乎有很多话想说，但是还是要考虑到其他组员的看法，不能把自己的真实想法说出来。在这个时期，组员也开始质疑工作者的实力了，渐渐把工作者边缘化，想要独自进行这个小组，当然小团体也会出现。似乎从小组第一次活动结束后，组内已经有人根据不同的标准不自觉地分了组，站了队，随着小组的进行，组员之间就会形成小团体。小团体成员们形成亲密性的关系，很少与组内其他成员交流，其他组员有的试图进入这样的小团体，有的则采取了视而不见的态度。这种情况有时会成为小组的动力来源有时会导致小组的分崩离析，这也向工作者暗示了小组进行中似乎存在的一些问题，工作者应该及时找到问题的根源和解决问题的有效方法，使小组成员的关系更加密切，促成小组活动的顺利进行。

小组进行到后期要结束的时候，组员会出现完全不同的两种情况。一些组员出现了两极情感，他们认为自己的小组目标已经达成，急于走出小组，但是和其他组员长期的相处使得他们不愿与其他组员分离，于是约定时间，留下联系方式。这些人对于小组极其的肯定，在小组内收获了满满的正能量，对小组工作者认可，对小组活动肯定，并表示会为小组工作做宣传，希望更多人参与进来。很多组员因为参加小组成为好朋友的事情很多，因为小组而扩大了自身交友圈的现象更是比较普遍，作为工作者也乐意看到这样的成长。另一部分组员则是另一个极端，他们在小组后期还没意识到小组要结束，认为自己的目标没有完成，对工作者有一些抱怨和牢骚，不想离开小组，但是不得不离开。他们大多数觉得小组带给他们的感觉就是玩，做游戏，而且没有游戏就觉得没有气氛。甚至你会听到很多组员离组后抱怨小组活动次数太少，觉得自己刚改变了一点点就结束了，这就告诫工作者不要把小组活动变成小组娱乐的工具，要真正地为组员思考，凸显我们的专业关怀。当然也会有组员把最后一次小组活动当作发泄的场所，在组内将自己参加小组的不满表现出来，也会和其他组员就某个问题展开激烈辩论，甚至完全无视小组的主题而选择自己喜欢的话题在那里滔滔不绝。

作为工作者，一定要将每个阶段的组员反应都印在脑海中，刻在心里，这样才能更好地对小组的行程进行很好的把握。对于组员的反应也能及时做出回馈，及早发现问题的端倪，拉近和组员的距离。在带领小组的过程中，工作者要尽量将组员放在第一位，特别是初次带领者一定要充分认识到组员的重要性，这样才能保证小组目标的实现。具体为：第一，要保证每位组员都成为资源的提供者和链接者，让他们意识到资源共享的必要性；第二，工作者独自处理组员的问题和需求会有很大的压力，适当将球踢给组员，体现集体决策的能力和魅力，永远不要看轻组员的能量，他们是很有发掘潜力的；第三，在带领小组的过程中，工作者虽然做好了充分的准备，但还是需要组员给予一定的建议，这样才能保障小组的实效，所以说，工作者是在组员的影响下成长的；第四，组员才是小组活动的执行者和成效的见证人，因此，作为工作者要时刻关注组员的表现，将他们视为检验小组成效的重要标杆；第五，尽量和组员成为朋友，带动他们切身体会小组的互助性和互动性，让他们成为小组工作的活广告。

第四节　督导的苦口婆心

督导在小组工作中是不可缺少的一部分，他同工作者一样陪伴小组活动过程的始终，成为小组成效的见证人，伴随并指导着工作者的成长。

一　全方位指导

督导意为监督、指导，小组工作中的督导扮演着不可缺少的角色。在社工机构里，督导必须是一个很有经验的专业人士，他可以对小组活动进展的情况做出客观、全面的评估。督导评估可以指出工作者和组员评估所忽略的一些问题，能从更宏观的层面来对小组活动开展中存在的漏洞进行补充和修订。同时，针对带领者在实务中遇到的一些问题，及时给予指导和帮助，缓解他们因小组带领所带来的紧张情绪，促成他们积极有效地完成小组的使命。

在学生们第一次开小组时，我都为他们配备了一名研究生督导，当这些研究生们接到做督导的任务时，起初都很高兴，并对我说："老师，督导应该很好做的，不就是他们开小组的时候我坐着看就行了吗，然后再提点意见"。当然也有没底的，觉得自己虽然带过小组，但真正去督导别人的小组还是有一定困难的，于是我一般在督导们上任前要做一番动员和培训。让他们认识到在学校里担任这些本科生督导所应该注意的事项，如督导不是甩手掌柜，更不是可有可无的虚设，做督导要担负起对小组的责任，更要有一种审时度势的大局观；另外也不能大包大揽，什么事都亲自操刀，让他们养成对督导的依赖性，但也不能让他们完全无视督导的存在；特别是一些技巧的运用上，督导一定要适当引导，不能强迫他们；个别工作者还要做好动员工作，激发起他的带领热情和干劲。

然而，整个督导工作做完后，他们中的有些人还是会满怀困惑地找到我：“老师，您不是说督导不是可有可无的虚设吗，可是为什么我感受不到自己在其中的作用，所能做的也只是看一看、说一说，督导在小组中究竟应该做什么?”一些督导更是觉得和工作者的沟通都有困难，认为工作者没有按照他说的去做，觉得很是郁闷。是的，对于这些研究生提出的问题我表示理解，因为他们还不能很好地理解督导在小组中的作用和功能，于是在高兴地当了督导之后又感到垂头丧气。他们起初认为督导很容易担任而兴奋，后来又为自己在其中并没有实际意义而困顿；他们最初决心要在其中“指点江山”、大显身手，后来又发现自己无事可做、无所适从。那么，作为这些初次担任督导的研究生们，又应该如何做呢?

首先，督导可以和工作者就小组计划书、小组招募情况等进行协商，工作者有任何疑问或困难都可以找督导咨询和求助，即使工作者没有主动联系，督导也要主动问询工作者有什么需要协助的。在这个过程中，督导可以对整个小组进程进行指导，发挥统领全局、指导协助的功能；其次，在开展小组的过程中，督导并不只是“冷眼旁观”的角色，更要发挥“场外主持人”的身份，对工作者的一些带领技巧及遇到的问题进行评估并帮助解决问题，从而促成小组的顺畅进行。不过，督导最重要的工作还是评估，如小组工作者的带领技巧，包括引导、倾听、对质、澄清、接纳、分享等；还有就是评估小组的工作成效，包括小组计划的可行性，组员的参与积极性、目标达成度等等。

督导评估可以帮助工作者认识到自己的工作效果，以便在下次更好地改进工作，同时，帮助工作者有效地处理一些困境和问题。当然督导评估也很苛刻，它会详细到你想象不到的任何一个细节，甚至一个动作、一个表情，但这些都是值得工作者谨记然后尝试去改变的。

二　督导与你同在

在本书中所提到的小组督导，如前所述，由于条件所限，我们一般选择有带领经验的研究生来担任。虽然这在某种程度上违背了社会工作伦理，但也是内地教学条件和社会工作专业督导队伍建设缺乏所造成的。就实务教学本身来说，这种督导模式实际上也可以看成一种师徒式的带领，再加上指导教师的跟踪指导，所以实务效果还算可以。由于是一对一的配备督导，所以督导基本上参与了整个小组的历程，再加上临场督导，能够及时有效地帮助工作者发现问题。而作为督导本身来说，这样的一个经历也有利于他们更好地领悟小组的真谛，将研究更好地融入实务中，形成一定的经验和模式。特别是年龄上的接近，更有利于他们和工作者之间的沟通，促成了双方的共同成长。

我以前没有督导概念，当时带小组的时候都是老师针对我们提出的问题进行事后指导，到了研究生阶段，老师说要让我做督导，而且要临场，当时是有点蒙的，不知道怎么办才好。以为督导就是在旁观看小组开展的情况，然后在小组结束后，针对工作者的表现做一个点评。后来经过指导教师的培训，才知道我们需要注意的事项是很多的，虽然整个过程下来，你相当于把你督导的小组重新带了一遍，但感觉还是挺好的。(督导，董小妹)

我以前带过关于情感的小组，所以老师说谁能督导异地恋小组时，我便报名了。本以为自己以前带过，这回督导别人带类似的小组一定会得心应手，没想到不是那么回事。从一开始主题的确定、计划书的撰写，一直到每次小组活动的开展，我基本上都是和我的工作者一起完成的。她的一些方法对我启发很大，特别是关于情感交流的技巧上，她处理得比较游刃有余，让我自叹弗如。因为这是一个相对隐私性的话题，有些组员交流时不是很到位，我们便一起商量如何引导他们进行有效表达，有时我们俩就进行情景模拟，好让小组开展得更好。所以有时我觉得我不是督导，而是一名小组带领者。(督导，萧笑文)

起初我以为督导就是等着我写好计划书帮我检查而已，没想到她会全程陪伴我，真的挺感动的。因为是第一次带小组，很多东西都不太懂，后来督导找到我说有没有需要帮助的，那个时候我已经写好计划书，可是认为小组的主题还是不太合理，于是我们一起商量，这时我对督导的想法是多了一个帮我的人，可是我好像高兴得太早了。当我说完我的主题和简单的计划书后，大部分内容都被督导否定了，于是我便希望她能给我一个主题，可是她说还是让我自己决定比较好，于是我就又重新想了几个，发给她看了下，然后我们又商量了一段时间，最终确定下来。所以个人的感受是工作者不能把所有希望都寄托

在督导身上，应该是有自己的想法，加上督导的指导和引领，这样才可以更好地带领小组。（工作者，曾巍赫）

在带小组时，由于督导由研究生担任，多少是有些不服气的。我真正从内心深处接受督导是在小组中后期，当时因为对于小组的进展不是很有把握，所以找到督导，督导听了我的想法之后，我们一起想策略，对于每个形式的可行性认真讨论，最后共同商量出一个最理想的。在每次活动结束时，我也会和督导讨论这次的效果，督导总是那个一直在鼓励我，帮助我想办法的人。我对督导的想法都很欣赏，当然不是每个都会认同，因为有时候想法是好的，执行的时候并不乐观。（工作者，朴美惠）

所以经历了小组活动之后，工作者往往和督导都对小组工作有了一个更深一步的认识，他们在评估中彼此借鉴，在交心中彼此欣赏，成为无话不谈的朋友。我想这也是多年来学生带领小组的动力来源之一，因为研究生督导的热情和认真让他们看到了小组工作的真正魅力，而且也意识到了自身的专业成长。

三　典型督导报告

其实，关于督导报告，我并没有规定具体的形式，只要把问题反映出来，帮助工作者成长即可。这里介绍几种形式，以供初学者参考。

（一）混杂型

这一类督导报告将工作者带领的优缺点及督导建议混在一起，而且每次活动均有详尽的问题反馈，帮助工作者更加明确自身存在的问题。缺点是没有给出具体的建议，工作者有可能要在实务中具体摸索才能有效地理解。具体如下：

养生小组第一次活动督导报告

（工作者：刘笑池　督导：武美玲）

活动时间：2013年11月24日18：30—19：10

1. 破冰游戏较好，让大家对自身及他人的养生情况有了更深一步的了解。而且在活动开始之前要求每位组员填一份问卷（前测问卷)，有助于小组活动结束之后的评估工作。

2. 采取了签到制度，保证了组员的出勤率。

3. 在活动开始时，就要求组员手机静音，但没有说明目的，让组员有一种强迫感，建议向组员说清楚，关闭手机，是为了保障活动的顺利进行。

4. 有一名组员缺席没有参加活动，需要向其他组员说明情况，这也是对其他组员的尊重。

5. 工作者不是很熟悉活动流程，在游戏环节，中途离场去拿计划书。建议熟悉活动的每一个环节，实在记不住可以制作手卡。

6. 游戏在没有示范的前提下就开始，导致很多组员不知如何进行，建议多进行示范。

7. 工作者积极带动小组讨论，气氛很活跃，但有时有点跑题。

8. 工作者喜欢打断组员的话，这一点需要注意，这也是对组员的尊重。

9. “再不说话我就点名了啊”类似这样的话让人有一种强迫感，工作者可以适当地通过眼神暗示或语言提示鼓励组员发言。

10. 充分利用志愿者，记录整个小组的流程以及每一位组员的表现，而不是由工作者低头做记录。

（二）问题提出型

这一类督导报告只是提出问题，但没有对工作者进行建议和指导，可能督导觉得问题也只是一个参照，留给工作者更多的思考空间。

Lady Class 小组第一次活动督导报告

（工作者：金旖　督导：马捷）

1. 工作者对组员不是很熟悉，部分组员叫不出名字，前期准备不足。

2. 第一环节　自我介绍。没有给组员一个介绍的模板，导致一些组员只说了名字，没有达到彼此熟识的目的。由于采取的是轮流式介绍，组员之间的互动性很少。

3. 第二环节　可爱的小猪游戏。游戏环节所用时间过长，工作者没有参与其中，只是作为旁观者，显得很多余。

4. 第三环节　小组讨论何为淑女。工作者先给出了淑女的定义，束缚了组员的思维，以致中间出现冷场，话题衔接不到位。

5. 第四环节　对小组的期待。由于采取的是书写的方式，导致组员之间的信息没有进行有效交流。

其他：

1. 工作者和志愿者的配合不到位，PPT 播放不能配合工作者的活动节奏。

2. 工作者表现得太随意，经常和一些熟悉的组员交流，忽略了组内的其他成员。

3. 工作者口头禅“就是”“在我看来”等频繁使用，影响了带领效果。

4. 一些技巧如澄清、摘要等没有有效利用，在组员有异议时没有及时进行说明和解释。

（三）综合型

这一类评估优缺点和建议分明，内容完整，可以分次数进行，也可以整体评估，有的还由工作者和督导共同完成，体现了相应的合作精神和认真负责的态度。

友谊地久天长小组第二次活动督导报告

（工作者：杜依桥　督导：翁嘉慧）

优点：

1. 及时向组员解释了小组时间延后的原因，以及对两次活动间隔时间长的歉意。

2. 工作者比较能够关注组员的动态，彼此互动很好。

3. 能抓住组员的特点适当进行引导。

4. 关于视频的突然截止，以“我剪截到这”为由进行了救场，对于突发事件应变很强。

5. 对于特殊组员，给予关注，调动了他们参与的积极性。

缺点：

1. 口头语“然后”说得较多，显得有些紧张，遇到有组员对质时不能及时调节。

2. 两次活动间隔时间较长，没有重点强调小组主题。

3. 心理测试部分，并没有有效利用测试的结果。

4. 视频比较短，让观看的人意犹未尽。

5. 结束得有点突然。

建议：

1. 尽量避免在组员面前表现出紧张的情绪，不要让自己的情绪影响到组员。

2. 协调好每次小组活动的时间和地点，如有变动，及时说明。

3. 对于小组成员的变动情况要进行说明，让其他组员明确小组的成员变化情况以及原因。

4. 可以适当鼓励那些比较活跃，爱说话的组员成为小组的核心成员，以带动小组的气氛。

5. 小组结束时，应提示组员下期活动的主题、时间、地点等，让大家做好准备。

大学生生活适应小组

（工作者：张洋洋　督导：于洋）

1. 小组目标及目的达成：

通过四次小组活动的开展，小组的目的和目标基本达成，新生对于大学生活的适应状况有了一定的改善，对于即将开始的学习生活充满了期待与希望。同时，通过四次的小组活动，同学们对于彼此的性格和生活习惯有了一定的了解，促进了情谊的建立和资源的分享。

2. 小组内容与方式：

小组计划书的撰写比较符合规范，小组内容的设计符合主题需要，但小组活动的开展主要是通过游戏和讨论进行，小活动方式相对来说比较单一。由于招募的小组成员为大一新生，而且是本学院的学生，所以在开展活动的时候，同学们表现得很配合、很主动，活动开展得比较顺利。

3. 组员的关注度：

开展小组活动的过程中，有个别组员表现得很积极，成为整个小组的中心；但是也有个别不善于表达自己想法的组员，参与活动的积极性和热情需要启发和鼓励。工作者要强化这两种类型组员的参与度，尽量做到让所有的组员都能积极参与其中。

4. 小组工作者的表现：

小组工作者的语言表达能力较好，基本上能够控制住整个小组的活动场面，但是还需要提高自信心、感染力和号召力。在每次督导之后，都会不断地改进和完善，对于每次的活动都能够恰当安排。

5. 招募及宣传：

小组成员的招募主要是本学院12级社会工作专业的新生群体，数量也比较多，也可以算是半熟人群体，因此在小组招募和开展的时候比较顺利，但是在开展活动时也会出现组员未能及时参与的情况。

6. 小组互动：

工作者与组员以及组员与组员之间的沟通交流较好，每次小组活动的气氛也比较活跃，组员都能够积极参与其中，但在小组活动的过程中有些组员比较随意，没有一个很好的规范作为向导指导小组成员的活动。

建议：

1. 在开展每节小组活动的时候，要尽量将活动的主题跟组员说清楚，让大家知道本次活动的具体目的，最好在开组之前，将小组计划书发给组员，让他们能够更清楚地知道每节小组活动的内容，并做出相应的安排。

2. 小组活动的开展，更多的是以游戏和讨论来进行，可以适当加入情景剧、视频赏析等活动环节。有些小组游戏的内容也与主题不是太契合，建议在今后开展小组活动的时候要将小组主题与活动内容紧密结合。

3. 由于是半熟人群体，在开展小组活动的时候，有些组员表现得很随意，工作者要适当控场，提出一定的小组规范和小组要求。

4. 虽然是第一次带小组，但工作者仍要缓解自身的紧张情绪，强化自信心的培养。

5. 每次开展活动后，要及时完善小组计划书，这样更有利于下一次活动的开展和顺利进行。

6. 在时间的把握上，还需要再精确一些，尽量不要拖。

第五节 指导老师和教科书的金科律令

在带小组时，工作者觉得最权威的就是他们的老师和教科书了，于是带小组的过程中，除了督导之外，他们最常求助的便是指导教师和教科书。而且本书中所谓的督导其实并不是专业的，充其量只能说是实习督导，因此当他们遇到问题时，也是要指导教师来把关的。但是当老师也有当老师的无奈，教科书也有它的局限之处，这些都是需要我们在实践中要加以借鉴的。

一 指导教师的无奈

我个人认为，学生要想真正掌握小组工作方法，就必须通过实践。所以每年我教授小组工作课程时，都会在课程学习的学期中间阶段，要求学生们每个人都带小组。事实上，无论是学生还是作为老师的我，起初都是怀着忐忑的心情的：他们对怎样开展小组，能不能开展好都在心里打着一个大大的问号；我也一样地跟着担心，总是设想他们是否会遇到什么问题。学生们在课下紧锣密鼓地准备着，每次课堂上课的时候，我们除了继续进行小组课程的知识学习外，还要共同讨论他们目前的开展状况，就是在这种互动中，我陪着他们一起完成了一场场的“小组首次秀”。学生们在这个过程中的辛劳和努力我是知道的，他们要写计划书、要进行招募、要进行场地和开展时间的协调、要顾全各种细节、要组织每一期的活动、要不断地调整和完善计划、还要整理出小组记录。对于他们每个人来说，每个环节都是挑战，任何不会的地方都需要他们查找资料进行学习。小组活动一般要开展4—5期，每期的间隔时间约为1周，而他们从开始着手到最后结束前前后后辛勤地忙碌了两三个月。在这个过程中，老师始终处于一个指导的角色，从工作者写计划书到每次活动的开展，再到活动结束后的评估，都需要老师悉心跟进。但在这过程中，不是每位工作者都能将专业知识领略到位，也不是每位工作者都能用心带领，于是就给指导教师出了很多难题。

（一）计划书设计得不规范

我一般要求工作者在开组前，首先要将计划书交给指导教师看看，这样好帮助工作者更好地发现问题。但有些工作者为了图省事，一般将活动次数设计得很少，但每节活动又都是满满当当的，其中游戏占据了很大一部分，甚至有人认为小组就是做游戏。于是老师不禁感叹：短短两三节活动，怎么能够满足组员的一系列要求呢，而且三次活动小组很难达到成熟，组员也很难接受；每节活动的时间大概都是90分钟左右，不知道这么多内容组员能否在这么短的时间内消化；每节活动都靠游戏来维持，而且游戏的设计纯粹是玩，没有向主题靠近，这样的单一设计会给组员带来倦怠感；最重要的是每节活动的主题没有突出，组员迷迷糊糊地来参加这次活动，有点找不到北的感觉。虽然如此，但仍有工作者执迷不悟，认为自己的设计就是最好的。

（二）小组开展的随意性

很多时候，学生初次带小组都会特别紧张，都想抓住老师这根救命稻草，希望老师提供尽可能多的帮助。老师提供了课件、游戏大全、计划书模板还不够，学生们还希望老师手把手地像合作者一样帮自己一起构思小组，认为这样才是称职的老师。“老师，您给我们带个小组，弄个模板出来，我们好去模仿”；“你这有现成的方案书没，帮我们拷几个”；“您说要是组员突然不来了，怎么办啊”；“我这个人不爱说话，没办法和组员交流，怎么办啊”；“参加别人的小组感觉很好，但我自己带小组时，就感觉特费劲，这是怎么回事”。

其实我们的目的是想通过带小组，强化一下学生独自做事的能力，考查学生对这门课的掌握程度，但很显然学生们将希望寄托在了指导教师身上。而且社工专业的学生大部分都是调剂来的，他们本身对这些专业的方法并不是很感兴趣，带小组也只是为了完成课业而已，特别是在开展小组时，这种应付的心理影响了小组的魅力发挥。

按照要求，小组招募要制定招募计划、发放传单或贴宣传海报、筛选组员，但在实际的操作中，初学者们往往没有招募经验和专业意识，不少人将这些步骤简化或直接省略掉，甚至有人搞亲情赞助。这样招募来的组员因为都是熟人，没有代表性和差异性，有时候就会影响工作者带领技巧的发挥，特别是一些专业性的方式、方法，需要有特定的情境，经过多次的磨炼才能成熟运用。如有的工作者在组织小组的过程中过于胆怯害羞，搞不清楚自己在小组中的角色，使得自己处于被动地位。有时工作者完全失去了存在感，组员不理会工作者，自己掌握了话语权，工作者从始至终在小组中如局外人一样；而有的工作者则恰恰相反认为自己是小组的主导者，所以在小组中要求组员按照自己的想法做事，不顾及组员的意愿，过于控制小组，使组员处于从属的“听课”地位；还有工作者在主持中没能很好地把握小组技巧，使得个别组员在小组中没有发言权或受到不平等的对待，从而使小组缺乏深层次的讨论等等。

虽然我在课堂上经常强调工作者的语言表达能力一定要好而且也进行了强化训练，可是在带领小组时，仍有工作者的语言表达能力不过关：音量很小，说话没有底气，蹩脚的开场白，偶尔还说出很生硬的在别人听来不太舒服的话，这些都很影响工作者的能力发挥。更有一些工作者抓不住小组的本质，如在活动设计时只求热闹和吸引人气，忽略了小组的真正目的。还有工作者为完成小组任务刻意地讨好组员，成为名副其实的服务生，失去了小组工作者的专业价值。

作为指导教师，我当然希望学生们的小组开展得专业而规范，但是，对于他们来说，专业课仅仅学了两年多，小组工作更是初次接触，所以，小组工作的实际开展情况往往和理想中的有很大出入。所以对于这些初次带领者，只能是边学习边实践，很多东西只能凭感觉来，对于专业的把握并不精准，这些都是需要我们在实践中要进一步强化的。

（三）评估参差不齐

虽然评估在小组中占据了很大的分量，我也要求学生们在开展小组的过程中以及小组结束之后要注重对小组的评估，但是，由于对评估方法掌握得不到位，加上自身不够重视，使得评估做得不是很好。如有人采用单一的问卷评估，但却没有深入的问卷分析；有人采用多方评估，但基本上处于各说各理的状态。有组员碍于面子，持有保留的意见，认为小组已经结束，评估与自己无关，不愿发言；也有组员说出了一堆憋在心里很久的话，指出工作者的种种不是，气氛相当得不和谐。而有些督导则是高人一等的样子，对小组活动随意批评，带有很多的个人主观色彩。作为工作者，也是以小组结束为己任，不想为了评估浪费精力，这就使得评估不严谨，方法也欠妥当。这时指导教师只好出来收场，把每个小组的带领情况通过视频再重新看一遍，以客观公正地对工作者及其所带的小组进行评估。

二　教科书的参照性

教科书是一种模板，它可以教给你入门的很多东西，甚至成为指导你实践的金科玉律。我们老师在授课时，也是参照书上的内容进行讲述，就好像有了指挥棒，可以指引我们前进的方向。于是，教科书也成为我们开展实践的依据，工作者据此进行小组活动的开展和专业能力的学习。

（一）“万能”教科书

学生最开始接触小组时，是来自于教科书的讲授；工作者在开展小组时，往往根据的也是教科书的说法。在设计小组计划书时，拿着教科书，我们心里有底。有了它，计划书可以轻松搞定，因为书里有模板，有注意事项和理论解读，这些我们都可以借鉴，这时我们发现教科书真是一个好东西。书里还告诉我们一般设计几节活动会比较好，也告诉我们如何招募组员，如何进行活动的多样化处理以及如何去描述小组的目标和性质。在开展小组之前，我们为了应对各种情况，去学习课本知识，然后我们知道了工作者在小组各个阶段应该起什么作用，什么时候该从小组中抽离出来比较合适；我们也明白了如何解决组员退组的问题；我们已经将小组工作的原则和价值观深深记在脑子里，只想着在实践中大显身手一把；我们也会考虑带领小组的技巧，如何倾听，如何澄清，如何引领组员，我们以为看了这些就会很强大。

在带领小组时，我们真的遇到了各种情况，但我们却心里有底，因为书上有现成的例子可以借鉴。如看到组员兴趣不高，我们就活跃气氛，就开始做游戏；在评估时，我们按照书上写的那样把所有评估方法来了一遍，小组记录、问卷、组员讨论的内容都一一记下，认为这样很全面，做得很到位，能够更好地总结小组。这些都为初学者们提供了宝贵的知识财富，将小组工作的精华一览无余地展示在工作者面前，为他们更好地带领小组提供了保障和支持。

但在带领小组的过程中，往往会出现一些问题是书本上所没有的，如在小组中，有时会有观摩人员出现，作为工作者，应如何处理；另有的组员无论你如何动员，人家就是不积极参与，但也不退组，这种情况下该如何是好呢；还有就是关于评估，到底应该如何进行才是最有效的呢？于是，类似这样的问题不断困扰着工作者，尤其是初学者，对于一些标准很难把握，于是就会在实务中出现一些困扰，而这些不是仅靠书本就能解决的。即使是书上的知识，每个人对它的领会程度不同，在实务中也会出现相应的差异。

（二）活用教科书

开组前，我经常要求学生要把书看透，要把一些注意事项弄明白了再去开小组，但仍有人对此毫不在意，照搬照抄，没有进行灵活处理。如我们设计小组游戏时大家经常使用大风吹的游戏来活跃气氛，但这个游戏并不是放之四海而皆准的。如果你开设的小组是针对老年人的，那这个游戏的形式就应该适当调整一下，不用他们来回跑，而是可以采取摸耳朵或者拍手的动作。总之，游戏的设计要针对不同人群而采取不同的方式，书上的模板只是一个参考而已。

在我们带领小组时，要运用很多技巧，比如摘要，你如何将组员所要表达的意思完全领会明白之后概括一下，这些东西书本上没有现成的，但当你真正带小组时却需要你马上理出思路，做出回应。在这个过程中，你需要做的不仅仅是摘要，你还要学会倾听，站在组员的角度去考虑问题，才能真正理解他说话的重点。

另外评估也是如此，书上讲了很多的评估方法，但在实务中，并不一定都适合你的小组。如你的组员都是学龄前的儿童，你的问卷设计就没有必要了，但你可以通过他们参与的积极性和交流情况看一下小组的效果。

（三）一点不成熟的认知

其实，书上的内容对于每个小组工作者来说都只能是一个参照，小组工作是将理论与实践结合的过程。由此，我们的理论基础当然要从课本中学习，我们的实践经验也要慢慢摸索，只有将基础学扎实，在实践中多点变通和思考，教科书上的一些金科律令才会闪耀光辉。

对于小组工作该如何开展，我们从教科书上能获得指导，相关教科书对小组工作的定义、功能、模式、技巧、发展阶段、评估、计划书撰写等给出了详尽介绍，教科书是一种系统性的知识，通过对小组工作教材的学习，我们能对小组工作有一个完备的专业认识。同时，教科书中的知识是较为详尽而全面的，它是一种经验总结，我们在实际的小组工作实践中，要尽量做到贴合教科书的专业性要求。

不过，教材不是“教条”，更不是僵化的，我们在实际的小组工作中要注意随机应变；另外，即使再权威的小组工作教科书也不可能面面俱到，所以，我们在小组工作的实践中要注重自身对小组的理解，大胆创新，注重自身经验的总结和积累。

第八章　小组花絮[①]

社会工作在中国是一门还在不断发展的学科，它有着很强的实用性，就像它本身的价值定位那样，是一门助人自助的专业。由于种种条件的限制，它在中国的学科教育发展状况还不容乐观，虽然许多高校都开设了社会工作专业，但是实际的运用效果还不是很乐观，授课教师只是停留在书本知识的解读，并没能在实务中教给学生如何实践的技巧，使得很多社工专业毕业的学生只是停留在纸上谈兵的阶段。基于此，我在教授小组工作这门课时，除了进行书本上的讲解外，还会利用六周的时间在班上自己带一个班级建设小组进行示范，同时请学生也根据自己的情况在班里开设1—3个小组进行试带领，其他的同学进行临场观摩、评估，一起探讨技巧的要领。然后，利用六周的时间组织所有社工专业同学在全校范围或是社区内带领小组，由有带领经验的研究生负责督导，我则作为指导教师随时跟进。虽然这种实践教学模式还不太成熟，用专业的眼光来看还存在很多弊端，但它确实让学生真切地进行了实务的训练，体会到了这门课程的专业魅力。因此，在这一章，我和我的学生们将就实务中所经历的一些困惑和反思，呈现于读者面前，希望能得到更多专家、学者的批评指正。

第一节　工作者的茫然

任何初学者在第一次面对实务时，都会心存恐慌，更何况是小组带领。在这里，工作者充当了多重角色，需要独自处理很多杂碎事情。我经

---

① 本章所涉案例的提供者为云南大学研究生能力娟、沈阳师范大学研究生翁嘉慧、沈阳师范大学本科生刘小曼，由能力娟整理，特此感谢。

常说小组带领者甚至可以说社会工作者要是一个多面手，否则你很难更好地服务于你的案主。林孟平根据自己训练小组工作者的经验，总结了初学者带领小组的一般担心和焦虑。简列如下，以供参考。

担心自己不能足够敏感地感受到组员的需要

担心自己经验不足，无法应付小组的复杂情况

信心不足，感到害怕，很焦虑

觉得自己理论和学识不足

担心没有能力处理好组员之间的互动，不能很好地对组员做出恰当的回应

担心自己的个人阅历不足，不能很好地明白和理解组员的伤痛和挣扎

觉得自己没有足够的勇气去对质

对控制时间和小组的节奏感到困难

担心自己聆听的能力和观察力不足

担心小组里有突发事件发生时，自己不知如何是好

不知道自己对别人的爱心、耐心、尊重和关怀是否足够

担心初次会面时，由于大家都很陌生，不知道组员对自己的期待是什么

不知道如何去开始并持续推进一个小组

担心自己没有足够的能力应付难以应付的组员，担心他们对小组造成很大的破坏

不懂得如何评估一个小组的成效

害怕自己对某些组员有偏见，以至于在小组中无法真正接纳他们

担心自己在诱发了组员的情绪后，却无力做出妥善的处理

本身带领小组的经验少，对小组的发展情况没有把握

如果组员没有任何反应，不知该如何是好

担心组员之间发生冲突和排斥抗拒时，没有能力做出处理

担心组员看自己年轻，怀疑自己的工作能力，甚至否定自己

担心组员很消极，或者很依赖自己时，会有很大的压力

担心组员之间不互相尊重，甚至可能会互相伤害

担心自己没有能力在小组诱发尊重、同感和真挚这些治疗性的因素

担心自己喜欢控制，无法成为一位有效的小组领导者

担心自己的创造力不足，缺乏弹性和应变的能力

担心自己说话冗长和缺乏组织性，无法简洁具体地促进组员的个人探索

担心由于自己的价值观和先入为主的观念以及不够开放的态度，会让自己批评组员

担心自己的分析性太强而感性不足，组员可能会觉得我不够温暖，很冷漠

担心自己对一些道德观念和价值观很执著，所以可能会很容易进行教诲

担心组员觉得没有收获而会退出小组

担心自己无法全情投入，无法对小组产生由衷的关注和爱护

担心自己没有能力创造和维持一个安全而温暖的气氛，组员会关闭自己而不投入

担心小组出现权力争斗，自己无法应付

担心小组的个别组员情绪太过强烈，出现精神失衡状态

害怕自己的内心会暴露在小组面前，而自己并没有准备好

担心没有能力应付防卫性太强的组员

担心自己对人性的看法不够积极，以至于对组员的能力也欠缺信心①

其实，我相信这些问题就是较为成熟的小组带领者也会有，但作为初学者，更应花时间去不断地总结、学习，以促成自身的快速成长。不应因为有问题就放弃带领或是失去专业热情，只要我们坚持，不断地努力，一定会在小组带领方面形成自己的经验和想法，甚至成为某一领域的专家。于是我经常鼓励学生，小组带领都会遇到问题，关键是我们应如何学会去处理它们而不是害怕或逃避。除了恐慌之外，也存在另一种情况，盲目地自我肯定。初次带领小组的工作者，很多时候由于经验少或个人有欠成熟

① 林孟平：《小组辅导与心理治疗》，上海教育出版社2005年版，第16—18页。

时，往往会由于组员的引诱而充当了导师顾问的角色。因为工作者本身就很年轻，在大学里带领小组时，组员又多是同龄人，因此不由自主地想要向组员显示自己的重要性和优秀，渴望向组员证明自己的实力。于是我经常在课堂上做小组示范，同时对学生进行开组前的培训和动员，就是希望这些年轻的工作者们能放平心态，对自己进行正确定位，以更好地完成小组带领。

本校小组工作课程开设的时间最开始为大三年级上学期，这个年级的学生带领小组还好些，因为一些专业的理念和个案的一些技巧，他们已经了然于心，这样我在做专业带领示范时就得心应手。后来由于学科调整，变成了大二来开，自然小组工作的实务带领者就变成了大二年级的学生，但他们对一些专业理念基本上还没什么感觉，技巧方面就更不用说了。所以等到开课时，即使我在那儿怎么苦口婆心地讲，学生也是一脸茫然。虽然和领导提了几次，但似乎没什么效果，所以我也就只好根据情势进行调整了。于是我要求每个学生在带小组之前，一定要有至少三个小组的观摩经验，这样即使没吃过猪肉，也见过猪跑，他们在带小组之前，至少可以对小组有个大概的了解。但很显然参加别人的小组是一回事，自己真正带领是另外一回事，他们还是会面临很多的困惑和问题，这都是我们在实务中要时刻关注的。

第一次带小组的工作者，可以说一点专业的实务经验也没有，对于他来说这是一次新的尝试。从最开始要着手组织小组起也许他就是迷茫的，这种迷茫包括方方面面，例如：什么是小组工作啊？怎么选择小组工作的题目？怎么写小组计划？在小组带领过程中自己到底该怎么做？没人参加怎么办？活动中没人配合又该如何呢？如果我掌控不了局面又该怎么办呢？等等。前前后后的所有环节也许小组工作者都是茫然的，这里仅介绍几个典型的案例，来看看作为初次带领小组的工作者们所面临的具体困境。

案例 1　小组工作被扼杀于摇篮之中[①]

上了大二以后，我发现身边的女生都喜欢减肥，不管胖的还是瘦的，几乎都会把减肥挂在嘴边。于是等到小组课程的老师要求我们每个人都来

① 来源于工作者能力娟的心得体会。

带小组时，我毫不犹豫地选择了一个减肥小组，题名为“健康与美丽”减肥小组，组员主要在本校内部进行招募。这个小组活动的意图在于传递一种健康的生活方式，让组员意识到应该对自己的身体负责，让他们时刻牢记锻炼身体的重要性，这样才能保持一个健康美丽的身材，从而自信地迎接生活。我认认真真地写了小组工作的计划，参考了很多资料，自身还学习了一些有关健康生活方式的常识，如应该吃什么做什么等等。总之，一切准备就绪，就等着组员招募成功之后开展小组了。当时对自己的这个小组还是比较自信的，虽然老师也强调了开组前要做问题调研，但我当时特自信，觉得这个小组肯定有人来，没必要再花那个时间。于是在确定好主题，和指导教师和督导又强化了一些细节性的东西后，我就开始了组员招募。当时，老师规定组员招募的时间大约两周，我也做了精心的准备，画了宣传画，但两周过后，我的小组居然没有一个人报名。这时我在着急的同时，更多的是不理解，为什么没有人愿意参加我的小组，难道是我的主题不好还是我本人没有人格魅力。

于是带着沮丧的心情找到了督导和指导教师，他们知道了事情的始末后，一致认为我应该先做问题调研，不能想当然地自己确定主题，这时我才意识到组前调研的重要性。当时和我同期开小组的还有一名同学，人家就做了足够的功课，先做了问卷，然后是小组访谈，了解了组员的需求后才确定了小组的主题。现在回想起来，开小组真不是一件想当然的事，每个环节都会决定你的得失。

当然，在实务中，我们也会碰到那种即使你做了调研，但到真正开组时仍没有招到组员的情况。这时候，如果工作者是一个心态乐观的人，也许他会积极寻找原因并寻求帮助，以继续开展小组工作；但如果工作者本身就是一个平日里比较消极的人，那这对于他来说无疑是一种严峻的打击。也许他会觉得，为什么别人都能招募到组员而我却不能呢？甚至连一个人都不捧场，我做人好失败啊，我怎么跟别人比起来显得这么差劲呢！也许因此，他就失去了对小组工作的带领热情。倘若仅仅是失去对小组工作的热情还可以通过鼓励来建立自信心，一旦工作者在第一次组织小组活动时受打击过大有可能会对整个社会工作专业失去信心，对这个本来对他来说就比较茫然的专业失去兴趣，从而产生一种更为严重的排斥心理。我恰恰就是这种人，本来就很少在公共场合发言，好不容易因为督导和老师的鼓励鼓起勇气组织这个小组，却没有一个人参加，真是觉得糟糕透了。当时的感觉真的是不知道用什么样的词语来形容好。但现在回想起来，这也未尝不是一件好事，没人参加，我就可以不用组织，其实还是挺轻松的，因为我不用在公共场合说话了啊。但这个小组毕竟是自己好不容易鼓起勇气去做的而且又付出了那么多心力，没想到却是如此的结果，真的有点对自己，对这个学科丧失信心了。所以，我觉得第一次组织小组工作的人要有充分的心理准备，因为第一次做一件事情失败了很正常。倘若真的失败了也不要把自己封闭起来自怨自艾，跟身边的同学或者老师多交流多学习是我们克服困难，继续向前的法宝，不要害怕困难，这样才能进步。就像最近比较流行的一部电影《冰雪奇缘》的主题曲一样，随他吧，我们不怕，我们会克服困难。

案例 2　“成功”中的不成功①

当时是小学期，老师派我们到一所小学组织活动，当时觉得都是小学生，便想在班内开一个小组。组员招募是没有问题的，因为当时活动的对象已经确定，是该小学二年级某班的学生，总共 20 多人，于是经过调研后我们将小组名称确定为“我爱我的同学，我爱我的班级”。本次小组活动是建立在多次的实习观察基础之上的，当时学校组织我们社工专业的同学去这个小学实习，最初几周我们通过班级开展的活动观察到在这个班级有一个人不太合群，同学们也都不喜欢他。经常有冲突事件发生。经了解才知道这个同学是从外校转入的，因小时候出车祸造成大脑损伤，导致现在腿脚不便，走路摇晃，说话也口齿不清，再加上性格比较孤僻，因此该班级的同学都很排斥他，甚至发生了一些恶性的打架事件。看到这个现象，我们觉得有必要帮助这个特殊的孩子，让同学们喜欢他，使他真正地融入这个班级。当时的想法是想通过若干次的活动和一些干预措施，让同学们能够认识到在班级里的每一个人都是该班级的成员，大家要互相关爱，爱自己也爱他人，这样才能使我们的班级更好，其实，说白了就是希望班级的同学们能接受这个特殊的男孩。

于是我和我的小伙伴们做好了一切准备，当然小组工作也如期开展

① 来源于工作者翁嘉惠的心得体会。

了，活动过程虽然有时比较混乱但还算是顺利地完成了，对于工作者的我来说着实捏了一把汗，总算结束了。因为是初次带领小组，总担心会出差错，真的紧张得不行，还好如愿将其带领了下来，感觉有点欣慰，更有一种小小的成就感。相比于其他活动的胎死腹中，这次小组工作算是成功的，而且完满地结束了。我自认为通过这次活动，该班级的同学应该能够相互认可，最重要的是接受了那名情况比较特殊的男孩，使他能融入班集体当中。

可是，情况并非想象得那么乐观。在小组工作结束后的一个月左右，我再次来到该班级，当时的情况真的让我茫然不知所措了。一切又回到了原点，这个特殊的男孩又成为大家取笑和侮辱的对象，就连班主任都觉得无能为力，以前我所组织的小组活动仿佛没有发生一样，他们仍然各行其是。

于是我就蒙了，小组工作不是成功了吗，我的确完完整整地把所有环节都进行完毕了啊。而且每次小组活动结束的时候，我都认认真真地写总结，反思活动过程中的好与坏，也认真地和老师进行了探讨，怎么到现在却一点效果也没有呢？在小组活动的过程中，同学们的状态明明都是挺好的啊，这一切都是为什么呢？既然我的小组工作没有效果，那我为什么还要做呢？于是乎，我就又开始不断地怀疑小组工作，质疑社会工作这门学科了。既然小组工作没有用，那我们为什么还每周都来做，还满腔热血地开展活动，到头来却发现什么效果都没有，那我们现在做的到底为了什么呢？这就好像一个学生精心准备要去参加一个活动的节目表演，期待得到大家对他的赞许和认可，于是他每天刻苦练习，等到表演那一刻，倾其所有，尽情挥洒，成就感无以言表。但当他表演完毕，站在那里想得到同学们或者是老师们对他的赞赏哪怕是一点点表扬的时候，竟没有一个人如期到来。于是这个学生就开始备感失落，既然没人喜欢我的表演，那我还表演什么，辛辛苦苦这么多到底有什么用呢？于是便伤心起来，感觉茫然不知所措了。

案例 3　熟人群体中的无奈[①]

还有一个小组是我作为组员参加的，这个案例也表明了工作者某种程

① 来源于工作者王晓的心得体会。

度的茫然，该小组的名称为“安然入睡”小组。顾名思义，就是帮助一些平日里睡眠不怎么好的同学，让他们知道如何能够克服失眠的毛病，提高睡眠质量以更好地休息。该小组是在本班级中招募的组员，因此工作者没有费多大的力气就招募到了足够的人数。但是在小组工作的进行中出现了一些意想不到的问题，因为小组成员都是一个班级的同学，大家彼此熟悉得不能再熟悉了，又没有一定的监督机制，这样就造成了某种程度上得过且过的现象，这样的情境下组员的活动就有些随心所欲了。清晰记得有一次小组活动是在晚上进行的，工作者首先让大家做了一份问卷，内容是关于日常生活和睡眠状况的，之后工作者放了一些低沉的音乐，读了一些令人放松的文章，让大家充分体会到那种宁静的感觉，不一会大家倒真的有了困意。然后，工作者与大家开始聊天，仿佛不是在带小组而是在闲聊，而且有些还偏离了主题。当时工作者解释说大家忙了一天，晚上会觉得比较累，再加上都是自己的同学，没必要那么拘谨。但这在一定程度上还是会影响小组的效果，工作者也没有明确注意到这个问题。因为都是熟人群体，大家的态度都很随意，工作者的态度也就没有那么认真以至于把小组活动当作聊天聚会了。

当时组员中有带过小组的人甚至说其实小组本身就是一种聊天，这更使得工作者不好意思按部就班地开小组，只好任之自由发展了。而且工作者认为熟人群体不太好立规矩，因此即使她注意到有偏题的现象但碍于面子也不好说什么，于是等到活动结束时，小组的效果不是很明显。组员中失眠的仍旧失眠，睡眠质量也并没有因为加入这个小组而有太大的改善，虽然大家在一起也交流了一些应付失眠的小窍门，但很显然没有将其有效地运用到生活中。于是如何在熟人群体中开展小组也成为对工作者的一个严峻考验，因为是熟人，所以好多的规矩你不好讲，而且有时也不太好按照小组的要求进行活动，这就很容易降低小组的影响力。

在以上的三个例子当中，一个小组胎死腹中，一个看似成功地完成了但实际上也是失败的，一个在熟人群体中开展也没能体现出小组的工作力度，这些都是在组织小组的过程中经常发生的现象。小组工作的宗旨是帮助他人，那么其首要的前提就是助人者首先要自助。如果小组工作者仅仅因为初次带领小组出现了状况就盲目地排斥小组带领甚至是社会工作，那么他就真的不适合做社工了。在如今高速化、信息化、陌生化的社会形态之下，倘若仅仅因为一点点的挫折便对自己对人生失去信心甚至于悲观绝望，那就太不应该了，我们唯一要做的就是分析原因，找出错位，并且纠正错误。有一句话，我觉得这个时候讲应该最贴切：对无知的无知是最无知的无知，对自己无知的无知是最无耻的无知。

在案例 1 中，工作者要组织的是“健康与美丽”减肥小组，目的是让所招募的小组成员学会健康的生活方式，拥有健康和美丽的身材从而强化自信，其招募组员范围均在本校内部。首先让我们来分析一下这个选题，对于健康与美丽，现代人应该都普遍关注，尤其是对女生来说身材与美丽更是重要得很。在本校招募组员按理说应该是极其顺利，因为师范类高校本身女生就多，但为什么没招到人呢？首先，很多人将小组工作与社团的活动相混淆，他们不知道什么是小组工作，因此不觉得其有多大的意义。第二，信息的发达甚至泛滥使很多学生从网络上或者是书本上就可以获得关于健康与美丽的相关知识，对于这一群体来说没有必要再浪费时间参加什么活动。第三，现在年轻人可供娱乐的方式越来越多而且不用集群，个人就可以自娱自乐，因此并不想参加什么集体的活动。第四，工作者对这个选题过于自信，宣传的手段和方式并未如其他小组那样多方位进行；再加上同期已经有人在开同样的小组了，因此，没有招到人也在情理之中了。

案例 2 仔细想想也是有原因的。其实对于这个案例，当时工作者和我说的时候，我还仔细把她的计划书看了下，觉得没什么问题。但可能我们面对的群体是儿童，他们对事物的认知能力是不能用我们成人的眼光来衡量的，当时在开小组时同学们之所以有所改变，是因为有工作者在场。当小组结束，孩子们就会觉得事情完事了，可以再恢复到从前了，再加上班主任的疏于管理，所以导致小组功效全无。而且对于只有二年级的学生来说，他们的认识程度完全没有达到成年人的水平，单单凭几次小组活动就改变他们对一个班级甚至一个人的看法未免有些差强人意。也许对他们来说，不喜欢这个男同学的理由很简单，这个人说话听不懂，或者比较冷淡不爱搭理人，那我也就没必要接受他。后来经过调研我们发现，这名同学因为身体的疾患，多少还是有些心理问题的，这也是导致班级其他同学对他疏远的原因。所以后来我想，每个小组的评估，不能只看当时活动的效果，有时情境变了，自然评估的标准也要跟着改变。

案例3的主要问题在于工作者也将自己熟人化了，因此开展工作的过程中更多关注自己的熟人身份而淡化了工作者的角色，以至于小组活动没有达到预期的效果。

总之，工作者在带领小组的过程中要做好相应的思想准备，要把小组的程序做到位，然后关注细节性的建设。即使在这过程中出现了问题，也不要急于否定自己，而是要静下心来思考造成小组失败的原因，这样我们的小组才能越带越好。

第二节 “上当”的组员

在小组工作中，不仅工作者会遇到问题，作为小组核心成员的组员也经常会有尴尬的境遇。作为第一次带领小组的工作者有些东西是茫然的，但作为第一次参加小组的组员来说，也会对小组和工作者产生疑虑。对他们来说，小组经历并不是像去观看一场娱乐表演那样简单，而是要将自己全身心地投入到小组中来，通过不同主题的小组活动，来切身体验小组的功效，这对于组员来说也是一种尝试。但因为每个人在小组中的体验不一样，各自的收获也就有所不同，特别是有些小组工作者还是初次带领，各方面技巧还不是很成熟，有时就让组员多少有点“上当”的感觉。这里仅结合案例来和大家分享一下小组经历中组员的一些心理感受，以供初学者借鉴。

一 组员的亲情赞助

在小组成员的招募环节，我们要求工作者一定要利用多种途径进行组员招募，而且要进行组前会谈，以确保他们加入小组的主动性。但对于这些第一次带小组的工作者们，我担心他们会因为怯场而造成带领效果不佳，于是允许他们在小组中有几名“亲密”组员出现。这样做的目的一是可以帮助工作者壮胆；二来出现冷场时，这些人可以帮忙救场；三是可以避免组员招募不足时出现的尴尬场面。可是，令我万万没想到的是，这些工作者们为了更好地体现自身小组的完美性，居然出现了串场的现象。也就是他们彼此充当组员，有些人甚至成为专职人员，好像替补一样，哪个小组人数不够了，他们便会赶过去凑数，这真让人哭笑不得。如果一个小组中有一两个这样的人也就罢了，有的居然达到一半以上，这就让小组有点作秀的嫌疑了。更有甚者，一些小组人数不足，工作者便让组员来拉，于是便出现了一些人勉为其难地来参加小组。

但不管是何种途径，作为工作者在带领小组时都是要遵从平等待人的原则，不会因此而对这些关系群体偏袒或多加照顾。于是这些组员便会觉得很不舒服，“我这么支持你和你的小组，可在小组内却没享受到任何特殊的待遇，这也太不值了啊”。实际上他们即使有这样不舒服的感受，但看在面子上也不好退组，只好支持到底。

> “一开始张丽（工作者）说她要开小组，让我帮忙拉些人，当时觉得都是一个学院的，便答应了。没想到后来张丽说你也来吧，这样也好帮忙撑撑场，我想反正近期事情也不是特别多，便答应了。这下麻烦可就来了，开展活动时只要一冷场，张丽就将求助的眼神投向我，我只好临危受命，充当缓解气氛的调和剂。但说实话，在小组里我却没感受到她对我特别的礼遇，甚至有些较难的环节还让我示范给大家。早知道这样，我就自己开小组了啊”。（组员，杜巍）
>
> “我是因为社团的人都来了，所以我就来了，没抱什么期望，但发现工作者也没对我们进行什么关照。原本以为组团最起码可以有点福利什么的，没想到根本不是那么一回事，人家这是专业社工活动，又不是商场促销，所有人都一样的。甚至有段时间工作者还刻意将我们分开，担心我们这个小团体会影响组内的凝聚力”。（组员，王丽娜）

其实，中国本身就是一个人情关系特别浓重的社会，小组活动也是一样。组员之所以希望工作者对他们多加照顾，实际上也是受此影响。所以在实务开始之前，我一般会强化工作者尽量不要在熟人群体中招募，以免影响小组的真正共享，作为工作者本身来说，也不太好处理和他们的关系。但可能因此会影响他们组员招募的数量，因此基本上每个小组中都不可避免地有这种关系人群出现。

二　我们是实验品吗

其实，小组工作在某种程度上说就是一种实验，如在小组中，组员的一些言行得到了他人的赞同，那他在组外就会将同类的言行进行扩散，以期得到更多人的欣赏；一些经验和技巧也可以先在组内进行试运用，觉得效果好再将其运用到生活中去。由此，在组内，工作者要促成组员之间的交流和互动，保证小组实验的顺利进行。因为一个人的交流和互动方式便是他心理和行为方式的最佳反应，特别是其早期的生活经验会使组员之间实现一些亲密的移情，进而协助他们解决冲突和获得对现状的认识和了解，建立起他们自己处理人际关系的能力和信心。

而从工作者的角度来说，小组更是一个实验场，工作者通过小组进行专业理念和价值的检验，实现了专业技巧和能力的提升，帮助组员进行了潜能的发掘和资源的链接。但作为第一次带领小组的工作者，他们可能对一些小组活动中的方式和技巧还处在摸索当中，因此说白了，来参加的组员在某种程度上就成了实验品。工作者要通过他们来历练自己的临场能力、应变能力、带领技巧等等。这种被练手的感觉有时让组员感觉很不舒服，多少还是会有一些不满情绪的。

> “虽然在加入小组之前就知道工作者很年轻，但没想到这么没经验，甚至在小组讨论中都出现了很长时间的空当，他都没有做任何的反应，这多少还是让人有点失望的。特别是有时都是我们在说，他很少对我们的话进行回应，让人感觉挺没劲的。好在组内有一些游戏、情景剧之类的吸引大家，否则可能早就散场了，不过他这人还是挺虚心的，总是征询我们对小组的意见”。（组员，武宏力）
>
> “我们的那个工作者虽然也是第一次带小组，但还是很坦诚的，有事都会和大家直接说。但他对一些情景剧扮演者的心态揣摩得还不是很准，特别是一些人说话的真实意图，很显然他没能领略到位，不过他还是善于观察细节的，也许以后慢慢会好起来的。不过临场应变能力还是有待加强的，记得有一次有个老外的组员因为临时加入小组没找到地点，他要亲自过去接，就让我们所有人在那里干等，虽然事后做了说明和解释，但感觉还是很不爽的”。（组员，李乐乐）

特别是工作者设计小组活动的一些环节是否对小组目标有所帮助，都是需要经过组员的实践检验才能知晓的，由此，可以说，小组本身就是一场实验。只不过作为初次参加小组的组员，这种实验性体现得更为深刻而已。所以，为了避免给组员留下工作者经验不足的印象，我一般在开组前都会对工作者进行技巧强化处理；同时，要求一些实务经验欠缺的工作者一定要让督导临场坐镇，这样可就某些问题及时处理，免得给组员留下不好的印象。此外，工作者要尽量给组员提供一种舒适的交流环境，在很多方面要给组员创设一种如家的感觉，重视家庭氛围的建设，如工作者或小组的核心成员可以适当扮演家长的角色，给组员提供温馨的支持，这样小组成员也较为认同他们的权威地位，进而关爱小组；还可以创设情境让组员之间有家庭成员的亲切感，然后工作者适度地利用这点去影响他们的行为、态度和想法，这样小组的效果会更好。

在实务中，出现第一种情况，如果工作者实在无话可说，可以咨询其他组员的意见，如“小王，你对这个问题怎么看，可否方便和大家说说”；“小李，我看你刚刚好像对这个话题很感兴趣，说出来我们一起分享一下好吗”等等。一般来说，工作者既然准备好让组员就某个主题进行讨论，那我们一定要事前将功课做好，自己要掌握尽可能多的信息，并将组员讨论的内容迅速进行消化、吸收，这样就可以让自己融入讨论中。如果组员由于各种原因就某个话题实在讨论不起来，那我们可以预设一些情境，让他们结合具体实例进行思考。如关于铺张浪费问题，大家可能会觉得不知道从何谈起，那我们就结合食堂吃饭时的所见所闻，问问大家都是怎么想的。工作者可以提出一些问题供大家参考：1. 平时你吃饭时会剩饭菜吗，一般都是如何处理的；2. 发现别人将没怎么动过的饭菜倒在垃圾桶里，你是什么感觉；3. 如果你发现买的饭菜没有想象中那么好吃，你是将它扔掉还是会坚持吃完等等。

而关于第二种情况，不一定非要工作者亲自出马去接，现在通信这么发达，可以给这位外国友人打个电话，将具体的地址告诉他即可。如果他实在找不到了再请志愿者帮忙接一下，没必要为了一个人而将组员晾在那，还耽误了小组的进程。这对其他组员真的是一种不尊重而且是对自己工作不负责的一种表现，即便事后这位工作者做了解释，但我想还是给组员造成了不良影响，严重的话可能造成小组的提前结束。

三　小组评估中的难以下手

为了更好地开展小组，工作者每次小组结束时都要做一个小结，同时也请组员谈谈对本次小组活动的看法，以便今后更好地开展工作。而且组员评估也是小组成败的关键，成为检验小组成效的重要参照，但在实务中，我们很难看到组员对小组或工作者进行批评或指正，基本上都处在和谐的状态中。究其原因，主要有以下几点：

（一）都是亲情惹的祸

在小组中，由于工作者要进行亲情建设，因此和组员之间的关系都会很好。等到了评估时，组员会觉得都是家人了，一些话就不太好说了。

> 工作者对我们特别好，平时都对我们嘘寒问暖的，没发现有什么问题啊，大家都挺开心的。而且问题他自己都说出来了，感觉这个小组就像一个团队，他带领得很好了。结束时还送我们一些温馨提示，让人感觉特好。我个人而言还是收获挺大的，以前不太爱参加集体活动，加入这个小组后觉得大家都很热情，真的让我很感动。（组员，郇丽捷）
>
> 工作者基本上和我们打成一片，大家年龄差不多，她能做到这样，真的挺不容易的。这是她第一次带小组，面临的压力一定很大，我们就不能再给她施压了，免得她受打击怎么办？即使有问题，也不能在组内说，还是私下说比较好。大家关系都特别好，因为通过活动彼此了解了很多，知道了自己身上的很多问题，这都是以前所没有的。（组员，金银花）

而且在实务中，一些过于亲密的关系更让工作者和组员不分彼此，容易形成超越专业关系的亲密性，有时正是因为这种关系，影响了小组的评估。工作者和组员单纯地沉浸于情感建设中，这对于小组来说也是一大忌，如何将与组员的情感维持在一定的度，从而有效地带动小组的专业发展，这才是工作者要切身去追求和体会的。

（二）工作者的低姿态

其实，每个小组下来，都会有很多问题，但因为工作者在每次活动过后都会进行自我检讨并征询组员的意见，使得组员看在工作者辛勤付出的份上也不好说什么。

> 我们的那个工作者，每次在小组结束后都会自我总结，然后问问我们的感受，所以我们也没感觉有什么问题。一些问题都在组内消化解决了，第一次带吗，不可能那么完美，不要强求他们。你想人家辛辛苦苦地带了这么多次小组活动，没有功劳也有苦劳吧，我们再提一大堆意见，那也太不地道了。（组员，赵淑英）
>
> 工作者给人的感觉特谦虚，没什么架子，平时有事情找到他都会热心帮忙。每次活动过后都会问我们的感受，经常让我们提意见，尽量把每次活动都做好。我们还是挺感动的，不像现在有些人，把你诓来了但不认真做事。（组员，白雪）

在小组中，工作者这种主动认错的态度有时也容易给组员造成一种误解，他们会觉得工作者这是在堵他们的嘴。人家都这么放低身段地进行活动反省，你如果再提什么意见那就太不好了，所以无形中也就使得组员噤声了。于是在实务中，工作者可以适当请组员先谈谈对小组的感受，然后再结合实例进行分析和总结，如果自己先总结的话，也没有必要将所有的问题都在组内呈现出来，要给组员展示的平台和思考的空间。

（三）你好我好大家好

其实现在很多事情，中国人都是这样一种心态，我不为难你，你也别为难我。在小组中，工作者的一些问题和组员的缺憾都是存在的，但如前所述，组员会觉得提了意见后会影响彼此的关系，所以索性就不提了。

> 其实我们的这个小组效果也不是很好，但当时工作者让我们做评估时，我发现其他组员都没说什么，我也就没敢说了。还记得有一次，我说有个游戏设计得不太好，没想到一位组员就说挺好的，像这种，感觉我在挑刺似的。其实我个人没从小组中收获什么，但一旦我说了，就会给工作者添麻烦，其他组员都感觉很好，只有我感觉不好，她会觉得自己工作不到位。（组员，马强）

我对小组感觉挺好的，对人宽容，善待自己嘛！要是找毛病都能找得出来，关键是找完了有什么用啊，大家都挺不容易的，何必给别人添麻烦，能做到这个程度就可以了。我没什么太多的要求，自然对别人也没什么要求，更何况你提了人家还不一定接受，还得罪人。（组员，吴丽）

由此，工作者在组内一定要强化责任感的建设，让组员认识到在组内应尽的责任和义务，这样才能将小组带向成功，组员也才能在其中获得成长。每个人必须在组内倾心投入，为小组的建设加油努力，这样才能保证小组的有效性。

当然还有很多其他原因影响了组员的有效评估，如工作者在引导组员进行评估时的方式、态度等都会影响组员对小组的感觉。其实，一个健康、良性运行的小组，组员是可以在其中畅所欲言，发表自己的想法和看法的，这就要求工作者要创设这样的一种评估氛围，让组员能如实地表达出真切的心声。否则，组员没能真实地表达对小组的感受，我们的小组成效有时就只是流于表面，没能达到真正帮助组员的目的。让组员觉得小组也就是这么回事，和其他形式的活动也没什么区别，那我们的专业魅力也就大打折扣了。

第三节　我不会当督导

如前所述，这里所谓的督导都是为了教学的需要才安排的，可能按照正规的督导要求来说，他们还不够格。特别是一些研究生虽然以前在本科带过小组，但因为实践经验还不是很丰富，在督导的过程中有时会心有余而力不足。于是他们督导的方式便也五花八门，效果也是千差万别，但这也是他们成长的见证，是专业能力提升的一个契机。

一　找不到人

由于是研究生给本科生做督导，我经常让本科生主动和研究生联系，但经常有人出于各种原因，压根就不联系。

案例1 我就不用督导了

薛飞是一名很内向的女孩子，当时我让每个人都带小组的时候，她便看了我一眼没吱声。但从她无奈的眼神中，我想她是不愿意带的，所以我后来也说了如果个别同学不想带的，可以提交申请。但等了一段时间后也没见动静，我当时还沾沾自喜，觉得这个同学真的开窍了，对小组工作感兴趣了。于是我当时就帮她联系了一名在广东实习过并有带领经验的研究生，希望能帮助她很好地带领小组。但三周过去了，也没见薛飞有什么动静，我联系了这名研究生，她一见我就说不想当她的督导了。我赶紧将这名研究生叫到办公室，对她进行了一番安抚，并问明了原因。

原来这位薛飞同学一直没联系督导，是这位督导主动找到她，并说明了自己的意愿，没想到我们的这位薛同学居然说自己不用督导。理由是自己即使用了督导，也不一定带好，之所以带这个小组，就是希望老师在期末时别为难她。她已经做好了最坏的打算，所以就不烦劳督导了。虽然这名研究生对她进行了劝说，但仍然没能动摇她的想法，甚至认为自己能做到什么程度就什么程度吧，没必要再给别人添麻烦。

案例2 秘密进行的小组

张浩是一名体育生转到社工班的，一开始活动什么的都很积极，到带小组时还主动向我问这问那的。由于他带的是一个运动类小组，所以就帮他选了一个爱好体育的研究生当他的督导。其实当时上课时我就说了研究生要临场督导，不同意的可以提出来，我们也可以通过其他方式指导大家。

几周之后，他的督导找到我，说张浩的小组已经开始了，却没通知他去督导。我当时觉得很纳闷，怎么会这样？于是找到他了解情况，原来张浩觉得自己是体育生，在其他方面很难占优势，就想通过这个运动类型的小组证明一下自己的能力。但是听说督导也是搞体育的，担心自己被他批，在组员面前没面子，所以就私自开展了。

这种类型工作者的心理往往觉得督导就是给他们挑毛病的，其实在生活中我经常强调督导的作用，是伴随工作者一同成长的，但很显然效果不是很明显。工作者的这种不配合和不信任，也给督导带来了很大的困扰，他们不知道如何应对这种组员，如果勉为其难地进行指导，人家会将你视为敌人，如果放任自流，又担心他们将小组带得一塌糊涂。

其实我觉得多数的工作者是不愿意让我们督导的，他们会觉得自己在带小组时有督导在场有种被监视的感觉。我自己就带过小组，那种感觉真的很不一样，总要担心自己千万别做错什么，提心吊胆的。但因为他们是在大二带小组，老师这样安排也有她的考虑，关键是现在的小孩心理素质都不太好，你要不临场，真担心他们会将小组带的变了味。然后他们就会觉得这就是专业，那以后可就麻烦了，而且也会影响整个社工界的声誉，人家会觉得原来社工就是这样的啊。所以我个人来说，其实对这样的工作者一般要和他做朋友，让他相信你，接纳你，这样就好办多了。（督导，李鹏辉）

我当时带的那个工作者也不怎么愿意让我督导，也不主动联系我，给他打电话也不接。没办法，我就直接找到他宿舍，和他谈了很久，说明我的角色和任务。没有给他太多压力，告诉他如果觉得我不行可以换人，但第一次开小组最好有人跟着，这样也是对他负责的表现。否则现在社会竞争这么激烈，连这点压力都承受不住，将来怎么能在社会上打拼。而且所谓的临场是为了更好地帮助他带小组，不会刻意挑毛病，实际上是多了一个小组的参谋而已。更何况老师安排我作他的督导，就说明我们的想法和思路有很多的共同之处，其实我也是第一次当督导，很多东西还不太清楚，到时还希望他多指导指导我呢。经过我这样推心置腹的交谈，他后来很快和我成了朋友，我们一起努力，将小组带得有声有色。（督导，董小宛）

后来我为了减轻督导和工作者之间的陌生感，拉近他们之间的距离，创设了各种机会增加他们的接触频次。如让督导先以组员的身份加入各类小组，让他们体会大学生们在初次带领小组时的感受和困惑，这样更有利于他们将来更好地和这些初学者打交道；同时，将研究生带到课堂上来做一些工作坊，增进他们和工作者的了解，强化彼此的情谊，这样也打消了工作者的顾虑，使他们从心底接受我们的督导。

二 你说你的，我做我的

前面已经介绍过，我们的督导真的很辛苦，他们在帮助这些初学者的成长过程中扮演了重要的角色。可以说他们的付出，促成了很多初学者的专业选择，成就了很多小组带领者的梦想。但因为这是一个个性化的时代，每个人对自己的小组都有不同的理解，再加上研究生本身作为督导来说资历尚浅，导致很多工作者不是很服气。

> 我的督导总是强调让我按照小组的流程来，但我觉得有些环节可以省去，没有必要那么古板。老师不是说了要尽量和组员打成一片嘛，你总是以主持者的身份出现，怎么打成一片啊，所以我觉得小组带领有时是可以变通一下的。如督导经常提醒我要注意下在开场时帮助组员回顾一下上节的内容同时告诉组员本次小组活动的主题和行程安排，但我觉得如果每次都这么做真的很麻烦。还有就是小组总结，我觉得结束就结束了，活动开展得好与坏，没有必要总是拿到小组中去说吧，我相信组员也不会很喜欢的。（工作者，贺菲）
>
> 督导经常强化我说各个环节的时间尽量控制好，作为工作者要有这个意识，这样才能体现出小组的效率。可是你想让组员对小组有归属感，但人家游戏做得正尽兴时，你却突然说时间到了，这也太不地道了吧。而且情景剧的时间也很难控制，有的组员反应快，说了很多，有的组员本身就话少，这种情况下你怎么去把握。所以督导有时和我说游戏时间太长了，我就很不服气，只要组员认可就行了呗，何必那么斤斤计较，还有就是他总说我说得太多，给组员说话的机会很少。其实我也不想多说，但现在的学生都不喜欢在这种公共场合说话，你总不能眼看着冷场让小组在那静止吧。（工作者，邵海川）

在小组中，工作者确实要充分融入小组中，但对于小组流程本身来说，也不能忽视。工作者不能为了所谓的打成一片而忽视了小组本身的专业要求。关于小组时间的把握，有时真像上述工作者所说的那样，你很难有效控制，但我想作为小组的组织者和策划者，应该对每个环节的时间有个大概的整体把握。我们是需要尊重组员，但不能说他们爱做游戏就毫无节制地做，要有适当的时间约束，这样也为下面环节的进行做一个好的铺垫。所以在做督导培训时，我经常将其作为重点，一般来说，对活动时间的预估能力也是考察工作者控场能力的一个体现。如果你活动时间的前后超过半个小时以上，那就说明你对这个活动环节的把握还是多少存在问题的，当然突发状况另当别论。

于是很多时候，关于标准的把握确实很让这些督导们头疼，但也促成了他们的专业思考，即如何进行有效督导而又不引起工作者反感。

每次开小组之前我都会找我的工作者谈谈，看看他具体如何安排，每个环节把握得如何；小组结束后我们也共同讨论，看看什么地方做得好可以继续维持的，什么地方还有待改善，需要今后注意的。有时他也会觉得没必要每次都这么麻烦，但我觉得这是保证小组顺利进行的关键，因为有时谁也不敢保证在带小组时不会出现问题，防患于未然还是很有必要的。有时他对我的建议也会心存质疑，这时我就会放手让他按照自己的想法去尝试，这样试过了之后才知道谁的是正确的。如我经常和他说要做好活动的备案，以应对突发状况，他就总是不听。有一次不知道为什么突然停电了，工作者当时慌得不行，说所有活动的安排都在电脑里，现在停电了小组就开不成了。于是我就让他静下心来，把这次活动的大概流程简单想想，因为毕竟是自己策划的，多少还是有点印象的。好在当时活动的内容不是很多，他基本上都有些印象，将活动顺利地开展下来。当然也有我多虑的时候，当时为了保证小组的效果，我让他在带小组时尽量让组员将手机放在别处，最好不要带在身上。但工作者认为这是剥夺了组员的一些权利，可以让他们带着，只要别经常翻看就行了。事实证明我的这种担心是多余的，组员在参加小组时自律性还是很强的，基本上没有低头族的出现。(督导，杨宏)

有时我和我的工作者也有意见相左的时候，我就提议先放放，这样等到问题出来了让工作者临场反应。可能有人会觉得这是一种不负责任的表现，但我个人认为每个人都是要成长的，更何况我们也没什么把握就证明我们说的就是对的，而且适当的尊重工作者，让他们有选择的机会和经历挫折的经验，有时未尝不是一件好事。我想工作者在小组的情境下，一般不会出什么大事，所以莫不如放手让他去做，有可能人家开创出来的模式比我们的还要好。如果我们干预太多，他们就永远不知道如何独立行事，那督导岂不成了扼杀工作者灵性的刽子手了。(督导，丁笑瑜)

所以在培训督导时，我也一再重申，只要工作者没有做出违背职业伦理的大事，为人处事不是太出格，一般情况下不用事事跟进。适当给他们发挥的空间和时间，尽量尊重他们的选择，这也是社工精神的一种体现。

三 你帮我带吧

还有一些学生本身就依赖感特别强，一看有了督导，便进行充分利用。什么计划书的撰写、特殊组员的处理等，都要督导亲自操刀，甚至有些人提出要让督导帮忙带领一些小组活动，这些都让督导特别头疼。

黄英是一名特别乖的学生，几乎你说什么她都说好，当时老师指派我当她督导的时候我还特别高兴，觉得这样的工作者会很好沟通。没想到后来的接触却让我大跌眼镜，当时别人都已经开小组了，她还没动静，我一问，她说计划书不知道怎么写。于是我赶紧与她面谈，将计划书的撰写注意事项和她一一进行了交代，没想到效果不太好，她基本上都是沿袭书上的模板。这种情况下我只好帮她把每个活动环节都进行了相应的处理，但她还是一点想法都没有，总问我有模板没，真的是无语了。后来的小组带领也是一样，带小组基本上就是按部就班，像流水仗一样。于是我只好咨询了指导教师，让老师亲自和她谈谈，好在后来有了点起色，但整个小组下来我已经累得头晕了。(督导，范红磊)

虽然老师上课时对工作者进行了组前动员，告诉他们在带小组时一定会遇到各种各样的问题，只要坚持下来，一定会有所收获的。但仍有人没能抵抗住压力，自己选择了中途终止小组，所以我只好临危上阵，充当了小组的带领者。情况是这样的，小范在班级里算是成绩比较优秀的学生，对于小组带领也是信心满满，我们最初的配合也相当的愉快和惬意。当小组进行到第二次的时候，有一个组员中途要求退组，虽然当时我做了一些工作，但很显然这名组员的行为对她造成了不良的影响。以致后来她表现得很紧张，总是担心自己带得不好，会再次出现退组的现象。而且每次小组结束后总是很自责，觉得自己不行，小组气氛不活跃等，我只好做安抚、鼓励工作，但效果也不是很好。虽然后来指导教师介入，但她还是觉得不行，于是只好尊重她的选择，让她放弃了小组带领。（督导，董雪）

虽然我要求社工的学生都去带小组，但很显然不是每个人都能将小组坚持到底，特别是一些人本身的心理素质和抗压能力都不是很好，这都在一定程度上影响了他的带领效果。甚至有时督导也会产生不良情绪，遇到困难时选择了放弃，有时我也深表遗憾，却只能尊重他们。于是在日常授课之余，我经常对学生进行心理素质的训练，鼓励他们要勇敢面对生活，迎接挑战。

多数时候督导和工作者的关系还是很好的，他们因为年龄差距不大，彼此有很多的共同语言，交流的空间也多。这些研究生督导从学弟学妹们身上找到了专业的荣誉感和满足感，对于一些技艺和方法也逐渐地了然于心，为日后真正从业打下了良好的基础。

第四节　校外篇

为了更好地扩大小组工作的影响，锻炼工作者的实务技能，每一学期我也会派几名学生到校外去开小组。校外的情境和校内完全不一样，无论是工作者还是督导，都需要面临很大的压力，但收获也是颇丰的。这里仅介绍一个在幼儿园开展的“色彩绘画”小组，以供参考。

一　基本资料

（一）小组名称

“色彩绘画”小组

（二）性质

发展、兴趣小组

（三）目的及目标

通过“色彩绘画”小组的活动，增强组员对周围事物的感知能力及与周边人群良性互动的能力。具体如下：

1. 增强组员的互动和联系，在了解的基础上重新认识彼此，培养组员间的合作能力，能够共同完成任务。

2. 引导组员认识各种颜色，能够区分不同颜色，并且能够通过颜色寻找事物和联想事物。

3. 引导组员认识形状，锻炼组员识别能力，能够使用不同形状拼出有意义的图案，并在认识形状的基础上绘画。

4. 通过绘画认识自己、同伴和家人，促成组员与周边人群的良性互动。

（四）活动过程

活动	时间	地点	主要内容	目标
第一期 色彩连接你我他	2013/10/26	幼儿园	自我介绍 寻找颜色 互画彼此	小组形成 认识颜色和同伴
第二期 色彩与形状	2013/11/09	幼儿园	游戏抱抱 色彩拼图 成果分享	认识形状 培养动手与合作能力、表达能力
第三期 色彩知我心	2013/11/16	幼儿园	彩色陷阱 色彩涂鸦 分享	锻炼对个别颜色的敏感度 认识自己
第四期 色彩大家庭	2013/11/30	幼儿园	色彩连连看 我的家人 分享	增强色彩辨别能力 认识家人
第五期 彩色回忆	2013/12/07	幼儿园	小组活动回顾 找朋友 一起画画	增加同伴之间的联系 活动结束

工作者：赵南

组员：小天才幼儿园大班学生

（五）开展情况

小组在每周周六上午 9 :30 开始，每期时间 70 分钟左右。志愿者 3 名，组员 11 人，第四期有一个组员缺席，最后一期有组员临时加入。因为是工作者去幼儿园开展小组，所以没有组员迟到现象。

二　财政报告

第一次：两盒蜡笔：16 元

白纸 12 张：1 元

第二次：彩色卡纸（用于手工制作七巧板）：8 元

白纸 12 张：1 元

胶棒 3 只：6 元

第三次：白纸 12 张：1 元

第四次：白纸 12 张：1 元

三　活动素描

第一次小组活动：色彩连接你我他

因为是第一次带领小组，虽然前期做了很多准备，但是准备的都是书面上的东西，等到实际开始操作的时候，还是会出现手忙脚乱的情况。因为不太了解儿童群体，不知道该用怎样的方式跟儿童交流，该怎么组织语言才能让儿童听懂并接受。

第一个环节自我介绍。工作者首先进行了自我介绍，非常简短，只介绍了名字和昵称，并没有进行更深一步的介绍。然后组员开始自我介绍，但是并不是组员主动地介绍，而是工作者参与进去，充当询问人，问小朋友叫什么名字，几岁了等等。这样的对话模式，不能达到组员之间交流的效果，而且这种模式无法发现组员之间不同的特点，也没有形成对组员的初步了解，应该加上你喜欢什么或者有什么爱好等这样的问题会比较好。再者，组员都是熟人群体，他们之间已经互相认识和了解，而作为工作者来说，如何建立和组员之间的联系，才是开场时最应该注意的。

第二个环节是认知颜色。工作者给每个组员发了张白纸，并让他们选择了自己最喜欢的蜡笔，这个环节工作者想深入地了解一下组员对颜色的认知能力，通过问题询问，如你拿到的是什么颜色呀，看到这个颜色会想到什么等来达到活动的目的。事后想想这对儿童来说难度有点大，儿童的记忆范围还是有局限的，工作者连着询问了两个组员，得到的回答仅限于在他们视线范围内看到的实物。或者，工作者可以试着问他们为什么喜欢这个颜色，效果会好一点。这就要求工作者要把握好儿童的心理状态和思维方式，尽量从他们的角度去思考问题。

第三个环节是绘画。当时工作者问小朋友："我们今天来画人，画对面的人，好不好?"得到回答的声音很微弱，组员的参与热情不高，有组员甚至说不会画人。于是工作者坐到一位组员的身边，一步步地教给他怎么画，如先画圆圈，然后头发、眼睛、鼻子、嘴巴等面部特征。通过示范，组员渐渐地进入状态，最后所有人都画得满满的，但并不是工作者想要的人，而是各式各样的机器人、僵尸、怪兽等。其实，环节设计的初衷是想让组员通过绘画同伴了解他们平常不曾了解的特征，但是由于没有考虑到组员真实的绘画能力而导致情况出现了偏颇，好在工作者后来又引导小朋友们通过画周边人的特征而将重心又拉了回来。

最后一个环节，让组员讲讲都画了些什么。组员都说了一下自己画画的内容，当组员拿着画站起来讲时，旁边其他组员都能认真听讲，不时发表一些自己的看法。这个环节锻炼了组员的语言表达能力。促进了他们之间的进一步了解和熟悉。

第二次小组活动：色彩与形状

在第二次小组活动中，为了调动气氛，工作者带领组员玩了一个游戏，游戏的方法是由工作者喊出一个数字（X），就有几个人抱在一起。工作者介绍游戏规则之后，请了4个人做示范（督导和志愿者），组员表现得很兴奋，都跃跃欲试。在玩的过程中，有的组员虽然反应很迅速，但是他们的注意点在于"要找人抱在一起"而不是"抱在一起的人数要符合所念到的数字"。所以会产生念到3的时候，有4个人抱在一起，但是组员却不知道自己错了。不过因为没有惩罚环节，所以抱错了也没有关系。

游戏结束之后，便进入了色彩拼图。这个环节的目的是让组员了解一下各种颜色和各种形状，然后可以自行进行拼图组合。工作者先给大家发了七巧板道具，由于颜色很好看，吸引了组员的眼球，但是他们并不知道怎么使用，纷纷发出疑问。工作者随即进行示范讲解，先展示了七巧板的使用方式，在黑板上用七巧板拼成一个兔子形状。于是组员们也纷纷效仿，把手中的七巧板都用上，拼成自己觉得有意义的一幅图案。

在这个环节因为是每两个人共用一副七巧板，所以需要两人一起完成。工作者在开始之前，让同座的组员握握手，表明这是一个共同的任务。在活动期间，有的组员之间合作很愉快，两人讨论如何去摆放才最好。有的则是分开来，你拼一会儿，我拼一会儿。有些则不能合作，各自分开拼了两个图案。虽然工作者强调了合作的重要性，但有的组员仍然坚持自己拼。到分享环节，小朋友们七嘴八舌，讨论得很热闹。有组员拼了游乐场、房子、火箭、大树等等，这些图案对儿童来说有着特殊的意义，赋予了它们很多稀奇古怪的想法。跟大人不同，在大人眼里这可能仅仅是一幅画，但在儿童看来，这不仅仅是画，还是一片想象中的场景或者事物。拿一幅图案作为例子，两个组员拼了一个家，房子里有很多东西，正方形是电视机，三角形是冰箱。在现实中，也会发生这样的情景，一个儿童在玩游戏，身边只有很简单的几样玩具，但是儿童玩得很开心，其实他不仅仅是在玩玩具，而是在构建一个自己的世界，并乐在其中。

图 8—1　我们的七巧板拼图

第三次小组活动：色彩知我心

活动一开始，工作者利用手中三种颜色（红、黄、蓝），先让组员回忆一下上期小组的活动，然后让组员找一下活动室里各种颜色对应的事物。再由工作者指定事物，让组员说出对应的颜色，最开始的时候组员说得很慢，后来慢慢加快了速度。

第二个环节，工作者将红黄蓝三个颜色的卡纸剪成了不同的形状，并让组员猜猜是什么。组员将弯弯的红色的卡纸说成是“月亮”，将等腰三角形的黄色卡纸说成是“山”，两个椭圆形蓝色的卡纸（画有黑色的眼睛），说成是眼睛。随后在工作者的引导下，组员 4 人一组进行五官拼图，这时他们之间进行了合作，很好地完成了整个环节，这锻炼了组员的团结合作能力，也带领组员认识了人的五官，为下面环节的进行奠定了基础。

第三个环节是自画像。工作者为每位组员发了一张画有圆圈的白纸，然后说明要求，组员们便拿起画笔画了起来。等到了分享环节，组员们纷纷上前来讲了一下自己所画的内容，虽然有组员表现出较大的随意性，但他们还是能够很好地通过画画，表达了对自己的看法。

其实从儿童的画中，展现了很多有意思的东西。例如，一个组员画了自己又画了一个人，并用两个方框框将两人分别围起来，通过分享才知道，那是另一个组员，他们两家是邻居，方框代表了他们的家。另有组员则画了自己穿着一身很美丽的长裙（裙子几乎占了画面的一半）在玩耍，裙摆上面全是花朵，看得出她画得很用心，很喜欢漂漂亮亮的自己。通过这些自画像，展示了儿童对现实的表述和对自己的想象，表现了他们心灵深处的期待和向往。

图 8—2　自画像

第四次小组活动：色彩大家庭

这次活动一开始是色彩连连看的游戏。工作者将各种颜色的卡片分别发给每个组员，让他们在屋子里寻找到所对应的颜色，组员们热情高涨地满屋跑，场面很是热闹。最后有一个拿到灰色卡片的组员找不到与之相近的颜色，所有组员便都上前帮忙，终于在一个角落里成功地找到了，组员们高兴地欢呼起来。然后工作者引导组员将各自的家庭成员进行了颜色分配并通过绘画的方式表现出来，如妈妈是红色，爸爸是蓝色，宝宝是橙黄色等，然后大家在一起交流讨论。如有组员说妈妈是黑色的，因为妈妈总批评他；爸爸是绿色的，总和他玩等等。从画的内容可以看出，组员印象最深的是和家人在一起的时候。例如，有组员画了自己爸爸妈妈躺在床上睡觉，自己躺在中间，表现了她对爸爸和妈妈的依赖感；有的组员则画了游乐场的背景，表现他印象最深的是和爸爸妈妈一起去游乐场。还有的组员画了很多人却没有爸爸，原来是爸爸太忙了，经常出差不在家，提起爸爸来，他还气呼呼的。看来爸爸对他的关心太少，他有些抗议，就没画爸爸。虽然画得不是那么太形象，但都最真实地表达了组员内心的世界，对父母等家人的真切印象。

图 8—3　家庭成员系列组图

第五次小组活动：彩色回忆

最后一次小组活动，主要是对整个小组过程做了一个简单的回顾，然后工作者将话题转到组员之间的情谊，虽然小组活动结束了，但是组员们已经成为好朋友。

第一个环节主要是通过绘画，工作者带领组员回顾了以往的小组活动，并引出了几个话题，让组员一起来讨论。如爸爸妈妈会陪你们玩吗？你犯错的时候他们会怎么做？你在家会帮忙做事吗。同时，通过情景扮演，让组员将自己和父母的相处方式进行了呈现。

第二个环节主要是帮助组员巩固下他们之间的情谊，认识到朋友的重要性。通过找朋友游戏，组员们玩得都很开心；然后所有组员去黑板上画上一幅画，大家的画拼在一起共同组成了一幅大图，工作者告诉组员在班里所有的小朋友都是一个集体，一定要互相友爱，彼此帮助并进行合影留念。

图 8—4 “我们是一家人”

四 工作者自画

通过这五次小组活动，确实增强了组员对周围事物的感知能力，通过绘画环节他们也重新认识了自己、同伴和家庭，基本达到了目标。在游戏互动环节增强了组员之间的互动和默契，也培养了组员间的合作能力，能够共同完成任务，这点在第三、四次小组活动都有体现，也增进了组员之间的友谊，为以后的成长奠定了基础。

在认识色彩方面，也基本达到目标。通过色彩陷阱和色彩对对碰游戏让组员认识颜色，并能够区分，通过颜色寻找到事物和联想到一些简单的东西。同时，通过七巧板拼图环节，让色彩与形状联系到一起，帮助组员认识了三角形、正方形、菱形等，因为基本图形是构成图画的基础，所以需要认识和了解，在接下来的绘画环节就可以随意发挥了，这同样是一个锻炼的过程。在认识自己、同伴和家人方面，我认为做得是比较成功的，因为通过画更能够挖掘组员心灵深处的一些东西，特别是通过自画像，能看到儿童对自身的某种期望，透过画全家福，我们能感知到儿童对于家庭的看法，对于父母的期待，这些都是值得我们在家庭生活中给予重视的。

对于我自己来说，小组活动的圆满结束，让我自己也成长了很多。从并不了解儿童这个群体，到现在的逐渐熟悉，能够理解儿童的思维方式，真的让我收获了很多。同时，通过策划和主持小组活动，也锻炼了自己的逻辑思维能力和口语表达能力，虽然有时候还是会紧张，但是已经能够把想要说的话表达清楚。现在觉得自己的性格通过带这个儿童小组也有了变化，变得更加开朗，乐于与人交流，这是很好的改变。

附　录

附录1　S大学社会工作专业教育的成立与发展

S大学社会工作系隶属于社会学学院，其前身为社会学系，创办于1986年，1987年设置社会学本科专业，从2008年起开始招收社会工作专业方向本科生；1998年获得社会学专业硕士学位授权点，2010年获社会工作（MSW）专业硕士学位授权点，2011年获社会学一级学科硕士学位授权点。

S大学于2012年6月获批成为辽宁省社会建设与社会工作人才培训基地和辽宁省大学生社会实践基地。其社会工作专业实验室于2012年底建成并投入使用，包括小组工作兼观摩实验室、个案工作室和观摩综合研讨室，总面积为220平方米，可同时容纳总计约150人进入实验教学环节。

S大学社会工作系有教师8人，其中三级教授1人，副教授5人，讲师2人。2008—2014年以来，S大学共招收社会工作专业本科生近300人，2011年以来共招收社会工作专业硕士60余人，为社区和社会组织等部门和领域，输送了从事社会服务、社会管理等方面工作的大量优秀的应用型人才。

S大学是辽宁省开设社会工作专业的高等院校中的领军院校。多年来其社会工作专业学生多次在专业学科竞赛中获奖，其中在第四届、第五届、第六届中国社会工作大学生论坛获三等奖4项；在第六届、第七届、第八届“梁国治中国社会工作教育发展奖学金”活动中获一等奖2项，二等奖5项，三等奖5项；在第二届、第三届、第四届辽宁省青翼社会工作论坛获特等奖5项，一等奖7项，二等奖、三等奖多项。2012年先后承办的“青翼第二届辽宁省社会工作专业大学生论坛”和“中国社会工作教育协会东北中心区年会社会工作本土化发展与社会管理创新案例”研讨会，充分展示了S大学社会工作专业建设的实力，促进了辽宁省以及东北三省关于社会工作教育发展的交流，提升了影响力。

S大学《小组工作》本科课程开设在第五学期，从2014年起调整至第四学期，根据S大学社会工作专业学生培养计划中的课程设置，该阶段学生已经完成了对社会工作概念、理念、理论的总体学习，并已经基本掌握《个案工作》的方法和技巧，具有社会工作知识基础，可以运用一定的社会工作方法帮助服务对象改善困境，因此这一阶段的学生适合学习《小组工作》的方法和技巧。

《小组工作》课程的实践教学，就是将所学的专业知识和技巧，通过专业性的方法训练，具体运用到具有预防、治疗和发展的小组活动中。S大学的《小组工作》实践教学不仅仅采取了边学边用、边学理论边做实践的模式，还加入了由社会工作专业硕士作为督导直接参与到本科生的实践教学中的学生督导模式，这种方式既是形式上的创新，又能够充分利用资源，有效帮助学生提高了对理论知识和实务技能的掌握程度。

（一）全面互动的小组课堂

小组工作是通过群体的互动来帮助个体得到提升和改善的方法，因此对《小组工作》知识的教授也需要教与学二者的全面互动。

1. 专业知识中加入互动游戏

理论教学是社会工作专业课堂上的重要组成部分，很多学生会因为理论知识的枯燥而厌倦学习，S大学讲授《小组工作》的教师为了不让课堂气氛沉闷，特在精心准备课件和按部就班解读教材的同时，还会在其中穿插进一些新颖的互动游戏。如在讲授“有效的小组领导者应具备自我觉察和自我了解的特质”的知识点时，教师让学生在一张白纸上随意画一幅画，可以是风景、人物或其他物件等等，然后根据学生所画解读学生当时的内心活动。有时教师也会拿出往届学生的心态解读与其后来的发展作为例子讲给学生听，这样的互动方式深深吸引了学生的学习兴趣，更拉近了师生之间的距离，使得教与学由死板变为趣味。

2. 教师带领小组作为示范案例

为了更好地解读教材、传递知识，单单逐字逐句的分析、啃书本是远远不够的，教授《小组工作》的教师恰恰是利用了小组活动的群体性特点在课堂上成立小组，以教师作为小组活动的带领者，选取其中两名学生作为志愿者辅助，其余学生作为小组成员，开展五到六次小组活动，学生便可身临其境地体验和学习小组工作的模式。

笔者曾亲身体验过教师带领的关于解决恋爱及婚姻问题的小组活动，从小组的筹备到小组活动的逐步展开，笔者作为小组成员全程参与了此次小组模拟，而教师作为小组带领者不仅把小组活动各个阶段的任务全部体现在此次模拟中，每节活动结束后，工作者和组员会有一定的互动时间来总结工作者的优缺点，并分析作为参与者的感受，这种角色扮演方式将课堂变成了鲜活的案例，让学生充分体验了“什么是小组工作”“怎样开展小组工作”，使得知识的传授达到了事半功倍的效果。

3. 网络教学平台解答疑惑

除了课上的互动外，教师会单独成立关于小组工作教学的QQ群，学生在课堂上来不及或不好意思提出的问题，可以在群里提出来，教师和同学共同讨论解决问题。

另外，教师还利用学校的网络教学平台，为学生提供进入平台的公共账号，并要求学生跟随课堂进度将各个阶段的作业上传至网络教学平台，当然也可以随时提出与小组工作相关的问题。这一公共平台不仅可以供师生之间交流和探讨问题，任何人都可以在平台上互动，彼此之间并不知晓对方具体是谁，避免了尴尬。

（二）即学即用的小组工作者

小组工作是一种助人的方法，要想掌握这些专业的方法，亲身体验是一种最为行之有效的方式。在S大学的《小组工作》课堂上，要求每一个学生完整地带领一次小组活动，小组主题和性质不限。

在实践课程开展期间，教师让4名工作者在课堂上完成他们的小组活动，这些小组的组员是班级内部的部分同学，小组开展的过程中未参与小组的同学则坐在“圆圈”的外围现场观摩，活动结束后师生再共同讨论分析工作者的优势和不足，这种方式既锻炼了工作者的能力和心理素质，也使得未参与其中的学生掌握了一定的督导和评估的经验技巧。

另外的部分学生要求在课下完成小组活动，这些小组的组员则根据小组的主题来确定，可以来自校内也可以来自校外，对象可以是青年学生也可以是妇女或老人；而这些小组活动的地点也由工作者拟定，可以在小组实验室，也可以进入到社区、幼儿园、福利院等等。参与人群的多样性、活动主题的丰富性以及场地选择的灵活性，不仅仅促进了学生对小组工作知识和技巧的掌握，更使其心理素质、言语表达、思维逻辑等综合能力得到一定的锻炼和提升。

（三）学生参与督导的小组实践模式①

传统的社会工作督导类型有师徒式督导、训练式督导、管理式督导和咨询式督导四种；传统的社会工作督导方法有个别督导、团体督导、同事督导三种。而在S大学的小组工作实践教学过程中，采取了富有经验的社会工作专业硕士担任督导，为正处于小组工作课程学习阶段的本科生在带领小组工作过程中进行现场督导和评估，并在学期期末由任课教师统一进行反馈式督导的方式。这种由学生担任的小组工作督导既可以采用个别督导，也可以采用团体督导，抑或是二者的结合，既是各种传统督导形式的综合体现，也是一种创新的督导模式。

1. 学生督导在小组实践中承担的角色

在小组工作的实践教学中，学生督导在教学管理和教学模式探索等方面担任着许多重要的角色和任务。一是指导者，在小组工作实践教学中学生督导会结合自己的实践经历和感受，针对工作者的小组计划书、小组筹备情况、小组招募情况以及小组工作开展情况提供指导和帮助，同时还要亲临小组活动现场参与指导；二是支持者，督导与工作者年龄的相仿和心态上的相似，可以为初学的工作者提供心理上和精神上的支持，帮助其缓解由于经验缺乏而带来的挫败感和失落感；三是管理者，即学生督导通过与其督导对象的联系和沟通，对他们的小组工作进程、资源链接、小组实验室以及内部器材的借用等方面进行适当的安排、协调、监督和评估；四是研究者，“工作者”既是“学生督导”的督导对象，有时也是他们的服务对象，督导的过程实际上就是对小组工作实践的研究过程。

2. 采用学生督导的实践意义

研究生以学生督导的身份介入小组工作进程中，为小组工作的带领者

① 翁嘉慧、武美玲：《试论小组工作实践教学中的学生督导——以S大学小组工作实践教学为例》，《魅力中国》，2014年第24期，第173页。

提供指导和帮助，是《小组工作》课堂的新的尝试，这种方式一方面可以为学生提供广阔的实践平台，在加深低年级学生对专业知识的理解的同时，通过研究生的经验思维与本科生的创新思维的不断碰撞、交流和融合的过程促进了研究生小组工作理论与实务的再学习；另一方面，督导式的学习方法将原本由教师一人担任三四十个学生的督导的情况根据研究生人数进行了有效分解，而教师只需在平时的教学中对个别学生的个别问题进行指导，并在实践结束后对普遍存在的问题进行集中式的反馈，减低了教师的教学压力。

当然这种教学方式也存在一些不足，如部分研究生专业理论不够扎实，价值观不够明确，在督导过程中不能正确指导工作者；也有部分工作者积极性不高，不愿意配合督导的指导等，这些问题和不足还有待师生在教学与实践中共同摸索。

附录2　网络教学平台答疑

（一）置顶话题

1. 问：身为小组工作者总是说话太多，怎么办？小组活动本应该以组员为中心，但是身为小组工作者总是说话太多，总结太多，而不能很好地让组员做分享，可是让组员来分享，他们又不说话，这怎么办啊？

答：小组初期确实需要工作者要多说一些，这样好带动小组成员的积极性，以后就没必要了，只要大概说一下小组要做什么就行了；另工作者的总结要尽量言简意赅；组员不说话可以适当引导一下或直接暗示性的点名，如小王，你有什么想法？觉得这样做可行吗？

2. 问：开到关于父爱的一期，观看完一段视频后组员情绪变化很大（如流泪，低头沉思），工作者该怎么应对？（递纸巾）是否接着就让组员分享感受？还是隔一段时间让组员平静下来再讨论？该采取何种方式平静组员？（沉默几分钟吗？）

答：如果组员情绪变化很大，可以采取通过一些语言、动作如轻轻拍拍他的肩膀或说些安慰的话，只要不太出格，一般情况下不要中断小组。

3. 问：如果有些组员一直不愿说话，就算做了游戏之后还是沉闷的气氛，应该如何调节？

答：尽量通过鼓励的方式，如小王，你有什么想法？或是通过一些其他技巧，如让两、三人一组讨论、情景剧扮演等均可。另不是每一次小组活动每位组员都要说话。

4. 问：拓展训练现在已经被很多企业用来拓展开发员工的潜能，挖掘员工的潜质，然后拓展项目也经常利用一些游戏，来展现员工的能力，比如团结，奉献，然后也是分为好多个成员一组，然后在做完游戏项目以后，再让组员进行分享，然后最后拓展的领导者再进行总结；这和社会工作里的小组工作方法，我觉得很相像，也用一个游戏去表现一个主题或者道理，但是为什么拓展的领导者，可能会用非常严厉的方式告诉他的组员一个道理，然后他的组员却没有引起很大的反弹，反而会记得非常深刻。但是，为什么在社工的小组里，这样的做法却是不可以的？微微说教的都不太适合，有没有可能，在今后的小组里，采用拓展项目的方法去达到效果？

答：拓展是一些强化性的，而且专家角色很强，这点和一些能力提升和治疗性的小组很像。但在小组中，我们的角色定位是让组员之间的互动和资源共享，我们也可以充当权威，但出于平等的需要，我们尽量还是要充分尊重组员，激发起他们的正能量；同时要尽量和组员打成一片，要是仅仅充当专家，有些特殊小组或暂时性的交流是可以的，但你可能很难知道组员的真正想法，也就无形中扼杀了他们的积极性和主动性。

5. 问：现在小组活动过多，组员有时玩的游戏总是重复，苦恼没有游戏可做。

答：小组并不一定都是游戏，有时可以是情景剧、视频、作画等；另外游戏不要总是抄袭别人，作为工作者可以自己开发出一些游戏来，只要能围绕主题或引出讨论的话题即可。

6. 问：当组员对游戏进行交流分享后，过渡到深层次的交流时，怎样说话能使氛围不被压下去。

答：工作者可以尝试着设置几个问题或是让组员进行角色换位思考，如你是他，你会怎么做？

7. 问：尽管在第一次活动中，小组工作者和组员一起制定了小组规范，但在活动的过程中，有个别组员会接电话，或者和旁边的组员交头接耳，或者做游戏不听小组工作者的口令和安排等，那么小组工作者怎么处理这一状况不伤害到组员，又不让组员感觉参加小组约束太多呢？

答：要进行规范的强化，必要时可以有一些软性的惩罚措施，如让他帮忙提供一些服务，并对其进行暗示性的告诫。

8. 问：进行到一个环节时，组员都在写东西，周围很安静，工作者需要做些什么，使自己融入进去。需不需要放一些轻音乐使环境更轻松？

答：一般情况下，组员写字的时间不要过长，实在非写不可的话，工作者可以根据情境放一些轻缓的音乐或是帮忙做一些辅助性的工作都可以。

（二）基本话题

1. 问：讨论时断断续续怎么办？在讨论时组员时而会聊到其他的事儿，过一会才又开始聊重点，总会断断续续的。

答：可以适当引导、鼓励组员表达自己的想法。

2. 问：如果有人员坚持在小组开展以后加入小组怎么办？

答：一般来说除非特别特殊的小组，要求非常封闭，一般来说是可以有后续成员加入的，只要处理好陌生性即可。

3. 问：当组员觉得活动设置不合理，工作者解释无效怎么办？

答：如果是多数组员认为活动设计不合理，那工作者就要对计划书进行相应的修订；如果是个别组员，那就要根据情况而定，但要和组员解释下你这样设计的原因和意义。

4. 问：小组时间控制。开小组时容易受课堂上讲的关于小组开展时间长短的束缚。小组时间多久为宜？下一次活动比上一次用的时间长组员出现厌烦行为该怎么办？时间没有控制好后面环节无法开展可以把后面的环节临时去掉吗？

答：时间最好控制在1小时左右，可以根据小组活动进展情况适当更改和调整活动内容，但不能偏离主题太多。

5. 问：怎样才能将小组内的小团体彻底分开？上次用了扑克牌，但是还是没有将她们彻底分开，她们总是在别人说话时窃窃私语，很扰乱活动时的纪律。

答：小团体在小组初期是可以存在的，只要没影响小组的进展；但到了中后期要尽量让他们分散一下，免得影响小组动力的形成，如可以通过活动或座位的安排等来改变。

6. 问：小组规范。如何才能调动小组内成员对小组规范的重视？打印之后让每个组员签字会不会太形式化？

答：不会，大家会觉得这个规范很重要，都会遵守的。当有人迟到时，你就可以借机提示大家注意遵守规范。不必特意点出，在大家未遵守规范时提示大家遵守就可以了。

7. 问：工作者怎样对待小组中的熟悉个体？

答：小组中的每个人都是平等的，只要工作者不刻意强化就可；而且有时候熟人也是小组中的优势资源，会主动支持和帮助你的。

8. 问：在小组活动过程中，小组工作者能和组员一起动手完成一件事情吗？还是尽量让组员自己来做？

答：多数时候是可以的，这样还能融洽工作者和组员之间的感情，但如果有些活动是考察组员，那就没有必要参与了。

9. 问：组员有事不来怎么办？我们应该采取什么样的措施补救？

答：组员个别有事的时候是可以不来的，但我们要强化组员的责任和义务感，另外告诉他们不来的话会造成什么影响，做好组员之间的约定建设，这也是小组规范的一种体现。

10. 问：关于太尊重组员引起的问题。在小组中，觉得组员有问题，提出来，自己就应该给他解决，然后就让组员一起讨论，接下来的环节就完全乱套了，整个小组的总结就没有，原本的环节也就没有进行，然后组员还一直要求玩游戏，真的让我很困扰。

答：如果在带领小组的过程中出现组员讨论的特别火爆，影响了下面的环节，那也可以将未完成的环节放在下次来进行。

11. 问：小组的形式只有一种吗？我们现在所接触到的小组形式都是一群人围在一起，像开圆桌会议一样探讨一些问题，是不是太单调了，那么小组的形式还有什么？

答：比如小组工作坊，有些简单的问题或是想进行知识普及的话是可以通过一次小组活动来进行的；另外可以开设网络建设小组，在网上将有共同需求或问题的成员弄在一起，也是可以的。

12. 问：小组进行过程中，有组员因故缺席，但是同寝室室友想加入小组，这个怎么处理？

答：因故出席要说明理由，强化组员的责任感和义务感建设，进行小组规范的再强化；如有新组员加入，只要处理好陌生感就行了。

13. 问：切合小组主题的游戏过少，情感性的小组不好找游戏，很多游戏与小组主题无关怎么办？

答：小组并不都是做游戏的，还可以适当加入其他环节建设，如情景剧，视频，作画等。

附录3　小组计划书示例

小组名称：说走就走的旅行

指导导师：张鹏

工作者：李夏

督导：杜丽

背景：

在我们的成长过程中，伴随我们更多的是书本知识，因此，我们的知识在不断积累，我们的眼界在不断地开拓；然而，随着年龄渐长，我们对外界的好奇不能仅仅停留在书本上，我们更渴望身体力行，接触到那些原本只是在书本上、手机里，或者脑海中的画面。大学期间，我们每个人都会有一次或者更多的旅行，我们会带着各种各样的理由上路，我们会与不同的人相遇、相识，我们会在旅行时肆意挥洒青春，我们也会收获不一样的人生体验，我们亦会在每次旅行结束之后期待下一次的出行。

我们每次出行都需要精心计划：要选择目的地，计划旅行攻略，选择出行伴侣、选择出行方式以及准备一些备用物品等等。但在实际生活中我们很多人热爱旅游，却不会挑选好的地点；很多人想旅行开支最小化，收益最大化，却不会做好财政预算；很多人害怕旅游风险，却不懂得应急措施；很多人想分享自己的旅行发现，却苦于找不到知音；很多人总关注着外界的美景，却忽视了我们身边的自然风光；很多人计划着有一次意义非凡的旅行，却碍于种种原因不能实现。

我们不难找出这些问题背后的一些原因，可以总结为以下几点：一、没有明确的出行目的，或者简单地认为自己是为了看风景；二、没有对自己的出行做好足够详细的计划；三、个人缺少一些生活常识或者缺少危机情境下的急救技巧；四、个人的交友面过于狭窄，与外界交往方式比较单一；五、个人主观不努力或者拖延等。

每个旅行者，都会或多或少有这些经历和感受，我们都想让自己有一个完美的旅行，但是由于我们的懒惰、胆怯等原因，我们总是无法克服困难，于是一直在维持现状，让完美的旅行永远在等待我们。

基于此，我们认为每个人都需要和他人交流来增长见闻；我们相信他人的经验可以促进我们的成长；我们可以获得他人正确的经验分享，有助于日后完善自己旅游攻略。

理论基础

1. 社会学习理论

“社会学习理论”相信人可以通过观察和模仿学习新行为。在小组中，工作者会较多地使用正面增强和模仿。在小组活动时，工作者会抓住每一个机会，对组员的积极行为和态度给予正面的称赞和评价，使该行为或态度得到肯定，以强化其日后继续出现的可能性。此外，工作者也会引导组员“换位思考”，如提供沟通的黄金定律——想要怎样被对待，就要怎样对待别人。

2. 马斯洛的需要层次理论

马斯洛理论把需求分成生理需求（Physiological needs）、安全需求（Safety needs）、爱和归属感（Love and belonging，亦称为社交需求）、尊重（Esteem）和自我实现（Self－actualization），在旅行过程中，人们都有保障自身人身安全的需要，也有要求旅行伴侣的需要和分享旅行经历的需要，这些需要的满足，对于我们保持自己的旅行兴趣有着重要的意义。

3. 马克思的社会交往理论

交往是指个人与个人、个人与群体、群体与群体之间的相互作用的所有方式，这些交往是人们从事共同活动的过程。交往对于满足人们的需要具有重要的意义：第一，交往是个体生存的需要；第二，社会交往是人自我表现的方式，人只有在社会中才能展示自己真正的天性；第三，社会交往构建着社会，人们相互之间是作为处在生产力和需要的一定发展阶段上的个人而发生交往的，同时由于这种交往又决定着生产和需要，所以人们之间的交往每天都在重新创立着现存的关系。

小组目标

1. 总目标：通过分享，让大家更好地了解旅行，学习更多旅行小常识，丰富自己的旅行；同时通过资源分享，扩大交友圈。

2. 分目标：

帮助大家明确旅行的目的和意义。

通过分享和交流学习旅行知识，收获朋友。

帮助大家整理出行计划以及面对突发性事件时的一些解决办法。

发现和认识身边的美。

服务对象

13 级大学生。

自愿参加该组的其他成员。

招募方式

在校园内张贴海报宣传

小组情况

1. 性质：兴趣小组

2. 人数：8 人

3. 节数：5 节

4. 日期：2014 年 10 月 15 日到 2014 年 12 月 10 日

5. 地点：田家炳 330

每节小组活动

第一节　最美的相遇　时间：2014 年 10 月 15 日

活动时间	地点	目标	内容	所需物资
1）5 分钟	田家炳 330	让组员了解小组的大概情况，知晓每次活动的主题。	工作者自我介绍，说明小组的基本情况和整个活动的环节安排。	
2）15 分钟		组员和工作者之间相互认识、了解	组员相互认识 流程： a. 由工作者在每位组员的背后用胶带贴一张 A4 纸，上面写着我是 × ×，你对我的印象—— 并发给每人一支笔和若干小纸片。	笔 9 支 便利贴若干张 双面胶一个 A4 纸九张

续表

活动时间	地点	目标	内容	所需物资
			b. 贴好 A4 纸后，请组员在小纸片上写下对他人的印象 c. 组员将写好的小纸片贴在所写对象背后的 A4 纸上，写的内容暂时保密 d. 在全体写完后，取下背后的 A4 纸 e. 每个人将自己正式介绍给大家，然后将纸上大家对他的印象读出来，并分享下他看到这些内容的感受	
3）15 分钟	田家炳 330	了解大家对景点的熟悉程度	景点知多少： a. 组员分成两组 b. 工作者在 PPT 上展示景点名字，由一名组员描述，其他组员来猜 c. 两组把 20 个题目猜完后，用时最少的那组获胜。 要求：不允许说出题目中的文字，尽量多地去介绍景点所在地，景点特征等	PPT
4）5 分钟		保证小组活动顺利进行	由组员分组讨论小组的规范，之后大家共同协商制定规范写在黑板上	
5）5 分钟		为小组结束时的评估做准备	让每位组员写下对小组的期待，由工作者收集保管好以在小组评估时使用	白纸若干张
6）5 分钟		总结本次活动	工作者和组员表达对本次活动的感受	

第二节　旅行的意义　时间：2014 年 10 月 29 日

活动时间	地点	目标	内容	所需物资
1）5 分钟	田家炳330	引出本节内容	回顾上节内容，告诉组员本节活动内容	
2）20 分钟		资源共享	电子相册：旅行足迹 借助组员的旅行照片，分享每个人的旅游经历（包括好玩的、好吃的地方，值得去的地方，也可以附加旅行中发生的小故事。）	视频播放
3）10 分钟		了解组员记录旅行的方式	分享组员们记录旅行足迹的方式（备选）	
4）10 分钟		帮助组员确定旅行的目的和意义	通过视频中背包客对旅行的看法来了解组员对于旅行方式及意义的看法	视频：背包客
5）5 分钟		总结	总结本节内容，布置作业。 a. 工作者将会给每人支付2000元旅行经费（注意!!!不是现金哦） b. 组员根据自己的旅游兴趣，找好队友也可以单独行动，做一个可行的旅游规划 c. 旅游计划要求（尽量详细）：出行时间范围，计划旅行地点、路线，经费支出情况，必备物品，往返方式 d. 在下次小组活动时，每组要分别展示自己的出行计划，对比哪个组的旅游经费使用效率高	

第三节　活动内容　我的旅行，听你的　时间：2014 年 11 月 12 日

活动时间	地点	目标	内容	所需物资
1）5 分钟	田家炳 330	引出本节内容	回顾上节内容，告诉组员本节活动内容	
2）30 分钟		了解组员解决问题的能力，并通过交流获得成长	主题：我的旅行计划 a. 组员根据自己的分组情况，分别展示各自的旅行计划，标出设计的亮点是什么（要求：旅行路线，出行日期，经费使用） b. 组员根据自己的经验帮助其他组员丰富各自的旅行计划 c. 根据各组的设计评出：最贴心路线、最超值路线、最舒适路线	组员的旅行计划 PPT
3）20 分钟		帮助组员普及知识，丰富旅行方式	通过别人的表演来猜旅行方式： a. 将组员分为四组，编号 1、2、3、4，有备选的旅行方式若干 b. 1 组和 2 组为搭档，相互猜对面的题目，3 组和 4 组为搭档，相互猜 说明： a）表演者要对每个旅行方式带有一定的解说，便于理解 b）对于猜的组员，在猜不出的情况下，可以求助其他组的组员，如果还没猜出来，工作者会给若干特定的选项来供其选择 要求： a）表演的同学不能出声，只能靠肢体语言，可以选择使用道具 b）每组有 2 两分钟的思考时间 c. 为组员介绍新兴的旅行方式	抽签号 8 张 题目四个 答案选项一份
4）5 分钟		总结	回顾本节内容	

第四节　完美旅行　时间：2014 年 11 月 27 日

活动时间	地点	目标	内容	所需物资
1）5 分钟	田家炳 330	引出本次活动主题	带领组员回忆上次活动内容，说明今天的主题	
2）20 分钟		了解大家对旅行中突发状况的解决方案	情景剧模拟： 组员分为四组 每组分别设计四个旅行中的意外事件 四组组员分组展现出是如何解决所遇到的问题的	
3）10 分钟		讨论	游戏分享： 自己解决问题的方式对吗 正确的解决方法是什么	
4）20 分钟		资源共享	普及一些旅行中突发事件的解决方法	
5）5 分钟		总结	分享各自参加小组的感受	

第五节　活动内容　我爱我家　时间：2014 年 12 月 10 日

活动时间	地点	目标	内容	所需物资
1）5 分钟	田家炳 330	引出本节内容	回顾上节内容，告诉组员本节活动内容	
2）20 分钟		锻炼组员表达及分享资源的能力	a. 每位组员介绍家乡的美景 b. 根据组员的讲述，你最想去谁的家乡	
3）15 分钟		帮助组员回忆小组	主题：小组历程回顾 组员回忆小组历程，并分享参加小组的收获 辅助： a. 分享几次活动照片 b. 分发第一次小组活动时组员写的对小组的期待	PPT 展示
4）20 分钟			分发明信片，互赠留言 合影留言	明信片 9 张，笔 9 支

经费使用情况

便利贴 1：3 元

便利贴 2：2 元

记号笔：3 元

小贴画：5 元

双面胶：2 元

明信片：8 元

共计：23 元

评估方法

1. 通过面谈及观察组员的参与程度，看一下组员对参与小组的感受。

2. 通过设计问卷，对小组目标实现程度、组员目标实现程度等进行评估。

3. 由督导通过视频、小组记录及活动总结给出的督导建议。

参考书籍

1. 吕新萍等：《小组工作》，中国人民大学出版社 2005 年版。

2. 刘梦、张和清：《小组工作》，高等教育出版社 2010 年版。

附录4　评估报告示例

"扬帆未来，成就梦想"职业规划小组评估报告

（一）基本资料

1. 小组名称

扬帆未来，成就梦想

2. 性质

封闭式、成长小组

3. 目的及目标

经过小组辅导，引领组员能了解自我和职业规划，帮助他们在学生阶段制定适合自己的职业规划方案，增强对未来求职的自信。具体如下：

（1）帮助组员认识到职业规划的重要性。

（2）引导组员比较全面地了解自身的性格特征及职业资源。

（3）在小组辅导的基础上，使组员能够自主进行合理科学的职业生涯规划。

4. 活动历程

名　称	时　间	内　容	目　标
第一节 相见欢——认识你我他	2014. 10. 08	热身游戏、找朋友、小组规范	组员相识、小组规范
第二节 与你同行——职业规划	2014. 10. 22	职业规划方案、职业性格测试	制定职业规划方案、测试职业性格
第三节 心灵独白——认识自我	2014. 11. 06	镜子游戏、对话职业	使组员对自己有较全面、客观的认识，发现自己的问题所在

续表

名　称	时　间	内　容	目　标
第四节 模拟面试	2014.11.19	模拟面试与分享	通过亲自参与面试，让组员总结各自的长处和不足之处
第五节 展望未来	2014.12.03	小组回顾与总结、问卷评估	总结巩固组员收获、处理离别情绪

5. 组成人员

工作人员：王波（工作者）、刘亚丹（志愿者）、陈丹（志愿者）

成员：母同学（湖北）　朱同学（甘肃）

郭同学（江西）　范同学（辽宁）

李同学（河南）　谢同学（西藏）

马同学（河北）　张同学（甘肃）

6. 招募办法

在拟定好初步工作方案后，小组工作人员在全校通过海报、微信等进行宣传与招募，最终招募组员8名。

7. 活动情况

小组在每周三上午第三、四节课进行活动，每期活动约为60分钟。工作人员3人，组员8人，总共五节小组活动均是全勤，小组开展过程中无迟到、离场现象。本小组共五小节，均在田家炳教学楼的小组工作室内开展。

（二）财政报告

1. 报告收支情况

本次小组活动采取“先支出后报销”的财政收支形式。工作者在活动开展之前的预计是11元人民币的支出。在实际活动操作中，共支出13.5元。具体各项支出清单如下：

第一节：大头1只：2.5元

A4纸10张：1元

大卡纸2张：4元

第二至五节：A4纸40张：4元

各期打印或复印：2 元

共计：13.5 元。

2. 超支或盈余的原因

因为没有前期的财政收入，所以不存在超支或盈余的情况。现只能和前期预算的差异做出解释说明。在小组计划阶段的预算费用中，社工没有把打印或复印费算在计划内，还有就是 A4 纸比预估的要用的多，以致预算超支。

（三）评估及分析

1. 组员分析

组员的参与度直接影响到小组活动的开展，所以每开完一节小组工作人员都会对组员的参与情况进行评估，如何让所有组员都积极参与是工作者工作的重点。通过观察工作者发现组员的参与度应该从两个方面去考察，一方面在于小组每节的发言情况；另一方面在于家庭作业的完成情况。

下面作具体分析：

母同学：始终是活动的积极参与者，从小组第一节的分享开始就能积极地参与发言，主动分享自己对小组的期待与看法。该组员的职业目标是当一名大学老师，在后面的小组节次该组员都能认真分享自己对于大学老师这个职业的看法及努力的方向。

朱同学：该组员也是一名活跃分子，虽然每次发言都是在工作者的引导下进行的，但每次分享都有自己的独特见解。

郭同学：介于沉默和积极之间，对自己的职业目标很明确，也是所有组员中家庭作业完成得最好的，特别是在模拟面试环节，其制作的求职简历是最新颖的。

范同学：是小组中由“沉默到积极”转型的典型。前三节的表现比较安静，从第四节开始发生变化，参与热情从此逐渐加强，能够真诚地和大家分享感受。特别是在第四节改变了其一贯沉默寡言的风格，变得健谈起来。

李同学：在整个小组开展过程中扮演着沉默者的角色，若不是工作者引导或者要求发言，一般不会主动参与到分享中来，并且该同学对自己的求职意向始终模糊不定，到最后也没有明确自己的职业目标。

谢同学：在整个小组中该同学较为积极，一直保持自己对社工的热情，能够参与到活动中来。也是所有组员中唯一坚持本专业的组员，每次分享都能听到其对社会工作专业的独特见解。

马同学：该组员也是介于沉默与积极之间，但也是较为悲观者，在最后一节的分享中，该组员的反应比较悲观，这也带动了其他组员的悲观情绪，使得整个小组的氛围变得压抑起来。

张同学：小组的活跃分子，每次发言都很积极，一发起言来就停不下来，有时候还挑战工作者的权威，但是对家庭作业比较敷衍。

2. 宣传招募策略评估

由于组员的招募是在学校内进行的，所以本小组的招募采取预招募与正式招募的形式进行。

（1）预招募：在正式招募组员前，工作组成员先与部分潜在的组员就小组的主题与内容进行了探讨。通过此环节工作者可以非常明确地了解到组员的需求，在了解到组员的需求后工作者制定小组计划就十分方便了。

（2）正式招募：有了预招募环节的铺垫，工作者也制定好了完整的计划方案，到正式招募环节就简洁得多了，很快就完成了组员的招募。

3. 工作过程及困难分析

A. 工作过程

a. 小组早期（第一节）

小组初期是整个小组活动开展的萌芽阶段，直接影响到整个小组后续活动的进行。通过工作者的观察记录，整体来说此阶段小组组员的表现情况还是很好的，一方面小组是在课堂上开展；另一方面小组组员之间本来就相互认识，所以无论是组员与组员之间还是组员与工作者之间都有较好的互动。此外，工作者有实践经验和充分的准备也对小组初期奠定了较好的基础。

在小组开展的早期阶段的任务是让工作者与组员以及组员之间相互认识、明确小组目标、制定小组规范等。虽然组员之间相互认识，但是各自的交往不深，这就不难看出初始阶段组员的矛盾心理，既新奇又紧张焦虑。为了集合主题和加深组员之间的相互认识，一开始工作者就设置了“我的邻居”和“找朋友”两个热身游戏，一方面是为了初步了解组员的职业期望；另一方面就是为了让组员之间更加的熟识。刚开始组员们都比较拘谨，玩游戏也放不开，随着游戏的深入开展，组员们也逐渐活跃起来。到了制定小组规范需要组员发言时，大家又开始沉默了，积极发言者较少。此阶段工作者作为小组主导者，拥有充分的话语权，为了不让气氛沉闷，工作者只能采取灵活的形式，采取极为亲和的方式带领小组，以此增加小组的聚合力。

b. 小组形成期（第二节）

经过小组早期，工作者和组员之间以及组员之间已经初步熟悉，相互有所了解，工作者也对小组组员的情况有了基本的认知，也采取了相应的技巧引导组员积极参与，特别是对于组内比较内向的组员进行鼓励。此阶段的总体表现为：组员的焦虑感基本消除；组员之间相互熟识和接纳；有组员开始挑战工作者的权威，小组凝聚力增强。

在此阶段，工作者设置了自我职业规划和职业性格测试两个环节。自我职业规划是为了让组员根据自己的实际情况拟定一份简单的近期职业规划书，以明确组员的职业期望及努力方向；职业性格测试是为了让组员对自身性格有更进一步的认识，了解自己的性格适合于从事什么样的工作，特别是为那些还处于迷茫阶段的组员寻找适合的职业提供了参考。

c. 小组工作期（第三、四节）

进入这个阶段，组员之间开始更为亲密，也更开放，主动关心小组，关心其他成员，投入力度有所增强。此阶段的总体表现为：组员彼此熟识和聚合，能接纳其他成员的个性、实力、态度和需要，对小组有较高的认同。成员间权力的竞争和情感波动趋于缩小，能相互支持，自由沟通，更联合、更客观、更合作。

小组第三节，工作者设置了职业意愿优劣势环节，是为了使组员对自己的职业意愿有较全面、客观的认识，发现自己在求职中面临的问题所在，并通过集体的力量帮助组员找到解决问题的方法。工作者也根据上一节组员的职业规划在网上搜索了相关资源分享给组员。小组进入到此阶段，组员的参与热情和主动性有所增强，在小组开始前就有组员提前到来帮助工作人员布置好场地。

小组第四节，工作者设置了模拟面试环节，此环节将整个小组推向了高潮，而在小组前期调研阶段组员对模拟面试也给予了相当高的期望。此环节组员既要扮演求职者又要扮演面试官，让组员体验作为面试官对于求职者的要求是什么和作为求职者应如何回答好面试官的问题，这样设置既有趣又能加深组员“求职”的真切体验。此阶段工作者也从主导者的角色退居到幕后，基本上交代完活动内容后，完全由组员自行完成了整节小组活动。

d. 小组结束期（第五节）

小组活动到此已经进入尾声了，大多数组员都知道这一情况，所以工作者在处理离别情绪上没有遇到多大的困难。最后一节工作者带领组员回顾了整个小组的开展过程，鼓励大家朝着自己确定的职业目标去努力。

B. 操作过程中遇到的困难

在小组活动过程中，各种各样的问题会不断困扰着工作者，处理不好将降低组员的参与热情进而使整个小组的进度受到影响。在本小组中，每个阶段都遇到了不同的问题，对于这些问题，有一些是我们能够预见的，比如第一次的默不作声，最后一次的依依不舍；但是还有一些是不能预见的，比如张同学的滔滔不绝，李同学的缄默不语等等。在与小组共同成长的这段时间里，工作者总结出以下需要反思的地方：

小组早期

1）环境准备是重点，社工应该充分利用所属环境中的资源，如 PPT，教室的黑板（在黑板上写小组规范）。

2）在人文准备方面，工作人员该穿着正式的服装，而不是过于随意。

3）工作者要十分熟悉小组流程，不要在开小组时拿着一张纸，如果实在记不住可以换成手卡。

4）不要给组员不良的言语指示，例如：现在开始正式小组、给你们设计了 8 个问题、这个问题不能问我等。

5）在做问卷环节时，工作人员是可以适当参与其中的，这可以拉近组员与工作者之间的关系。

6）当组员对工作者提出挑战时，工作者应该适当地给予回应。如一个组员说工作者是领导时，工作者可以给予解释。

7）在环节设计上，增加资源共享环节，给组员一些自由讨论的时间，引导组员发言。

8）在时间控制上应该有一定的弹性，不要过于拘谨于小组计划书。

9）小组规范的制度环节，在组员之间比较熟悉，能充分自律的情况下，应该让组员们自己讨论，写小组规范；若组员自律性不强的话，工作者可以先抛出 4、5 条，然后引导小组成员进行补充和修订。

小组形成期

1）开展小组工作时需要工作者有很强的临场应变能力，遇到问题能够及时地处理。

2）工作者在小组开展过程中出现了好几次口误，这是需要注意的地方。

3）在分享时要更深入一些，例如，问问组员为什么要选择去当老师、社工、公务员等，有没有关注这方面的信息；如果没能应聘上理想的职业，是否有其他的选择等。

4）组员不良情绪的回应。工作者需要关注到组员的不良情绪并做及时的回应，引导组员摆脱不良情绪，而不是加深组员消极心理。

5）对于组内替罪羔羊需要及时给予鼓励。

6）写职业规划书的环节太长，可以把任务提前布置下去，这样就不用在小组中花过多的时间去写；此外，测验环节所用的时间也比较长，工作者完全可以把测验的题发给组员下去做，在开小组时进行结果分享即可。

7）在小组开展过程中，工作者需要对组员疑惑的地方进行及时的解释说明。

小组工作期

1）PPT 内容的含义要明确，如你对职业知多少？我想你要表达的是你将来要从事的职业吧等等。

2）在组员分组进行分享时，工作者要尽量设定时间的限制，一般来说，尽量不要让先完成的组员等待时间过长，可以给他们布置新的任务或者适当加入他们继续讨论；还有就是不用挨个组问他们的进度，适当根据自己的观察，觉得多数都差不多完成就可以了。

3）游戏要再和主题靠近一些，如镜子游戏中动作的扮演，是否可以让一个组员表演自己的优缺点，然后另一个组员来猜。

4）注意工作失误的处理方式。处理程序失误的方法有两种，一种是直接忽略过去；二是通过下一次活动进行补充即可。

5）职业分享环节，尽量让大家口头交流，不用拿出手机来念，最好能促进大家集中性地讨论。

6）回应问题要及时。在面试环节，当组员（张）说是模拟面试时，工作者应强调说这就是真实面试，以强化组员的重视程度。

7）活动中后期组员的互动还应加强，当面试情景结束，组员之间除了交流感受外，也可以询问一下对彼此的感觉和印象。

8）在面试结束后分享强调团队合作的重要性时，工作者可以适当将其引到小组上来，强化团队合作对小组也是非常关键和必要的。

小组结束期

1）对于组员出现的负面情绪带领者应该给予及时回应，询问其产生负面情绪的原因并积极帮助解决。

2）最后一节带领者除了回顾整个小组开展以来组员的感受外，也可以让大家分享对参与小组活动的想法及对组员的看法。

4. 目标达成度

通过五期小组活动，我们按原定计划完成了小组活动的所有内容及各项任务，组员从开始的拘束到后来的畅谈，达成了默契，形成了良性的小组沟通模式，基本上实现了小组预定的主要目标，我们认为这些目标的实现主要表现在以下几个方面：

第一，招募到8名组员参与活动。由于这次小组活动只是实验性地开展，再加上是在本校招募组员，所以很轻松地就完成了本次招募任务。

第二，小组活动得到了普遍认同。在开小组前社工首先对潜在组员进行调查，广泛听取潜在组员对小组活动的意见后才完成的计划书。这也使得小组开展后，组员普遍对小组的形式及内容感到有兴趣，在小组意见反馈中，组员们一致对小组的内容和形式感到满意。

第三，重新反省、认识自我。通过小组活动的引导，组员们都对自己有了新的认识，特别是在自己的职业规划方面有了新的认知，如第二节的职业性格测试、第三节的认识自我等，大家都能比较客观地分析自己的职业性格，了解了自己可能适合什么样的工作并能朝着这个方向努力。

第四，明确就业方向。通过五次的小组活动，组员们对自己有了较为深刻的认识，也对自己的职业性格和资源建设有了清晰的把握，大多数组员都明确了自己未来的求职方向。

除了以上方面，工作者通过几次小组活动中对组员的观察也有了一个新的认知，如组员在活动开始的时候比较拘谨，小组发言不积极，组员间的信任度较低，在谈及未来职业规划时极为迷茫；随着小组的深入开展，组员的状况发生了变化，小组的气氛极为融洽，活动在轻松、快乐、温馨的环境下进行；组员之间建立很好的关系，合作愉快，而且基本上组员的发言都经过精心思考，积极踊跃。通过这些观察，工作者认为小组活动对于提升组员的沟通技巧，建立与他人的和谐人际关系以及自信心的提高等方面都起到了一定的作用。

5. *活动设计的评估*

“职业规划小组”五期活动的设计思路是：相见欢—与你同行—心灵独白—模拟面试—结束。五个部分环环相扣、逐层深入主题的探讨。在这种活动思路下，本小组的活动有序进行，基本达到了预计的活动目标。

“相见欢”部分为第一节活动。先是组员抽签决定座位；然后工作者将自己及志愿者介绍给小组成员，说明这次小组的流程以及希望小组成员可以达到的目标——明确自己的理想职业及自身的目标；之后是热身游戏，由工作者说明游戏规则（由于游戏规则说的不是很明确，导致组员在进行中不断提出疑问）。而在小组规范制定环节，则为组员自由发言，工作者进行引导，确定后由工作者写在纸上，小组成员签字。最后组员分享参加此次活动的感受以及活动结束后希望达成的目标，工作者进行总结。本次活动总体上给大家营造了一种活泼、开放的活动氛围，缓解了组员初次聚会的紧张和拘束，在实际操作中取得了较为理想的效果。

“与你同行”部分为第二节活动。首先，工作者带领组员回顾了上次小组活动的内容；顺便检查了一下组员家庭作业的完成情况，在了解到有组员没有完成家庭作业的情况下与组员商量添加了一条小组规范：即家庭作业需按时完成；接下来是让组员根据 PPT 上面的要求制定一份自己的职业规划方案，然后进行分享；最后是进行职业性格测验，为组员未来更好地择业提供参考。整体活动开展较好，工作者运用技巧较为到位，达到了预期的小组目标。

“心灵独白”部分为第三节。本节小组先从热身游戏“镜子游戏”开始，主要是为了让组员能够较为全面地认识自我在求职中的优劣势，以通过集体的智慧来帮助组员去克服缺点彰显优点。然后，工作者就组员的求职意愿与资源进行分享、交流。组员之间互动较好，能就问题进行深入探讨，形成了集体决策的方式。

“模拟面试”部分为第四节。主要是通过让组员分别模拟扮演面试官和求职者来达到认识自己长短处的目的。通过扮演面试官可以让组员体验作为一个管理人员如何发现他人的长处和潜能，而作为一名求职者，则可以让组员体会到求职过程中应该注意的事项及如何应对面试。情境设置较为理想，组员全身心投入，将各自的角色都扮演得很好，也发现了自己存在的问题。

“结束”部分是小组最后一节。由工作人员带领组员回顾了小组开展以来每一位组员的成长轨迹，同时通过组员互评增强了他们求职的信心，同时也意识到积极连接资源的重要性。

6. 其他（小组意见反馈）

调查项目	非常满意	满意	还可以	不满意	非常不满意
您对本小组活动的内容	62.50%	37.50%	0.00%	0.00%	0.00%
您对本小组活动的形式	50.00%	37.50%	12.50%	0.00%	0.00%
通过参与小组活动使你对自己的职业性格有了一定的了解	25.00%	62.50%	12.50%	0.00%	0.00%
通过参与小组活动使你确定了自己大致的就业方向	25.00%	25.00%	50.00%	0.00%	0.00%
通过参与小组活动使你能够自主进行合理的近期职业规划	25.00%	37.50%	37.50%	0.00%	0.00%
通过小组活动你认识了很多新朋友	75.00%	12.50%	12.50%	0.00%	0.00%
您对工作人员的工作态度	75.00%	25.00%	0.00%	0.00%	0.00%
您对工作人员的工作表现	75.00%	25.00%	0.00%	0.00%	0.00%

续表

调查项目	非常满意	满意	还可以	不满意	非常不满意
您对活动时间的安排	75.00%	12.50%	12.50%	0.00%	0.00%
您对活动场地的安排	75.00%	12.50%	12.50%	0.00%	0.00%
您在小组活动中的投入程度	50.00%	37.50%	12.50%	0.00%	0.00%
您对此次活动的综合评价	37.50%	62.50%	0.00%	0.00%	0.00%

组员对本小组活动的感受：

温暖、和谐有意义的小组；很开心；有成长，有收获；很有用，内容多样、丰富；第一次从头到尾参与小组感觉挺好，小组主题也不错，从中也有收获，如果有类似的活动还会参加；气氛很融洽，大家相互学习，都收获了很多；大致了解了今后的路，还要努力。

组员对本小组活动的意见或建议：

小组活动氛围不够热烈，分享过程设计不够完美；多设计些游戏；活动设计还可以更有意思一点；分享之后应该给点建议；由于环节设置时间不够紧凑，内容要更丰富一些；在形式上可以有更多的创新；对小组活动的要求应该解释得更清楚一些。

您希望今后还能参加哪些方面的小组活动？

心理小组；减肥、失恋、美容小组；兴趣小组；技能培训交流小组；户外或者技能学习小组；影视、医疗、情感小组。

（四）总结

1. 小组准备期间，工作者先是做了较为充分的调查，再与督导进行多次沟通，最后确定了本小组节数及所有内容。小组活动开展的前期调研是非常重要的，通过前期调研社工可以了解到组员对什么感兴趣，最希望了解什么和学到什么，这样设计活动方案就会省事很多，而且也不会显得内容空洞。

2. 在活动开展期间，工作者不断根据组员变化和小组发展情况对活动内容进行调整，所以，特别是每开完一节小组工作者就会组织组员对这次小组的开展情况进行评价，工作者能从这些评价中吸取经验，以便在下一节小组中做出调整。